페어 소사이어티

페어 Fair Society
소사이어티
기회가 균등한 사회

| 김세원 외 지음 |

한국경제신문

이 책은 한국 사회를 공정의 시각에서 진단하고 공정한 사회를 향한 미래를 제시하기 위한 기획이다. 논의는 '공정한 사회가 무엇인가' 라는 질문을 던지는 것으로부터 시작하였다. 우리 국민 4명 중 3명이 '우리 사회는 불공정하다' 고 인식하는 것으로 조사되었다. 이 책의 논제는 무엇이 불공정하고, 체감적 불공정이 높은 원인은 무엇이며, 어떻게 공정 사회를 구현할 수 있느냐에 대한 답변으로 요약된다.

누구나 공정한 사회를 갈망한다. 살아가면서 부당한 일을 겪지 않고, 각자 받기에 합당한 몫을 차지하며, 공동체와의 우애를 유지하며, 자신이 해야 할 일에 충실할 수 있는 사회에 살고 싶어 한다. 무엇보다 공정한 사회에서의 삶은 존재적 의미와 생활의 보람을 가져다주기 때문이다. 이와 같이 공정은 어느 시대, 어느 사회를 막론하고 사회 질서의 고귀한 덕목이자 추구해야 할 가치로 오랫동안 간주되어 오고 있다.

불공정은 갈등에서 비롯된다. 우리는 경제적 근대화와 정치적 민주화를 빠르게 달성하면서 사회 속에 깊숙이 침잠된 불공정의 관행과 이로 인한 갈등을 제대로 짚어볼 기회를 갖지 못했다. 공정의 모색은 한국 사회의 발전 노정에서 반드시 짚고 넘어야 할 역사적 과제이다. 이 시점에서 불공정의 관행과 이로 인한 갈등을 해결하지 못한다면 압축 성장만큼이나 불공정으로 인한 갈등을 압축적으로 직면하게 될지도 모른다는 우려를 하지 않을 수 없다.

늦은 감이 없지 않으나 다행스럽게도 공정 사회, 사회 정의가 폭넓게 논의되기 시작했다. 이 책은 사회 모든 부문에서 제기되는 공정성에 관한 첫 번째 종합적인 토론의 장이라는 점에서 의미하는 바가 크다고 생각한다. 한국 사회의 발전 기반을 한 차원 높여야 하는 현 시점에서 그 어떤 논의보다 중요하다고 판단하기 때문이다.

이 책의 집필에는 10명의 학계 전문가가 참여하여 각 전공 분야와 관련된 공정 사회를 저술하였다. 수차례 토론의 기회를 가짐으로써 사회 부문별로 문제의식을 공유하고 책의 일관성을 유지하도록 노력하였다. 공정 사회를 관통하는 공통의 핵심어로 기회균등equal opportunity, 사회 신뢰social trust, 사회 유대social solidarity를 설정하였다. 각 글은 공정 사회의 개념, 한국적 현실 및 실천 방안을 논의하는 한편, 일반 독자와의 소통을 위한 글쓰기에 유념하였다. 또한 이 분야에 전문성을 지닌 5명의 외국 학자와의 공정 사회에 대한 인터넷 대담을 같이 실어, 국제비교론적 시각에서 공정 사회의 현실과 실천 방안을 모색하고자 하였다.

바쁜 중에도 흔쾌히 글을 써 준 국내 집필진과 대담에 참여하여 진지한 토론을 해 준 외국 학자들께 감사의 말씀을 드린다. 책의 출간을 기꺼이 맡아 주신 한경BP의 김경태 사장님, 그리고 편집과 구성을 담당하신 전준석 편집부장께도 감사드린다. 아울러 기획에서부터 마무리에 이르는 행정 업무의 모든 과정을 도와준 경제·인문사회연구회 관계자 여러분의 노고에 사의를 표한다.

이 책의 출간을 계기로 공정 사회에 대한 논의가 활발하게 확산되기를 바란다.

2011. 3.
김 세 원

Fair Society

페어 소사이어티 | **차례**

Solidarity

1장 사회적 연대, 누구와 어떻게 조화할 것인가

Economy

2장 시장 경제, 땀 흘린 만큼 보상이 가능한가

당신은 삶의 보람을 느끼는가?

어떻게 공정 사회로 갈 것인가

'공정'은 동서양을 막론하고 사회 질서의 고귀한 덕목으로 간주되고 있다. 사회가 공정하다고 여길 때 사람들이 삶의 만족과 생활의 보람을 느끼는 것은 당연하다. 그런데 정작 공정함이 무엇인지 정의 내리기는 쉽지 않다. 사회 각 부문에 따라 공정의 기준이나 내용이 달라지고 삶의 조건에 따라 공정에 대한 평가와 체감도 다르기 때문이다. 인류사적 보편성과 한국사적 특수성을 숙지하며, '어떻게 공정 사회로 갈 것인지' 꾸준히 논의하고 사회적으로 합의하는 일은 오늘의 한국 사회를 성찰하고 내일의 한국 사회를 예단하는 시대적 과제이다.

2010년 8월 15일 광복절 경축사에서 이명박 대통령이 진정한 선진

일류 국가를 만드는 국정 과제로 제시한 '공정 사회'의 화두는 우리 사회에 큰 반향을 불러일으키고 있다.

이에 관한 논의는 정권 차원이 아니라 국가 차원의 문제이며, 이념을 넘어선 생활의 문제이며, 냉소적인 진단에 머물지 않고 전망적인 미래를 품고 있기 때문이다.

우리나라가 급속한 경제 성장을 이룩하던 개발 시대에는 공정 문제가 부정부패, 비리, 탈법, 부조리 등으로 표출되었다. 따라서 법 제도 확립과 준수같이, 흔히 후진국에서 요구되는 공정성이 중요한 과제로 등장했다. 그동안 이러한 측면은 많이 개선되었으나, 오늘날까지 가장 심각한 후유증의 하나로 지적되고 있는 한국 사회 특유의 갈등과 모순에 따른 사회적 불신이 이때부터 싹트기 시작했다.

한편, 세계화와 개방화가 가속되고 특히 1997년 외환 위기를 거치면서 과거와는 다른 성격의 불공정성에 대한 논란이 거세지고 있다. 급속한 경제 성장에서 누적된 한국적 불공정에 더해 자본주의의 심화 과정에서 드러나는 일반적 불공정이 추가된 것이다. 여기에 보수와 진보의 이념 논쟁이 추가되면서 불공정 문제는 더욱 복잡한 양상을 띤다. 불공정과 관련된 논쟁은 갖가지 형태의 갈등과 연결된다. 이를테면 가치 갈등, 소통 갈등, 이해 갈등, 구조 갈등이 그것이다. 더욱 걱정스러운 것은 사회 계층 간 이동성의 감소, 상대적 박탈감의 확대, 근로 빈곤층의 증가, 경제 주체 간 비대칭적 협상권(소위 갑을甲乙 관계), 교육 기회 불균등 등 불공정성으로 여겨지는 현상들이 갈수록 고착화되고 구조화된다는 점이다.

학계나 시민 사회에서 불공정에 대한 비판을 꾸준히 제기해 왔으나,

특정 부문에 국한되었으며 적절하고도 현실적인 대안을 찾을 기회를 갖지 못했다. 이러한 시점에 사회 전 부문에서 공정 사회의 실현이 확대되고 있음은 반가운 일이다. 정부가 주도적으로 시작한 공정 사회 추진은 그동안 누적되어 온 불공정을 시정하기 위한 노력에 본격적으로 착수할 수 있는 계기를 제공한다.

근래 공정 사회를 향한 노력은 역사적 안목에서 볼 때 현재 우리나라가 위치한 발전 단계와 관련해서 큰 의미를 갖는다. 국제적으로는 G-20 정상회의 의장국을 수행했으며, 수원국을 벗어나 원조국으로 등장하면서 선진국 진입을 앞두고 있다. 그러나 우리가 명실상부한 선진국으로 발전하기 위한 사회적 기초, 특히 윤리적 기초를 가지고 있는지는 의문이다.

그동안 우리나라는 주로 앞선 나라들의 발전 모형을 답습하고 따라잡느라 분주하였다. 이제 선진국 모방에서 벗어나 창의적인 발전 방향을 확립해야 할 때이다. 공정 사회는 사회적 합의에 기초하여 창의성에 기반을 둔 새로운 발전 방향을 모색하는 데 기여하는 구심점이 될 수 있다. 공정한 사회의 실현은 그 자체가 삶의 보람을 가져다 줄 뿐만 아니라 사회 구성원의 자율, 의욕 및 창의를 제고하여 경제·사회의 활력을 높이게 된다. 이러한 활력이 우리나라가 사회적 내실을 이루고 한 단계 높은 발전을 유도하는 기회를 가져올 것이다.

법치, 기회균등, 조화로운 분배

공정 사회의 가장 기본적인 전제는 우리 모두 '사회적인 의식'을 갖는 것이다. 우리 사회는 개인주의, 자유주의, 민주주의에 기반을 두지만, 공동체 정신을 가질 때 비로소 사회 구성원 모두가 질 높은 삶, 행복한 삶을 영위할 수 있다. 시장 경제서 효율은 불변의 최고 가치이긴 하지만, '동반 정신'과 적절하게 조화를 이루어야 그 가치가 빛을 발하게 된다. '효율'과 '공정 사회'는 상호 상쇄하는 역관계에 있는 것은 아니며, 어느 발전 단계에 있느냐에 따라, 그리고 운영하기에 따라 상호 시너지를 가져올 수 있는 긍정적 동반 관계에 있다는 점을 유의할 필요가 있다.

공정 사회는 아리스토텔레스 이후 많은 철학자나 사상가들의 관심 대상이자 논란의 대상이 되어 왔다. 이에 대한 다양한 견해가 존재하지만 주로 다음 세 가지 요소를 중심으로 논의가 전개되는 것 같다. 법치rule of law, 기회균등equal opportunity, 조화로운 분배를 포함하는 사회적 유대social solidarity가 그것이다.

우선 법치와 관련해서는, 법 제도가 생명, 자유, 재산과 같은 불가침의 기본권을 공평하게 누리도록 보장하는 한편, 공정 사회를 지향하는 내용을 담아야 한다. 의회는 정치적 이해관계를 떠나 진정한 민주주의 질서를 확립하고 공정한 사회의 기본이 되는 법 제정에 노력하여야 한다. 비리, 부정, 탈법 및 위법 등과 같은 불공정 시비는 현행법이나 제도를 제대로 지키지 않는 데에 기인하는 경우가 많다. 각각 부문별로 공정성의 의미를 다시 정리하고 법적 미비점을 보완하는 한편, 사회적 결속 차원에서 제도 개선을 시도해야 한다.

기회균등은 분배와 함께 그동안 우리 사회에서 가장 많은 논란을 가져온 주제이다. 한국 사회의 병폐라고 할 수 있는 '승복하지 않는 문화'나 불신 풍조도 상당 부분 여기에서 비롯하는 것으로 보인다. 기회균등의 의의는 무엇보다도 사회 질서와 제도에 대한 신뢰를 높여 준다는 데 있다. 선의의 경쟁이 이루어지면 일하면서 보람을 얻을 수 있고 지위 향상을 실현할 수 있으며 나아가 사회 전체의 생산성 증대에 기여하게 된다.

기회균등은 정당한 분배를 이룩할 수 있는 전제이기도 하다. 시장 경제에서 분배의 원칙은 능력에 따라 '경제에 기여한 만큼' 나누어 갖는 것이다. 여기서 논란의 대상이 되는 것은 이 '정당한 자기 몫'이 어디까지를 포함하는가 하는 것이다. 여기에 더하여, '사회적 보호'의 몫을 어디까지 배려할 것인가 하는 점도 고려해야 한다. 한때 심각하게 대두되었던 '성장과 분배' 또는 '성장과 복지' 간 논쟁은 이 문제와 관련이 있다. 또 최근에 등장한 '보편적 복지냐, 선택적 복지냐' 하는 논의로도 이어진다.

고성장을 구가하던 과거에, 분배 문제는 상대적으로 절실하지 않았다. 그러나 세계화가 급속히 진행되고 성장 동력이 하락하면서 시작된 저고용 상황은 그동안 내재되었던 문제와 사회적 갈등이 한꺼번에 드러나는 계기가 되었다. 청년 실업 확대, 비정규직의 증가, 양극화 현상, 노동 시장 내 수급 불일치, 중산층의 하락, 근로 빈곤층의 확대 등이 대표적인 예이다. 이들은 복지 지출 확대와 같은 편의적 정책으로 해결할 수 있는 문제가 아니며, 국내외 여건 변화를 고려한 적절한 경제·사회 발전 토대 속에서 그 해답을 찾아야 한다.

과거의 경험에서도 알 수 있듯이, 그리고 1990년대 이후 세계적인 패러다임의 변화가 말해 주듯이 각자 기대하는 정당한 몫을 충족하기 위해서는 사회 전체의 몫을 키워야 한다. 나눌 몫이 적은 상황에서는 제로섬의 악순환에 머무를 수밖에 없다. 새로운 성장 동력을 개발해야 하는 이유도 여기에 있다. 한편, 현재의 발전 단계에서는 과거와는 달리 상황에 맞게 공정성을 추구하려는 의식적인 노력을 병행해야 한다. 그리하여 일하고자 하는 의욕과 일하면서 얻는 만족을 극대화하여 생산성을 높이고 '키움'과 '나눔' 사이에 선순환이 이루어지게 해야 한다.

'나' 부터 실천한다

공정 사회의 실현은 우리 생활과 직·간접적으로 관련 있는 현실이다. 경제·사회 제도와 질서의 변화를 가져온다는 점에서 추구하는 목표, 방향, 방법 및 실천 프로그램이 필요하다. 그런데 각자 처한 위치에 따라 생각이나 주관적인 평가가 다를 수 있다.

중요한 것은 이상을 향해 꾸준히 현실을 개선해 나가려는 의지와 노력이다. 공정 사회는 사회적 합의를 거쳐 점진적으로 뿌리 내려야 할 가치이다.

기본적으로 민주주의와 시장 경제라는 틀 속에서 공정 사회를 뒷받침하는 사회적 준칙을 확고히 정립할 필요가 있다. 따라서 모든 부문에서 동시에 공정성을 추구하기보다는 부문별로 두드러진 불공정 사례를 추려 내어 시정하는 것이 바람직하다. 그러면 파급 효과로 다른 관련 부문들이 따라오기는 어렵지 않을 것이다.

공정 사회의 추구에서 유의할 측면 몇 가지를 더 지적할 필요가 있다.

불법이나 위법과 같이 현행법 관련 불공정인 경우 법과 원칙에 따라 시정하는 것이 비교적 쉽다. 반면, 새로운 제도를 도입하여 기존의 틀을 바꾸는 경우에는 사회적 중지를 모으는 기회를 마련해야 한다.

또한 공정 사회는 부문별로 지속적으로 추구해야 하며 일관성을 지켜야 한다. 부문 간 불균형을 보일 때 혼란이 야기되는 것은 불가피하다. 공정성의 추구가 또 다른 불공정을 초래하거나 자율과 창의를 저해하고 나아가 시장 왜곡을 가져올 가능성을 고려하지 않으면 안 된다. 예외적인 경우에 해당하겠지만 '공정성의 함정'도 경계할 필요가 있다.

공정 사회의 실천적 측면에서 사회적 합의를 바탕으로 한 법 제도의 확립과 법치는 기본 전제이다. 필요한 경우에는 공정 사회의 정신에 맞도록 법 내용을 적절하게 조정하여, 법이 사회 질서의 기본이라는 인식과 함께 원칙의 확립을 통한 법치를 정착해야 한다.

공정 사회를 추구하는 정부의 실천적 의지가 중요하다는 점은 두말할 필요가 없다. 정부는 주요 불공정 사례를 선정하여 일관성 있게 시정해 나가야 한다. 이 책의 취지 가운데 하나는 필자들이 전문 영역별로 정부에 적절한 제안을 하는 데 있다.

장기적인 관점에서는 공정한 '사회인'을 키우는 데 있어 교육이 필수적이라는 것을 강조하고 싶다. 유아부터 대학생에 이르기까지 '더불어 사는 사회'에서 남을 배려하는 공동체 정신을 체계적으로 가르쳐 공정 사회가 시민 의식으로서 생활 속에 자리 잡아야 한다.

한편, 공정 사회 정신이 확산되기 위해서는 사회 지도층의 솔선수범이 무엇보다 중요하다. 공정 사회는 법 제도뿐만 아니라 도덕, 윤리 및 관행 등의 측면에서 공정 문화로 정착되어야 한다. 노블레스 오블리주noblesse oblige가 말해 주듯이 사회 지도급 인사들이 모범적인 선행을 보여 줄 필요가 있다. 우리 모두 '나부터me first' 실천한다는 의식적인 노력이 있을 때 공정 사회는 확고한 기반을 갖출 것이다.

▌페어 소사이어티를 말하다

공정성은 그 이론적 폭이 넓은 것은 물론, 내용이 다양한 만큼 학제적으로 다루어야 한다. 이 책에서는 10인의 전문가가 각자 전공에 따라 각 분야에서의 공정성에 대해 집필하였다. 수차례의 종합 토론과 비판을 거쳐 최종 글이 만들어졌다.

이 책은 공정 사회에 대해 국내 학자들이 분야별로 집필한 10편의 글과 외국 전문가들과 가진 인터넷 대담으로 구성되었다.

총론인 1장~3장에서는 공정에 관한 이론적·사상적 논쟁을 정리하고 공정의 핵심 가치를 제시하면서 공정 사회 구현의 토대를 제안하고 있다.

1장에서는 공정 사회의 핵심 가치로 법치, 기회균등과 함께 연대적 공존을 제안한다. 공정은 개인의 자유와 공동체의 가치를 어떻게 조화하느냐의 문제이며, 이것은 시민적 연대 위에서 가능하다는 주장이다. 법치가 공정 사회의 기본 전제라고 한다면, 기회균등은 공정 사회의 토대이며, 연대적 공존은 공정 사회의 형성에 해당한다는 의견을 제시하고 있다.

2장에서, 경제적 공정성에 대한 모든 논의의 바탕에는 사람들이 각자 '정당한 자기 몫'을 누려야 하고 누구나 '인간다운 삶에 필요한 몫'을 누려야 한다는 두 원칙이 깔려 있다고 전제한다. 시장의 소득 분배는 당사자의 합의(계약)로 공정성을 확보한 상태이므로, 인간다운 삶에 필요한 몫의 문제는 공정성이 아닌 사회적 배려로 해결해야 한다고 주장한다.

3장에서는 공정 사회의 핵심 가치인 기회의 평등 이론을 설명하고 있다. 정치철학적으로 오랜 연원을 지닌 '무엇을 평등하게 할 것인가' 하는 질문에 대한 잠정적 결론은, 개인의 선택 자유를 존중하되 개인의 노력이나 의지의 차이가 아닌 환경 차이로 인한 격차에 대해서는 적극적인 보정이 필요하다는 것이다.

4장~6장에서는 공정 사회를 구축하는 체계를 논의하고 있다. 정치 질서, 행정, 법 제도의 공정성의 측면에서 한국 사회의 현실을 진단하고 정책 방향을 제시한다.

4장에서 공정한 정치 질서란, 국민이면 누구나 생명, 자유 및 재산에 대한 불가침의 기본권을 공평하게 누릴 수 있게 정치권력이 국민의 뜻에 따라 합법적으로 수행되도록 통제하는 정치 규범이라고 한다. 의회 민주주의 요소를 활성화하여 국민의 대표가 헌법적 독립 기관으로서 자율성을 회복할 때 공정한 정치가 이루어진다고 주장한다.

5장에서는 공정 사회 구현에 있어 행정의 중요성을 강조한다. 행정에서의 공정성 문제는, 사회 구성원의 이익을 위해 다양한 행정적인 정책 수단을 사용하지만 사회 구성원들에게 서로 다른 편익과 비용을 초래하는 데서 비롯한다. 한국 행정에서 제기되는 쟁점으로 행정 과정에의 공정한 참여 기회, 투명성의 문제를 지적한다.

6장에서 법 제도의 공정성이란 법의 정립과 적용에 있어 모든 사람을 동등한 존엄과 가치를 갖는 인격자로 대우하는 것이라고 한다. 핵심 쟁점으로 법 자체가 공정한가? 법의 운영과 집행은 공정한가? 국민은 법을 제대로 준수하는가? 하는 세 가지 질문을 던지고 있다.

7장~10장에서는 공정한 사회로의 길을 향한 정책을 분석하고 있다. 복지, 교육, 노동, 언론에 관한 4편의 글은 공정성의 관점에서 각 분야를 진단하고 정책 방향과 과제를 제시한다.

7장에서는 보편 복지를 둘러싼 쟁점을 일목요연하게 정리한다. 모든 복지 프로그램에 보편주의가 적용 가능한가 하는 질문을 던지고 사회적 동의의 한계, 실질적 적용의 한계, 무상 복지의 허상을 짚으며 보편주의와 선별주의로 양분하는 논의는 허위임을 밝힌다. 완화된 보편주의 또는 분별 있는 선별주의로, 한국형 생활 보장에 초점이 맞춰진 새로운 패러다임을 제시하고 있다.

8장에서는 공정한 교육을 위해 교육 분배에서 공정성 확보가 관건이라고 주장하고 있다. 사회 구성원에게 꼭 필요한 기본적인 교육은 누구에게나 동등하게 제공되어야 하며, 차등이 발생할 경우에는 사회 구성원 모두가 납득할 수 있는 정당한 원칙에 부합하여 교육적 약자를 최대한 배려해야 한다는 것이다. 인격체로서 더 나은 삶을 위해 갖추어야 할 조건을 구비하는 교육이 결정적 영향을 끼친다는 점에서, 교육에서의 공정성 확보는 큰 의의를 갖는다.

9장에서는 공정 사회에서 노동의 중요성을 강조한다. 노동 시장에서 공정성을 담보하기 위해서는 능력이나 성과에 따른 보상이나 약자 우선 지원의 원칙 등을 적용하고, 노사 관계의 공정성을 담보하기 위해서는 노사의 역할 존중 및 실체 인정, 성실한 자세로 합의할 것을 제안한다.

10장에서는 언론의 공정성에 대한 쟁점을 논의하고 공정성 책무의 실천 방안을 제시한다. 언론 공정성에 대한 쟁점은 공정성 책무와 언론의 자유의 관계에서 비롯한다. 언론의 공정성 구현을 위해 공정성 개념에 대한 사회적 합의 도출과 공정성 심의를 위한 구체적인 기준 확립, 공정성 감시를 위한 학계와 시민 단체의 역할을 주문한다.

끝으로 석학 좌담에서는 다음 문제들을 중심으로 이야기가 전개되었다.

먼저 공정한 사회의 정의와 공정에서 중요한 요소, 그리고 공정함이 사회 발전에 어떻게 중요한지에 대한 견해를 중심으로 이야기를 나누었다. 또한 공정 사회를 위한 정부와 개인의 역할에 대해서도 의견을 나누었는데, 이것은 정치적 입장에 따라 크게 달라진다는 점을 염두에 두어야 한다. 나라마다 복지 국가의 실천적 모습은 다르지만, 공정 사회를 이루는 데 복지가 중요하는 것도 지적되었다. 자본주의 경제에서 핵심적인 요소인 경쟁은 어떻게 공정과 연결될 수 있는지

살펴보았으며, 점차 다문화로 바뀌어 가는 우리 사회에서 공정성의
새로운 측면으로 잊지 말아야 할 내용으로 이민 문제가 심도 있게 논
의되었다.

Solidarity

"페어플레이의 핵심 가치는 법치, 균등, 관용, 책임, 승복이다. 공정한 사회란 페어플레이의 핵심 가치가 사회를 유지하는 기본 질서로 안착된 사회를 말한다."

1장

사회적 연대,
누구와 어떻게
조화할 것인가

경기에 참가하는 선수들은 공정한 경기를 위해 모두 페어플레이를 펼칠 것을 약속한다. 마찬가지로, 공정한 사회를 이루려면 사회 구성원역시 '페어플레이' 해야 한다. 페어플레이란 규칙을 지키고, 서로 동등한 조건에서 편법을 쓰지 않고, 상대방을 배려하고, 혼신을 다해 자기가 맡은 바를 책임 있게 수행하고, 결과를 받아들이는 것을 말한다. 사회에서 규칙을 지키는 것은 법치이며, 동등한 조건을 견지하는 것은 균등이며, 상대방을 배려하는 것은 관용이며, 혼신을 다해 자기가 맡은바를 다하는 것은 책임이며, 결과를 받아들이는 것은 승복이다. 즉, 공정한 사회란 페어플레이의 핵심 가치인 법치, 균등, 관용, 책임, 승복이사회를 유지하는 기본 질서로 안착된 사회를 말한다.

그런데 우리 국민의 절대 다수는 우리 사회를 불공정한 사회로 보고있으며 불공정에 대한 반발도 매우 크다. 무엇이 우리 사회를 불공정하다고 여기게 하는 걸까?

첫째는 사회 지도층, 특히 공직자의 도덕과 법질서와 관련된 것이다. 위장 전입, 부당 증여 및 세습, 탈세, 권력층 인사나 그 자녀의 병역 기피 등은 한국 사회의 부끄러운 자화상이다.

둘째는 인재 등용의 객관성과 관련된 것이다. 고위 공무원 선발 과정에서의 불공정 채용 시비는 곧바로 현대판 음서제라는 질타로 이어진다.

셋째는 법조계와 관련된 것이다. 전관예우, 고무줄 양형, 특혜성 사면

등으로 대표되는 무전유죄 유전무죄無錢有罪 有錢無罪의 법조계 관행 역시 불공정 시비에서 자유롭지 못하다.

넷째는 경제 부문의 공정성 확보 문제와 관련된 것이다. 대표적으로 대기업과 중소기업의 불균형 관계가 지적된다.

다섯째는 교육 기회의 균등과 관련된 공정성 이슈다. 한국 사회에서 교육만큼 공정 사회의 구현과 관련하여 관심이 집중되는 분야도 없을 것이다. 오늘날 한국 교육의 특징 가운데 하나는 공교육이 무너지고 사교육 의존도가 지나치게 높다는 것이다. 과도한 사교육 시장은 교육 기회의 균등에 균열을 만들어 내고, 교육 기회의 불균형은 계층 세습을 공고화한다. 근래에 개천에서 용 나오는 교육을 부쩍 강조하는 것은 교육을 통한 신분 상승의 사다리가 사실상 실종한 것이 아니냐는 사회 현실을 반영하는 것이다. 그런데 흥미로운 것은 국민의 절대다수가 한국은 공정치 못한 사회로 믿는 상황에서 대학 입시 제도가 그나마 가장 공정한 사회 제도로 간주되고 있다는 것이다.

게임의 규칙, 페어플레이

공존, 공생, 통합을 위한 페어플레이

　우리가 일상생활에서 공정함에 관해 이야기할 때 많이 사용하는
단어 가운데 하나가 페어플레이fair play이다. 페어플레이란 규칙을 지키
고, 서로 동등한 조건에서 편법을 쓰지 않고, 상대방을 배려하고, 혼신
을 다해 자기가 맡은 바를 책임 있게 수행하고, 결과를 받아들이는 것
을 말한다. 규칙을 지키는 것은 법치法治이며, 동등한 조건을 견지하는
것은 균등均等이며, 상대방을 배려하는 것은 관용寬容이며, 혼신을 다해
자기가 맡은 바를 다하는 것은 책임責任이며, 결과를 받아들이는 것은
승복承服이다. 페어플레이의 핵심 가치는 법치, 균등, 관용, 책임, 승복
이다. 공정한 사회란 페어플레이의 핵심 가치가 사회를 유지하는 기본

질서로 안착된 사회를 말한다.

공정 혹은 불공정의 문제는 우리가 일상에서 흔히 보고 경험하는 것이지만, 정작 '공정함'이 무엇인지 정리하기는 쉽지 않다. 그래서 공정한 사회로 가는 길을 제시하는 일도 간단하지 않다. 공정은 이념 지향적인 쟁점인 동시에 생활 밀착적인 쟁점이다. 공정을 추구해야 한다는 것은 누구도 부정할 수 없는 당위론적 명제에 가깝다. 그래서 이와 관련된 문제는 여론을 결집하거나 대중의 감성을 흔들기에 충분한 이슈가 된다. 공정성을 둘러싼 문제 제기는 사회의 관심을 순식간에 불러일으킬 수 있다. 한국처럼 명분이 실질을 압도하는 문화에서 공정의 문제는 논쟁의 중심에 놓이기에 충분하다.

공정은 동서고금을 막론하고 유서 깊은 사상들에서 두루 언급되는 뿌리가 깊은 주제다. 그러나 이것만큼 구체적 사안에 획일적으로 적용하기 어려운 개념도 없어 보인다. 일상생활의 측면에서 볼 때 공정한 사회란 개인들이 부당한 일 겪지 않고 살 만하다 싶은 사회라고 말할 수 있다. 부연하면 각자가 받기에 합당한 몫을 차지하고, 자기 자리에서 자신의 일을 열심히 하며 행복을 느끼고, 규칙이 공정하게 작용해 억울한 사람이 없는 사회 정도일 것이다. 그런데 무엇이 공정하고 그렇지 않은가에 대한 판단에는 이성의 합리성 못지않게 감성도 작용한다. 다시 말해 공정의 여부를 판단하는 데는 일상적이고 감정적인 생활 경험이 강하게 배태되어 있기 때문이다.

사회 유지의 기본 원리로서 '공정함'을 논할 때, 그것은 추상 수준이 매우 높은 개념이다. 따라서 사회를 이루는 다양한 영역에서 그리고 여러 단계에 걸쳐 진행되는 모든 정책에 공히 적용할 수 있는 기준으로 삼기가 쉽지 않은 개념이다. 어떤 일을 두고 그것이 공정한 것인지를 판단하려면 '이러이러한 것이 공정한 것이다' 라는 추상성 높은 명제가 이론적으로 적합한지를 따져야 할 뿐만 아니라 이해 당사자 개개인의 사정도 세심하게 검토해야 한다. 공정의 개념에 대한 이해의 정도와는 무관하게 그리고 지위고하를 막론하고, 사람들은 누구나 불공정한 상황에 처한 적이 있을 것이다. 개인 삶의 조건에 따라 공정에 대한 기준과 실제적인 체감도가 달라지는 것이다. 그러므로 공정 자체를 목표로 이해하기보다는 공존, 공생, 통합의 사회를 만들기 위한 조건으로 이해하는 것이 바람직하다.

공정에 갈증을 느끼는 까닭

한국인이 가지고 있는 공정 혹은 불공정 개념에는 역사적 · 사회문화적 경험에 영향받는 독특한 측면이 있음을 간과해서는 안 된다. 객관적 조건은 물론이고 주관적 가치관이나 인식에 따라 얼마든지 다르게 해석될 수 있는 개념이 공정이다. 한국 사회는 체감적 불공정성이 매우 높은 사회다. 최근에 실시된 공정 사회에 관한 조사 자료에 의하면, 일관되게 국민 10명 중 7명이 '우리 사회가 불공정하다'고 생각하는 것으로 나타났다. 1987년 민주화, 1997년 외환 위기, 그리고 오늘에 이르는 동안 체감적 불공정성은 축소되기는커녕 크게 확대되었다. 특히 지도층의 특권이나 특혜와 관련된 부도덕성의 문제는 공정 사회에 대한 대중적 관심을 촉발시켰다.

한국인들에게 공정에 대한 갈증과 갈망이 있다는 건 분명해 보인다. 산업화와 민주화의 기적을 달성한 사회에서 공정이나 정의에 갈증을 느끼는 까닭은 무엇일까? 경제 성장과 민주화가 정의와 공정을 보장해 주지 못하고 있음을 현실에서 실감하기 때문이다. 갈등의 박람회장이 있다면 그건 아마도 한국 사회일 거라고 할 정도로 한국 사회의 갈등은 매우 심각한 것으로 나타난다. 갈등이 강하고 많은 만큼 공정의 문제는 더 커지기 마련이다. 한국인이 생각하는 공정의 준거를 진단해 보아야 한다.

공정은 개인의 자유와 공동체적 가치를 어떻게 조화하느냐의 문제로 귀결된다. 공정을 둘러싼 복합적인 사회 갈등을 조정하고 사회 공존을 증진하는 데에는 개인의 자유와 공동체 의식이 조화될 수 있는 시민적 연대의 형성이 필요하다. 자유롭고 평등한 시민 사이의 연대는 공동체 구성원들 사이의 신뢰와 공유된 책임의 분담이라는 내용으로 민주주의 사회에 늘 하나의 규범으로 인정되어 왔다. 자발적인 시민 참여의 부재와 시민 사회 내의 첨예한 갈등을 모두 경험하고 있는 한국 사회에서 연대에 근간을 둔 공정에 관한 한국적 모델이 요청된다. 이러한 논의를 위해서는 먼저 한국인이 공정하다고 또는 공정하지 않다고 판단하는 기준은 무엇인가에 관한 진지한 토론과 성찰적인 진단이 있어야 할 것이다.

공정한 사회가 반드시 좋은 사회good society와 일치하지 않을 수도 있다. 공정이 증대하고 그것을 위한 노력이 강화되는 것은 바람직한 일이다. 그러나 동시에 공정의 여러 의미에 대한 섬세한 고찰도 필요하다. 그리고 공정이 삶의 여러 이상과 맺는 관련성도 생각해야 한다. 이러한 고찰 없이는, 더러 인용되는 라틴 격언 '극단의 정의는 극단의 상해'라는 말이 가리키는 상황이 현실이 될 수도 있다(김우창, 2008).

한국 사회에서는 오랜 기간 이러저러한 이유로 공정을 전면에 내세울 수가 없었던 것이 사실이다. 이제 한국 사회의 발전 과정에서 공정의 문제가 본격적으로 제기되고 있다. 공정한 사회의 이상과 현실이 분명하게 존재하는 만큼 여러 가지 우려가 없는 것은 아니지만, 이제 그것은 누구도 거스를 수 없는 시대적 명분을 지니게 되었다. 공정한 사회라는 화두가 정치권을 넘어 경제, 사회 곳곳으로 파급될 것을 기대해 본다. 뿐만 아니라 지식인 사회와 시민 단체도 공정성의 문제를 다듬어 성숙한 사회를 향한 논의를 만들어 내야 할 것이다. 공정은 국가라면 당연하게 추구해야 하는 방향이다. 여기에서 무엇보다 중요한 것은 정부가 공정한 사회라는 화두를 어떤 비전으로 어떻게 구현할지 정교하게 다듬어야 한다는 점이다.

2
개천에서 용 나오는
사회는 가능한가

"왜 지금 공정을 논의해야 하는가?"라는 질문은 오늘의 한국 사회를 성찰적으로 독해할 것을 주문하고 있다. 사실 공정은 한국 사회가 소홀히해 온 가치 중의 하나다. 당연하게 추구해야 할 가치를 어떤 까닭으로 접어 놓고 지내 왔는지를 살펴볼 필요가 있다. 공정의 문제가 국가의 의제로 설정된 오늘의 사회적 배경은 무엇인지 논의해야 할 것이다.

오늘날 한국 사회의 트레이드마크는 단연 압축 성장이라 할 수 있다. 압축 성장의 명과 암이 한국 사회처럼 분명하게 드러나는 곳도 없어 보인다. 압축 성장은 지난 반세기의 한국 사회 발전을 상징하는 대명사로 여겨진다. 압축 성장은 한국을 7대 강국의 반열에 올려놓았다 (박길성, 2010a). 여기서 7대 강국이란 인구 규모 5천만 명 이상으로 일인당 국민 소득 2만 달러를 달성한 국가로, 한국을 제외하면 단 여섯

국가에 불과하다. 미국, 일본, 독일, 프랑스, 영국, 이탈리아가 여기에 해당된다. 2010년 말 기준으로 한국이 5천만 인구 규모와 2만 달러 국민 소득 조건을 충족하는 7번째 국가에 들어간다. 압축 성장은 비단 경제에만 해당되는 것은 아니다. 민주화, 정보화, 세계화 등 사회의 제반 영역들이 하나같이 압축 성장의 궤적을 밟고 있다. 압축 성장은 우리의 사회적 유전자로 일컬어지기에 충분할 만큼 넓고 깊게 자리 잡고 있다. 우리 사전에 '연착륙soft landing' 이란 단어는 존재하지 않았다. 연착륙은 최선은 고사하고 차선의 선택으로도 고려되지 않았다.

압축 성장의 과정에서 사회는 개인적 가치보다는 집단적 가치를, 과정의 정당성보다는 결과의 수월성을, 협의에 의한 의견 수렴보다는 동원에 의한 일방적 결정을 중시하는 방향으로 기울었다. 압축 성장에는 절차와 과정의 정당성이 생략되었다. 고속과 압축의 성장 과정에서 공정함에 쏟는 사회적 에너지는 미약했다. 흠 없고 능력 있는 사람을 찾기 어려운 것도 절차와 과정의 정당성을 무시한 압축 성장의 결과물이다. '잘살아보세' 의 구호를 앞세운 압축 성장의 발전 속에서 갈등 조정이나 도덕 중심의 사고는 내팽개칠 수밖에 없었다(박길성, 2010a). 압축 성장 과정에서 온갖 반칙과 특권의 관행이 생겨났다. 위법, 탈법 정도는 의당 있는 것으로 알고 살았다. 오히려 부분적으로는 위법과 탈법을 해야 성공하고 잘나갈 수 있었던 것이 현실이기도 하였다.

짧은 기간 동안 정해진 목표 달성을 위해 수단과 방법을 가리지 않는 성장주의가 지상 최고의 가치로 여겨졌다. 절차와 과정의 정당성은 무시되면서, 안전보다는 모험, 내실보다는 외형, 심사숙고보다는 임기응변이 생존에 더 유리한 사회로 여겨졌다. 여기에 대책 없는 모험주의가 사회의 신화로 각광받기까지 하였다. 성과주의에 매몰되면서 개발 시대의 유제인 이른바 공정 불감증은 우리네 삶의 습속^{習俗}으로 자리 잡았다.

근래 들어 이례적으로 공정이나 정의에 대한 관심이 커지는 것은 그만큼 한국 사회가 정의와 공정에 관한 문제가 많다는 반증이다. 압축 성장 과정에서 불공정을 막을 수 있는 제도적 장치를 마련하기란 매우 힘들었다. 압축 근대화, 속성 성장을 내달리면서 사회 운영의 정신적 기반이나 규범적 원칙으로서 공정의 개념이 들어갈 틈은 매우 협소하였다.

민주화의 노정은 오늘의 한국 사회를 진단하는 데 또 하나의 중요한 축을 이룬다. 민주주의는 갈등을 분출시킴과 동시에 갈등을 조정한다. 어떤 의미에서 민주주의는 갈등을 조장하는 체제다. 동시에 민주주의는 갈등을 관리하고 조정하는 데 가장 유연한 체제이기도 하다. 이러하기에 흔히들 민주주의의 꽃은 갈등을 조정해 낼 때 만개한다고 이야기한다. '87체제'는 한국 사회로 하여금 양산된 갈등으로서의 민주주의를 경험하게 만들었지만, 갈등 조정 기제로서의 민주주의는 만들어 내지 못하였다. 권위주의적 통치 체제에서 오랫동안 억압되고 금기시되었던 갈등을 표출시킬 수 있는 사회적 상황을 만들어 냈지만, 아쉽게도 갈등이 발생할 때 그것을 어떻게 풀어 낼 것인가에 대한 해법은 만들어 내지 못했다. 갈등 조정에 실패한 민주주의는 시작은 있으나 마무리는 안 된 반쪽 민주주의다. 1987년 민주화 운동이 절반의 성공으로 여겨지는 까닭이다. 민주화 이후 한국 사회는 서로 다른 목소리를 들을 수 있는 공간들이 서로의 차이를 확인하는 형식적 절차에 압도당했다. 차이를 조정하는 실질적 절차는 마련하지 못한 것이다. 한국 사회가 정치, 경제, 사회 각 분야에서 민주주의의 실질적인 제도화를 구축했다고 보기는 어렵다.

민주화 운동 시절에는 부당한 권력과 싸우는 것이 정당한 것이었다. 부당한 권력의 대명사가 정부였고, 불공정의 상징이 이른바 공권력이었다. 불공정의 한가운데 정부로 일컬어지는 공권력이 있는 것으로 인식하였다. 정부나 공권력에 대한 불신이 매우 크고, 그것을 여전히 우습게 보는 사회 현상은 한국 사회가 일궈 낸 민주화의 유제인지도 모른다. 빨리 치유해야 할 민주화의 상처다. 특히 불공정의 상당 부분이 공적 권력과 관련되어 있다는 인식을 가지고 있는 한국 사회에서 공정의 문제는 민주화의 상처와 밀접하게 관련되어 있다.

한국의 현대사를 구획하는 또 하나의 큰 축은 외환 위기로 통칭되는 '97체제'다. 1997년 외환 위기를 거치면서 등장한 한국 사회의 재구조화는 시장화 체제로의 진입을 가속화하면서 믿을 수 있는 규범은 경쟁밖에 없다는 인식을 사회 전반에 각인시켰다. 시장의 영향력이 강해지면서 보다 근본적인 도덕이나 가치에 대한 토론은 간과되었다. 민주화 이후 한국 사회가 그 어떤 때보다 권력을 맹목적으로 추구했다면, 외환 위기 이후 한국 사회는 그 어떤 때보다 돈을 맹목적으로 추구하는 우려스러운 상황으로 질주하고 있는 것처럼 보인다. 이러한 현상이 과거에 없었던 것은 아니지만 이렇게까지 사회 전반에 걸쳐 광범하게 퍼져 있지는 않았던 것 같다.

빈곤의 문제를 보더라도 외환 위기가 한국 사회의 갈등 구조를 얼마나 심각하게 만들었는지를 확인할 수 있다. 한때 우리는 "더 이상 빈곤은 없다"고 공표했던 시절이 있다. 1990년대 중반의 이야기다. 지속적인 경제 성장의 혜택을 누릴 수 있었던 외환 위기 이전 시기에 빈곤은 일부 취약 계층의 문제로만 여겨졌고 대다수 사회 구성원의 삶과는 그다지 관련이 없는 것으로 받아들여졌다. 그러나 외환 위기 이후 열심히 일을 해도 빈곤을 벗어나지 못하는 근로 빈곤층의 문제가 발생하였고, 어느 누구도 빈곤으로부터 자유롭지 못하다는 인식이 확산되었다. 한국의 노인 빈곤이 OECD 최고 수준이라는 발표는 빈곤의 일상화를 입증해 준다. 빈곤이 재발견되고 구조화되는 곤혹스러운 상황으로 치닫고 있는 것이다. 경기가 호전되면 빈곤의 문제가 과거와 같은 수준으로 수그러질 것이라 기대하는 것은 순진한 발상이다. 그동안 빈곤 완화에 기여했던 가족·기업·국가의 제도적 장치가 외환 위기로 인한 구조 조정의 시대를 거치면서 작동하지 않게 되었기 때문이다.

오늘의 빈곤 문제는 과거와는 달리 단순히 경기 변동에 의해 쉽게 해결될 수 있는 것이 아니라는 점을 알아야 한다. 과거의 모델로 실업이나 빈곤을 잡겠다는 것은 현실적이지 못한 발상이다. 노동을 통해 생존의 안정이 보장되던 시대는 지났으며 노동이 아닌 또 다른 것으로 생존의 안정을 보장해 주는 사회가 되어야 한다는 울리히 벡의 지적은 한국 사회의 미래를 설계하는 데 있어 중요한 지적이라 하지 않을 수 없다. 경제 성장이 빈곤이나 양극화를 해결하는 만병통치약인 듯이 공표하는 전통적인 개발론자나 정책 입안자들의 사고야말로 '시대를 읽어 내지 못하는 빈곤' 그 자체라는 비판을 진지하게 받아들여야 할 것이다.

이제 한국 사회에서도 서구 선진 자본주의 국가에서 볼 수 있는 계층·계급의 결정화 내지 공고화 현상이 강하게 나타난다. 부모의 사회경제적 지위가 자식에게 그대로 대물림된다. 계층 이동으로 일컬어지는 신분 상승의 사다리가 사실상 실종하고 있다는 우려가 나오는 배경이다. 전문직·관리직으로 구성된 고소득 직업군 자녀들의 이른바 명문대 입학률이 저소득 직업군의 자녀 입학률보다 훨씬 높은 것은 물론이고, 그 격차가 점점 커지는 것으로 나타난다. 부모의 직업과 소득 수준에 따라 자녀들의 장래 희망도 큰 차이가 있는 것으로 조사되기도 하였다. 미래의 꿈이 부모의 사회경제적 지위에 의해 결정되는 것이다. 과거의 한국 사회에서는 고속 성장의 산업화를 달성하면서 상향적 계층 이동의 공간이 구조적으로 확대되었다. 계층 이동의 꿈을 키울 수 있는 조건이었다. 그러나 산업 구조의 고도화에 따라 계층 이동의 공간이 제한되면서 신분 상승의 사다리를 타려는 꿈은 점점 더 실현되기 어렵게 되고 있다. 최근 개천에서 용 나오는 사회를 만들어야 한다는 이야기가 부쩍 자주 나오는 것은 상향 계층 이동의 공간이 더 이상 늘어나기 어렵다는 사회 현실을 역설적으로 대변한다.

3
기회의 균등한 보장, 그리고 연대

법치, 기회균등, 연대의 황금률

공정성에 관한 대부분의 논의는 기회균등과 법치주의에 초점을 맞추고 있다. 공정한 사회의 핵심 내용이 기회균등이라는 점에는 이견이 없다. 실제로 기회균등으로서의 공정은 이론적 뿌리가 매우 깊다. 그 적용 범위와 한계에 대해 논란이 없는 것은 아니지만, 공정을 기회균등으로 이해하는 것은 일반적으로 넓게 받아들여진다.

최근의 조사에 의하면, '공정한 사회는 기회균등을 의미한다'는 문항에 동의한다는 견해가 58.9%, 동의하지 않는다는 견해가 36.8%를 차지하는 것으로 나타났다(문화일보, 2010. 9. 7.). 한국인은 공정한 사회의 바탕은 기회의 균등한 보장이라는 의견에 대체로 동의한다. 그러나 기회균등으로서 공정에 동의하지 않는 비율도 생각보다는 낮지 않다.

한편, 법치의 확립은 공정한 사회를 만들기 위한 기본 전제이며 원론적 과제다. 법치란 절차적 공정성을 법적으로 확립하는 것이다. 요약하면, 공정한 사회란 흔히들 법질서가 잘 지켜지는 법 절차의 공정성과 출발과 과정에서 공평한 기회가 부여되는 사회라고 정리된다.

그러나 공정의 외연과 내포를 법치와 기회균등으로 설정하는 것은 공정한 사회에 관한 논의를 협소하게 만들 공산이 크다. 앞에서 거론한 페어플레이의 조건에 비추어 볼 때 일부 조건만을 충족하는 셈이다. 책임, 관용, 승복의 덕목을 아우르는 기반은 어디에서 찾아야 하느냐는 과제가 남게 된다.

공정은 궁극적으로 개인의 자유와 공동체의 가치를 어떻게 조화하느냐의 문제로 귀결된다. 공정한 사회란 개인의 자유와 권리를 존중하는 동시에 공동체의 가치를 실현하는 사회다. 공정한 사회의 과제는 자신의 목적을 선택하고, 타인에게도 이에 못지않은 권리가 있음을 인정하고, 나아가 공정에 대한 인식과 공동체에 대한 의무적 가치, 이를테면 책임, 배려, 관용, 승복의 덕목을 갖춰 가는 것이다. 공정의 개념에는 공공선의 문제, 공동체의 이익, 공동체의 우대에 관한 메시지가 강하게 배태되어 있는 것으로 해석해야 한다.

개인과 공동체 가치의 조화는 공존을 향한 연대 위에서 가능하다. 공정한 기회를 주고, 결과에 대해서는 스스로 책임지며, 승자가 독식하지 않는 사회의 가치가 자리 잡는 데에는 연대가 중요하다. 시민적 연대를 통해 공동체의 배려, 관용, 윤리 의식을 갖춘 교양, 사회적 책임, 신뢰, 권위에 대한 존중을 배양하여 공존하는 사회를 만들어 나가는 것이다. 결국, 공정은 연대적 공존을 통해 완성된다고 할 수 있을 것이다.

법치가 공정 사회의 기본 전제라고 한다면, 기회균등은 공정 사회의 기본 토대에 해당하며, 연대적 공존은 공정한 사회의 형성 과정에 해당한다고 할 수 있다. 공정한 사회는 법치의 기반 위에서 기회균등의 사회적 덕목과 연대적 공존의 사회적 덕목에 의해 완결된다. 공정 사회의 황금률은 법치, 기회균등, 연대를 중심축으로 공존의 사회를 지향하는 것이다.

연대fraternite, solidarity는 자유liberte, liberty와 평등egalitite, equality과 함께 프랑스 혁명 이후 민주적 시민성의 세 가지 핵심 요소 중 하나로 간주되었다. 그럼에도 불구하고 연대는 자유와 평등에 비해 소홀하게 다루어져 왔다. 두 차례의 세계 대전을 통해 경험한 전체주의와 집단주의 정치 이데올로기에 대한 반감 때문이다.

전체의 안위라는 이름으로 개인의 자유를 억압하고 연대라는 이름으로 다양성을 파괴한 극단적 민족주의와 폭력적 경험이 연대에 대한 반감을 불러일으켰다. 또한 1990년대 현실 사회주의의 붕괴와 함께 진행된 민주주의 보편화와 신자유주의 심화의 세계화 추세 속에서, 연대는 시대착오적 발상이라는 인식이 지배적이었다. 시민적 연대를 강조했던 공동체주의의 퇴조도 이러한 역사적 경험과 지배적 견해를 대변한다.

그럼에도 불구하고 연대는 개인적 차원에서 정치심리적 소속감이나 정체성과 함께 윤리적·정치적 문제와 연관되어 있으며, 사회경제적 차원에서 시민적 우애나 시민적 신뢰와 같은 사회경제적 재분배와 갈등 조정의 메커니즘을 제도화하려는 구상과 연관된다. 공화주의가 강조하는 공공성에 기초한 사회 연대의 원리인 셈이다. 이를테면 공동체의 통합과 이를 위한 가진 자들의 사회적 책임을 강조하는 것이다.

연대를 공정 질서의 기반으로 설정함에 있어 그 개념의 이념적 정향에 대해 잠시 언급할 필요가 있어 보인다. 프랑스 혁명 이전이나 이후나, 연대를 강조하는 입장은 항상 보수적 성격을 띠고 있다. 연대의 사상적 기초는 조화 또는 공유의 기반과 연관되어 있기 때문이다. 정치철학적으로는 플라톤이 말하는 조화, 아리스토텔레스의 우애가 모두 갈등과 차별에 대한 저항보다는 함께 어우러짐을 의미하고, 이것이 연대의 사상적 연원이 된다. 연대의 문제를 깊이 연구한 에밀 뒤르켐은 개인과 사회의 상호 의존 관계를 조절하고 조직하는 개념으로 연대를 거론한다(김종엽, 1998).

개인과 사회를 연결해 주는 정치사회적 수단들이 상실되거나 해체됨으로써 불확실한 미래에 대한 개인의 불안이 증폭되고 있는 한국 사회에서 이를 대체할 수 있는 새로운 형태의 연대를 모색하는 것이 시급한 과제임은 분명하다. 공정의 이슈가 넓은 반향을 얻는 것도 개인과 사회를 연결해 주는 정치사회적 수단들이 없는 데서 비롯하는 측면이 크다. 공동체를 통해 함께 어울릴 수 있도록 사회를 운영하고 관리하는 것이 정치의 근본이라는 명제에 비추어 볼 때 한국 사회는 정치의 실종에 처해 있다고 보는 것이 정확하다. 또한 공동체의 해체 양상뿐만 아니라 기존 공동체의 변형 과정과 새로운 공동체의 형성 과정에서 연대는 그 중심적 위치를 차지한다.

호모 키비쿠스, 공동체 시민으로 살다

공정한 사회를 이루는 해법은 개인의 자율성과 공공성의 실현을 조화시킬 수 있는 연대적 공존의 문화에 달려 있다. 연대적 공존을 향한 나눔과 배려의 문화는 사회 구성원들이 공존하는 질서를 만들어 내려는 합의에 이르게 한다는 점에서 공정한 사회 실현에 중요한 의미를 지닌다. 다시 말해 페어플레이의 기본 틀은 연대적 공존에 의해 구축된다는 것이다. 새로운 공동체 질서의 기반으로서 연대를 중시하는 것이다.

연대에 관한 논의는 전통적으로 공동체 논의와 깊은 관련을 맺고 있다. 공동체가 진가를 발휘하려면 연대 의식과 공동선에 대한 공감이 필요하다. 구성원들 사이에서 공유해야 할 책임, 예의와 배려 같은 것 말이다. 호모 키비쿠스homo civicus, 공동체의 일원으로 유대 의식을 지닌 시민으로서의 삶은 더없이 소중하다. 연대 의식과 시민적 우정을 공유한 시민 정신이 넘쳐흐를 때 공동체는 이익 사회의 분열성을 넘어 가치 사회의 통합성을 지향하게 될 것이 분명하다(박효종, 2010).

기회균등이 '서민'에 관한 이야기이며 사회적 약자에 관한 이야기라면, 연대적 공존은 '시민'에 관한 이야기다. 우리 사회에는 서민에 관한 담론 못지않게 공동체 안에서의 권리와 의무를 강조하는 시민에 관한 담론이 필요하다. 공정의 시각에서 볼 때 사회경제적으로 취약한 서민이 배려의 대상임에는 분명하지만, 공정은 서민을 포함한 사회 구성원 모두의 규범이자 도덕이라는 점도 분명하게 밝혀 둘 필요가 있다.

신뢰가 낮고 권위가 없는 사회에서 원칙을 허무는 것은 쉬우나 그걸 다시 세우는 일은 매우 어렵다. 신뢰와 권위가 없는 사회일수록 진실이나 미담보다는 허위나 추문에 관심이 많다. 치러야 할 사회적 비용이 크다. 여기에서 과정의 공정성을 언급할 필요가 있다. 결과는 공정하지 않다. 그렇기 때문에 과정은 공정해야 한다. 경쟁의 결과에는 필연적으로 승자와 패자가 있게 마련이다. 과정이 공정할 때에만 경쟁의 룰을 수락한 패자가 결과까지 수용할 수 있다. 과정의 공정성을 무한히 강조하는 까닭이다. 이는 사회 질서의 최소 조건이고, 사회 통합의 최대 덕목이며, 합리적 권위 형성의 기본이다. 이러한 공정의 원칙은 서민에 관한 이야기라기보다는 시민에 관한 이야기라고 보는 것이 적절하다.

사회는 시민들이 사회 전체를 걱정하고 공동선에 헌신하는 태도를 키울 방법을 찾아야 한다. 사회는 좋은 삶에 관한 지극히 사적인 견해를 배격하고, 시민의 미덕을 키울 길을 찾아야 한다(마이클 샌델, 2009). 다소 과장하여 표현하면 한국 사회에는 개인과 국가밖에 없다. 가운데가 없다. 공동체가 없는 것이다. 한국 사회는 나눔, 배려, 책임, 승복과 같은 공동체적 덕목이 자라날 토양이 대단히 척박한 사회이다. 공동체의 존재적 가치가 절실하다면 여기에는 서민보다 시민의 개념이 더 적합하다.

공정성 논란을 하면서 또 다른 방향으로의 쏠림을 경계해야 한다. 획일적 평등주의에 대한 경계 같은 것 말이다. 공정이 선별적으로 편의적으로 사용되어서도 안 되지만 획일주의로 가서도 안 된다. 서민의 담론으로서 공정은 이런 쏠림의 개연성을 지니고 있기에 경계의 끈을 당기게 한다.

4
아래보다는 위
사私보다는 공公

솔선수범도 쉽지 않다?

조사에서 나타나듯이 국민의 절대다수가 우리 사회를 불공정한 사회로 보고 있다. 불공정하다고 느끼는 체감적 불공정이 매우 높다. 불공정에 대한 한국인의 반발 역시 크다. 불공정의 상당 부분은 공적 영역과 관련되어 있으며, 특권이 개입되었다고 생각한다.

공정한 사회 실현을 위해 가장 중요한 일은 무엇인가에 대한 조사에 의하면(문화일보, 2010. 9. 14.), 한국인은 '권력층의 실천 의지와 솔선수범'을 공정의 핵심으로 인식하고 있으며(33.1%), 다음으로 '엄정하고 투명한 법 집행'을 들고 있는 것으로 나타난다(28.1%). 이에 비해 '사회적 약자에 대한 배려'가 중요한 일이라고 응답한 비율은 15.8%에 불과하다. 뿐만 아니라 공정성을 저해하는 원인으로 국민 의식의 후진성과 같은 시민 의식과 가치관에 대한 지적은 매우 낮다. 공정한 사회의 실현을 위해 '불공정을 묵인하는 국민 의식 개선'을 꼽는 비율은 10.9%에 불과하다. 시민이 갖추어야 할 사회문화적 덕목으로서의 공정의 의미는 취약하다는 것이다.

이어지는 조사에서도 비슷한 결과가 나타난다. 〈헤럴드경제〉의 조사에서는 노블레스 오블리주(23.6%), 복지 확대 등 약자 배려(21.6%), 엄정 공평한 법 집행(17.4%), 사회적 특권 폐지(13.9%), 대기업과 중소기업의 상생(9.5%), 국민 의식 개선(6.1%)의 순으로 나타났다(헤럴드경제, 2010. 9. 27). 지도층의 사회적 의무를 공정한 사회 구현을 위한 첫 번째 선결 조건으로 꼽고 있으며, 사회적 약자의 배려를 그 다음으로 꼽았다. 지도층의 책무와 사회적 특권을 합치면 그 응답 비율은 무려 47.5%나 된다. 위의 두 조사에서 공통적으로 드러나는 것은 '공정한 사회의 구현은 사회 지도층의 의지와 책임에 달려 있다'는 지적이 가장 많았다는 점이다. 이에 비해 국민 의식 개선과 같은 시민적 태도를 공정 사회 구현의 조건으로 지적하는 비율은 낮았다.

일상에서 '공公'의 의미는 다양하게 규정된다. 이승환은 동양 전통에서 공이 가지고 있는 의미를 세 가지 범주로 나누어 정리하고 있다(이승환, 2004). 첫째, 지배 권력, 지배 기구, 지배 영역으로서 공을 이른다. 둘째, 공정성, 공평성과 같은 윤리 원칙으로서 공을 이른다. 셋째, 다수의 이익과 의견으로서 공을 이른다.

첫째 범주에 해당하는 국가, 최고 권력자, 국가 기관(관청)으로서의 공이 어떻게 공평이나 공정과 같은 윤리 원칙을 의미하는 둘째 범주의 공과 연관되는지는 분명하지 않다. 아마도 정치적 지배의 주체가 결정하고 집행하는 일이 바로 공적인 일로 간주되며, 이러한 정치권력의 행사에는 공정성과 공평성과 같은 도덕적 기대가 요구되기 때문일 것이다(이승환, 2004). 이러한 연관은 현대 사회로 오면서 대기업과 같은 경제 권력, 시민 단체와 같은 시민 권력, 대학이나 전문가를 포함하는 학문 권력이나 문화 권력에도 공히 적용된다. 핵심적인 내용은 권력은 공평과 공정의 원칙과 함께 해야 한다는 점이다. 흥미로운 것은 '함께', '공동의 다수'를 의미하는 공동체로서의 의미도 언급되고 있다는 점이다. 결국, 불공정이란 지배 권력이나 기구가 공평성의 윤리 원칙에 어긋남으로써 다수의 이익과 의견을 반영하지 못하는 상황을 일컫는다.

이상의 논의를 바탕으로 내릴 수 있는 잠정적인 결론은 공정한 사회의 구현은 공공 권력의 재구조화로부터 시작해야 한다는 것이 국민의 인식이라는 점이다. 한국 사회에서 정의와 공정은 아래보다는 위의 문제이며, 사私보다는 공公의 문제로 인식되는 경향이 강하다. 한국에서의 공정한 사회 구현은 공공 영역과 지도층에 대한 우려와 기대, 편법과 원칙에 달려 있음을 의미한다.

불공정 사례의 다섯 가지 유형

근래 한국 사회에서 제기된 공정과 관련된 사회적 이슈를 정리해 보면 그 종류가 의외로 다양하고 광범하다는 것을 확인할 수 있다. 사회 구석구석에 공정한 사회와는 거리가 먼 후진적이고 때로는 지위 세습적이기까지 한 봉건적인 영역이 잔존해 있다는 지적이 끊임없이 나오고 있다. 불공정한 사회적 상황이 이렇듯 광범하게 퍼져 있는데 무슨 공정한 사회냐는 냉소적인 지탄이 쏟아지기도 한다. 불공정의 대표적인 사례들은 투명한 과정과 공평한 절차가 결여된 채 특권의 관행이 통용되었다고 인식될 때 어김없이 거론되고 강력하게 여론화된다.

공정 사례보다 불공정 사례를 정리하려는 것은 공정 사례를 찾아내는 일이 쉽지 않기 때문이다. 이러하기에 공정한 사회의 구현에는 불공정 사례를 개선하면서 점진적 진화를 모색하는 이른바 최소주의적 접근이 적절한 것으로 보인다. 즉 공정한 사회라는 거대한 이념적 건축물을 먼저 만들어 놓고 사회의 모든 운영을 거기에 맞추는 것이 아니라 불공정의 사례를 하나씩 둘씩 개선하여 공정한 사회를 만들어 가는 것이다. 이런 취지에서 신문이나 방송에서 빈도가 높게 거론되는, 다시 말해 사회에서 많이 회자되는 일상생활과 관련된 불공정의 사례를 정리하면 다음과 같은 몇 가지 유형이 드러난다.

첫째는 지도층, 특히 공직자의 도덕과 법질서 의식에 관련된 것이다. 고위 공직자 인사 청문회가 열릴 때마다 불공정의 문제가 제기되면서, 한국 사회는 부끄러운 자화상과 마주하곤 한다. 공직자의 도덕과 법질서 의식에 관한 일대 혼란이 벌어지는 것이다. 위장 전입, 부당 증여 및 세습, 탈세, 권력층 인사의 병역 기피, 권력층 자녀의 병역 기피도 어김없이 등장한다. 실제로 여론 조사에서 '불공정 형태가 가장 많은 분야는 정치권(59.0%)'이라는 인식이 가장 많은 것으로 나타난다(동아일보. 2010. 9. 10.). 국민들이 공정한 사회의 선결 요소로 지도층의 실천 의지와 솔선수범을 주문하는 것을 보면, 사회 지도층의 도덕과 법질서 준수가 공정의 문제와 얼마나 깊게 관련되어 있는지를 알 수 있다.

둘째는 인재 등용의 객관성과 관련된 것이다. 고위 공무원 선발 과정의 공정성과 이에 대한 사회적 동의 여부는 전통적으로 한국 사회의 역동성, 계층 이동성, 사회 통합을 결정하는 중요한 변수로 작동하였다. 한국 사회에는 이에 관한 신화가 유난히도 많다. 예컨대 어려운 가정 환경에서 공부에 전념하고 고위 공무원 시험에 합격하여 사회적 존경을 받게 된 인물의 이야기 같은 것 말이다. 불공정 채용 시비는 곧바로 현대판 음서제라는 질타로 이어진다. 최근 행정 안전부가 공무원 채용 제도 선진화 방안을 발표한 바 있다. 찬반을 둘러싸고 논란이 많은 것은 불공정 채용 시비와 맞물려 있기 때문이다. 낙하산 인사의 문제는 정권이 바뀌거나 국정 감사 때 어김없이 등장하는 메뉴다. 여기에 한국 사회의 병폐인 연고주의 인사는 공정성에 대한 신뢰를 뿌리내리기 어렵게 만든다. 실제로 불공정에 대한 영역별 조사에서도 '정부 고위직 인사의 불공정성'이 74.5%로 가장 높게 나타나고 있다(동아일보. 2010. 9. 10.).

셋째는 법조계와 관련된 것이다. 공정한 사회가 강조될수록 법치주의의 마지막 보루인 법조계에 대한 기대가 커질 수밖에 없다. 그러나 법조계도 불공정 관행에서 자유롭지 못한 것은 마찬가지다. 전관예우, 고무줄 양형, 특혜성 사면 등이 이른바 유전무죄 무전유죄有錢無罪 無錢有罪라는 사회적 냉소로 표현되는 대표적인 사례다. 부정과 비리를 저지른 사람들을 너무 쉽게 너무 많이 사면하는 것은 공정의 규범과 동떨어져 있기 때문에 빈번하게 거론된다. 주로 유명 정치인이나 기업인,

공직자 등이 특별 사면의 대상이었다. 이들의 사회적 기여를 가볍게 취급할 필요는 없지만 공정의 잣대로 볼 때 받아들이기가 쉽지 않다. 하나같이 법 앞의 평등이라는 원칙에 위배되는 불공정의 사례에 해당한다.

넷째는 경제 부문의 공정성 확보 문제와 관련된 것이다. 시장 만능주의의 일방적 통용에 따라 상생의 규범이 흔들리면서 지적되는 불공정의 사례다. 대표적으로 대기업과 중소기업의 불균형 관계가 바뀌어야 한다는 지적이 있다. 납품 단가 후려치기, 기술 탈취, 지적 재산권 유린, 시장 침탈 등 여러 형태의 불공정 행위가 대기업과 중소기업 사이에서 발생한다. 한국 사회는 유난히 경제 갑·을의 문제가 심각한 것으로 지적되고 있다. 경제 거래를 둘러싼 갑과 을의 불평등 구조가 업종 구분 없이 만연하여 갈등 상황이 확산되고 있는 실정이다.

다섯째는 교육 기회의 균등과 관련된 공정성 이슈다. 한국 사회에서 교육만큼 공정한 사회의 구현과 관련하여 관심이 집중되는 분야도 없을 것이다. 사회경제적 계층 이동의 가능성이 교육 시스템 안에 있다고 믿기 때문이다. 오늘날 한국 교육의 특징 가운데 하나는 공교육이 무너지고 사교육 의존도가 지나치게 높은 것이다. 과도한 사교육 시장은 교육 기회의 균등에 균열을 만들어 낸다. 교육 기회의 불균형은 계층 세습을 결정하고 공고화한다. 한국 사회의 계급·계층 재생산 양상의 상당 부분은 교육 기회의 불균형과 밀접한 관련을 맺고 있다. 근래 개천에서 용 나오는 교육을 부쩍 강조하는 것은 교육을 통한 신분 상승의 사다리가 사실상 실종한 것이 아니냐는 사회 현실을 반영하는 것이다. 흥미로운 것은 국민의 절대다수가 한국은 공정하지 못한 사회로 믿는 상황에서 대학 입시 제도가 그나마 가장 공정한 사회 제도로 간주되고 있다는 점이다.

누구에게나 균등한 기회를

한국인은 무엇을 공정하다고 인식하며, 한국인의 공정 의식은 어디에 준거를 두고 있는가? 공정에 관한 공정성은 보편타당한 추상적인 일반 원칙을 가지고 있지만, 특정한 역사와 문화에서 토의하고 수용하는 의식과 가치관에 영향을 받는다. 다시 말해 역사적 · 사회문화적 상황 조건에 따라 공정성 여부에 대한 판단이 달라진다는 것이다.

현 정부가 제시한 공정한 사회의 의미에 대한 조사 결과를 정리하면 다음과 같다. '공정한 사회란 공정한 시장 경쟁이 이뤄지는 사회'라는 응답이 28.9%로 가장 많았다. '뒤진 사람에게도 기회를 보장하는 사회(26.9%)', '법 집행이 공평하게 이뤄지는 사회(20.6%)', '더 많은 복지 혜택을 제공하는 사회(19.7%)'라는 응답이 뒤를 이었다. 주목할 것은, '공정한 시장 경쟁과 법 집행'과 같은 보수의 공정 개념(49.5%)과 '복지와 낙오자에게 기여 부여'를 강조하는 진보의 공정 개념(46.6%)이 팽팽하게 맞서고 있다는 점이다(김형준, 2010). 다시 말해 일반 국민들은 공정의 개념을 진보가 주장하는 균형 또는 형평과는 다른 의미로 받아들이고 있다는 점이다.

이론적으로 정리된 공정한 사회의 일차적 기준은 누구에게나 균등한 기회를 줘야 한다는 것이다. 이른바 기회균등의 원칙이다. 기회균등의 신념은 우리 사회에서 광범하게 지지되는 것으로 분석되었다. 이를테면 누구나 정부의 간섭 없이 성공할 기회를 똑같이 가져야 한다는 의견에 대해 응답자의 81.1%가 동의한 반면 단지 4.7%만이 동의하지 않아 정부 간섭 없는 기회균등은 시비의 대상이 아닐 정도로 폭 넓은 지지를 받는 것으로 해석된다. 기회균등을 옹호하는 입장은 개인의 능력과 재능에는 명백한 차이가 존재하기 때문에 개인의 자유를 극대화할 때 사회는 도움을 받는다고 믿는다. 정부의 간섭 없이 균등한 성공 기회를 보장하는 것에 대해 대다수가 지지하는 것은 공정한 시장적 경쟁에 대한 지지가 높음을 보여 준다(박종민, 2005). 한국 사회를 지배하는 공정성의 원리는 산술적 평등이나 필요보다는 비례적 평등, 형평임을 시사한다.

한편 결과의 평등에 관해 한국인은 부정적인 입장을 취한다. 평균적 한국들은 차별의 원리에 의해 경제적 공정성을 판단하고 있음을 보여 준다. 모든 사람이 비슷한 소득을 얻도록 만드는 경제 제도는 오히려 개인의 능력, 재능 및 노력의 차이를 반영하지 않으며, 따라서 공정하지 않다고 판단하는 것이다(박종민, 2005). 경제적 보상이 산술적으로 평등하게 이루어져야 한다는 데 대해 한국인은 부정적인 시각을 견지하고 있다. 동일하지 않은 일에 대해 차별적인 보수를 지급하는 것은 공정한 것이지만 하는 일과 무관하게 배분하는 소득은 불공정하다는 것이다.

사회적 약자를 배려하는 일에 대해서는 정부의 개입을 광범하게 지지하는 것으로 나타난다. 이러한 정부 개입은 결과 평등보다는 기회균등을 이루기 위한 것으로 보이며, 특히 사회적 약자층에게 학비를 지원하여 교육 기회를 부여하는 것에 대해 거의 전폭적으로 지지한다는 것은 실질적 기회균등에 대한 신봉을 보여 주는 것이다(박종민, 2005). 실질적 기회균등을 이루기 위해 정부가 적극적으로 나서야 한다는 입장을 보이고 있다.

사회경제적 지위에 따라 공정과 불공정에 대한 인식의 준거가 다르다는 것도 한국인의 사회적 성격을 분명하게 보여 주는 흥미로운 대목이다. 논의를 간명하게 하기 위해 가진 자와 못 가진 자로 구분하여 정리해 보면, 공정에 대한 가진 자의 준거는 자신이 가지고 있는 것에 대한 사회적 인정social recognition으로 모아진다. 자신들이 가지고 있는 것에 대해 사회적으로 인정받지 못하거나 권위가 부여되지 않음에 대한 볼멘소리를 자주 듣게 된다. 이것은 나의 노력의 결과들인데 사회가 인정해 주지 않는다는 것이다. 그런가 하면 못 가진 자의 준거는 기회균등으로 모아진다.

5
타협하는 법을 배워라

절실한 '연대적 공존' 문화

시민 교육civic education에서 연대적 공존의 문화로 가는 길을 찾아야 한다. 한국 사회의 발전 과정에서 크게 빠진 것이 시민 교육이다. 이제는 시민 교육을 진지하게 고민해야 할 때다. 시민 교육의 기본은 공동체에 대한 우애다. 우리가 속한 공동체에 대한 합리적 애정과 우애를 키워야 하는 것이다. 이것은 다른 사람의 견해를 존중하고 사회적 구분을 가로질러 타협하는 법을 배우는 것으로부터 시작한다. 우리는 시민 교육을 통해 공존, 통합, 화합에 대해 더 많이 토론해야 한다. 이에 관해 더 많이 논의할수록 공존하는 삶에 더 가까워진다는 믿음을 가질 수 있기 때문이다.

그러나 시민 교육의 측면에서 우리의 학교 현실은 거의 절망적이다. 초등학교가 그나마 양호한 것으로 보인다. 《바른 생활》, 《슬기로운 생활》에서 시민으로서 갖추어야 할 덕목을 접한다. 그러나 중·고등학교에서의 시민 교육은 입시 교육에 파묻혀 교과 과정에 있는지 의심스러울 정도다. 학교에는 입시 교육만이 존재한다. 이 대목에서는 대학도 크게 다르지 않다. 조금 심하게 표현하면 한국의 대학에는 입시 정책만이 존재할 뿐이다(박길성, 2010a). 미래를 향한 지식 정책이나 세계 시민과 코즈모폴리턴을 향한 교육은 빈약하다.

교육을 많이 받았다고 더 공정하고 더 정의롭게 산다는 보장은 없다. 어떤 교육을 받는지가 중요하다. 공동체에 대한 배려가 몸에 밴 교양 시민이 필요하다. 학생들이 도덕 가치를 토론하는 능력을 갖추도록 교육해야 한다. 우리가 직면한 거대한 도덕적 도전들에 대해 질문하고 배워야 한다. 민주주의는 시민들이 공동선과 정의에 대해 심사숙고하는 것이다. 생각하고 논쟁하고 추론하고 숙고하지 않는 다수는 군중 mob일 뿐이다. 시민적 삶과 대중적 심의, 시민 교육의 질에 모든 게 달려 있다 해도 크게 지나친 주장이 아니다(마이클 샌델, 2009).

시민 교육을 통해 이타성, 우애, 동료애, 연대, 신뢰와 같은 덕목이 필요함을 얘기해야 한다. 다른 사람에게 불편을 주지 말라는 행동 교훈도 숙지하도록 해야 한다. 공직은 헌신하고 봉사하고 절제하는 자리라는 것도 일깨워야 한다. 민주주의 틀 속에서 정당 정치나 의회 정치의 중요성도 끊임없이 강조해야 한다. 민주주의를 하려면 조급하지 말아야 하고 동시에 쉽게 잊어서는 안 된다는 것을 숙지시켜야 한다. 무릇 한 사회에서 소통이 절실한 쪽은 사회경제적 약자일 수밖에 없으며, 소통의 문제는 일차적으로 강자의 책임임을 끊임없이 강변해야 한다. 근래에 들어 한국 사회의 실천적 과제로 제기되는 노블레스 오블리주의 필요성을 부각시켜야 한다.

자유는 우리가 아무런 노력을 하지 않아도 생래적으로 타고나는 것이거나 우리가 공공 회의장에 자리를 잡고 앉아 있기만 하면 되는 그런 것이 아니다(Viroli, 1999). 우리 스스로 노력을 해야만 갖게 되는 것이며, 또 그만큼 합당한 자격을 갖추기 위해서는 더 많은 노력이 필요한 것이다. 이 대목에서 가장 필요한 것이 시민 교육이다.

시민 교육은 제도권의 학교에만 국한되어서는 안 된다. 학교 교육 외에 비정부민간기구NGO나 주민자치단체가 주관이 되어 교양 시민을 위한 프로그램 운영 및 토론의 장을 만들어야 한다. 한국 사회에서 교양 시민을 양성하고 토론의 장을 마련하는 일에 대한 NGO의 관심은 다른 활동에 쏟는 관심에 비해 미약하다. 시민 교육은 향후 NGO가 관심을 가져야 할 중요한 어젠다이다.

갈등이 광범하게 일상화되고 심각한 양상을 보이고 있지만 정작 갈등을 조정하거나 관리할 수 있는 제도적 역량이나 문화 규범적 공간은 매우 제한되어 있다. 앞서 언급하였듯이 갈등을 관리하는 역량의 측면에서 한국 사회는 그리 긍정적이지 못하다. 갈등의 문제에 접근함에 있어 합리적 협상이나 절차적 조정의 기제에 의존하기보다는 소모적인 감정적 대응이나 사적 이해의 극대화를 우선시하는 모습이 노출된다. 우리 사회의 과제로 소통과 대화의 부족을 지적하며 배제보다 포용의 정치를 강변하지만, 대부분 자신에 대한 성찰이기보다는 다른 사람에 대한 요구로 귀결된다.

조정의 역량은 비록 각기 다른 입장을 견지하지만 먼저 동의할 수 있는 최소 조건들을 찾아보면서 강화된다. 자신의 주장을 강변하고 대척점을 확인하는 자리가 아니라 동의할 수 있는 것을 찾아보는 데 초점을 맞춰 보는 것이다. 자신에게는 더 엄격하고 다른 사람에게는 더 너그러워 보라고 요청하는 것이기도 하다(박길성, 2010b). 이런 점에서 오늘 우리가 논의하는 공정의 문제는 한국 사회가 안고 있는 복합적인 사회적 갈등을 조정하고 사회 통합을 증진시키기 위해 개인의 자유와 공동체 가치가 조화될 수 있는 시민적 연대의 형성과 직결되어 있다.

갈등이 일상화되고 구조화되어 있지만 갈등을 풀어 내는 제도적 기반이 빈약하기에 시민 교육을 통한 연대적 공존 문화의 배양이 더욱 절실하다. 공정 규범의 확립을 통한 사회 공존과 사회 통합으로의 길은 시민 교육에 달려 있다. 분명한 것은 우리가 공정에 대해 더 많이 논의할수록 공존하는 삶, 좋은 사회에 더 가까워진다는 점이다.

'정복' 하지 말고 '공생' 하라

현대 사회는 과거와는 비교할 수 없을 만큼 복잡한 생태계 구조로 구성되어 있다. 함께 먹고사는 생태계를 구축해야 좋은 기업 혹은 좋은 사회로 평가받는 시대다. 오늘날 어느 단일 기업의 경쟁력은 무의미하다. 기업을 둘러싸고 복잡하게 얽혀 있는 기업 생태계의 경쟁력을 함께 동반하는 것이 중요하다. 최근 세계적으로 각광받고 있는 아이폰은 커다란 관계망으로 연결되어 있다. 제품 제작자들과 수없이 많은 동시에 향후 빠른 속도로 무한히 늘어날 애플리케이션(앱) 개발자들의 거대한 연결망이 그것이다. 생태계의 구조가 복잡할수록 이해 관계자는 다양하다. 여러 이해 관계자들이 기여한 정당한 몫 그리고 그들과의 상호 의존 관계를 인정하는 것이 필요하다. 이 경우 제품에 대한 평판은 소비자 못지않게 개발자와 협력 업체의 판단에 크게 영향을 받지 않을 수 없다. 생태계 구성원들이 공생해야 함은 비단 기업, 특정 제품에만 국한되는 것은 아니다. 공동체의 이름으로 진행되는 사회의 모든 영역에서 관통되어야 할 원리인 것이다.

이러한 문제를 둘러싸고 한국 사회에서 가장 빈번하게 거론되는 것이 중소기업과 대기업의 불공정 여건이다. 플랫폼과 콘텐츠 기업의 관계도 종종 지적되는 불공정 거래의 사례다. 대기업은 중소기업과의 관계에서 상생의 규범을 실행으로 옮겨야 한다. 동시에 중소기업은 대기업과의 관계에서 교섭력 격차를 줄이려는 노력을 경주해야 한다. 대기업과 중소기업의 불공정 문제는 오랜 기간 통용되어 온 관행이기에 단시간에 고치기는 쉽지 않다. 그렇다고 불공정 관계를 무한히 지속시킬 수는 없다. 공정을 둘러싸고 발생하는 갈등을 끌어안고 존경받는 선진국으로 진입하기란 매우 어려운 일이다. 생태계와의 공생은 페어플레이의 다른 표현이다. 관용의 문화, 책임의 문화, 승복의 문화가 필요하다. 생태계의 공생을 위한 사회적 대협약을 만들어 내야 한다.

생태계에는 힘의 역관계가 있기 마련이다. 대칭적인 힘의 관계보다 비대칭적인 힘의 관계가 일상적인 현상이고 보면, 이해를 향한 움직임에는 수순이 있어야 한다. 역시 힘 가진 쪽이 손을 내밀고 무언가 하는 것이 중요하지 않겠냐는 것이다. 어떻게 화해하고 통합하겠다는 것인지 정부가 먼저 답을 해야 하는 것이 상식이다. 통합과 소통은 정부가 맡은 가장 중요한 직무고, 정부는 그것에 대해 무한 책임이 있다. 사회적 대협약의 균형자로서의 역할이 그 어느 때보다 필요하다.

'정복해야 한다'는 진화론적 사고에서 '함께 살아야 한다'는 생태론적 사고로의 전환이 이 시대의 흐름임을 숙지할 필요가 있다. 비지배적 상호 의존의 시스템 구축이 그 어느 때보다 절실하게 요청된다.

노블레스 오블리주의 자발적 실천

한국에서의 공정한 사회 구현은 공공 부문과 지도층의 책임과 맞물려 있다. 앞서 소개하였듯이 '공정한 사회 구현을 위한 가장 시급한 과제'로 '복지 확대 등 사회적 약자 배려'보다는 '사회 지도층의 솔선수범'을 언급하는 국민들이 더 많았다. 공정한 사회와 노블레스 오블리주가 강하게 연동되어 있음을 보여 준다. 한국 사회의 공정성과 관련하여 개선해야 할 상당 부분은 공적 영역과 사회 지도층과 연관되어 있다. 많은 국민들이 공직 사회의 투명성과 사회 지도층의 도덕성이 공정한 사회로 가는 지름길이라 주장하는 까닭이다. 뿐만 아니라 무릇 사회적 소통이 절실한 쪽은 사회경제적 약자일 수밖에 없다. 따라서 소통의 문제는 일차적으로 사회 지도층이 더 많은 부담과 책임을 가져야 할 문제다.

누구나 수긍하는 공정한 기준과 편파적인 법 집행을 방지할 제도적 규칙을 만드는 것이 공정한 사회를 위한 선결 과제라고 할 때, 지도층과 상류층의 솔선수범은 아무리 강조해도 지나치지 않다. 이는 신뢰 구축의 지름길이기 때문이다. 현재의 법과 정책이 우리 사회 특정 계층을 우대하는 불공정 게임이라는 인식은 국민들의 헌법 기관에 대한 불신과 법질서에 대한 경시와 무관하지 않은 것으로 보인다(권순우 외, 2010). 신뢰의 부재는 사회적 공론의 장을 심각한 분열로 밀어 넣는다.

선진국에서 사회 지도층이 반칙, 편법, 불법을 저지를 경우 엄청난 대가를 분명하게 치르는 것으로 알려져 있다. 사회 지도층은 사회로부터 받은 혜택이 큰 만큼 그 의무도 크다는 원칙을 준용한 것이다. 사회로부터의 혜택과 사회에 대한 책임을 연동시키는 모범적인 규범이다. 특권과 특혜가 통하지 않는 투명한 사회를 향한 국민의 도덕적 요구는 점점 높아지게 마련이다.

외부의 압박에 의해 마지못해 특권이나 특혜를 버리거나 사회적 책임을 수행하는 듯한 인상을 주는 것은 바람직하지 않다. 특권과 특혜를 스스로 버리는 노력을 가시적으로 보여 주는 것이 필요하다. 노블레스 오블리주를 자발적으로 가시적으로 실천하는 모습을 보여야 한다. 개혁은 철저한 자기 혁신으로부터 시작해야 실패하지 않는다고 한다. 공정 사회가 한국 사회의 미래를 담보하는 중심 원리로 자리 매김하는 이때, 사회 지도층의 도덕적 · 실천적 자기 혁신은 그 어느 때보다 절실하게 요청된다.

Economy

"'정당한 자기 몫'은 시장의 공정 경쟁이 결정해 주는 것이고, '인간다운 생활에 필요한 몫'은 사회 복지의 배려이다."

2장

시장 경제,
땀 흘린 만큼
보상이 가능한가

어느 전직 대통령은 정의 사회를 '땀 흘린 만큼 보상받는 사회' 라고 규정하였다. 그런데 현실을 보면 구슬땀을 흘리며 일한 근로자의 보상은 부실한데 기업가는 별로 땀 흘리지 않고서도 높은 소득을 올린다. '땀 흘린 만큼 보상받는 정의 사회' 의 기준에 따르면 이러한 사회는 정의 사회가 아니다. 그러나 현대의 분업 사회가 결정하는 근로의 보상은 반드시 흘린 땀의 양에 비례하지는 않는다.

이솝 우화 '개미와 베짱이' 에서 여름내 땀 흘리며 먹을 것과 땔감을 모은 개미는 추운 겨울을 안락하게 나지만, 일하지 않고 놀기만 한 베짱이는 개미에게 구걸하는 신세가 되고 만다. 이 이야기는 땀 흘려 일하면 그만큼 보상을 받으므로 개미처럼 열심히 일해야지 베짱이처럼 놀기만 하면 안 된다는 교훈을 담고 있다. 동시에 땀 흘려 일한 개미보다 판판이 놀기만 한 베짱이가 더 잘산다면 그 사회는 결코 정의 사회가 아니라는 시각도 담고 있다. 이 우화를 남긴 이솝이 살던 고대 그리스는 자급자족을 생활 기반으로 한 사회였다. 자기한테 필요한 먹이와 땔감을 찾아다니는 개미는 더 많이 일하면 반드시 그만큼 더 많이 거두었다. 그러나 오늘날 분업 사회에서 개인은 자기에게 필요한 물자가 아닌 남들이 소비할 물자를 생산한다. 농부조차도 생산한 농작물의 일부만 직접 소비할 뿐 나머지 대부분은 시장에 내다 판다.

또 이솝 우화의 개미는 자기에게 필요한 게 무엇인지 잘 알아 실수가 없었다. 그러나 현대 분업 사회의 개인은 남들에게 필요한 것이 무엇인지 잘못 판단할 수 있다. 과잉 생산으로 값이 폭락하여 수확을 포기한 배추가 밭에 그대로 버려진 것을 흔히 볼 수 있다. 개별 배추 농가는 김장철 대목에 대비하여 배추를 재배하였지만 전체 배추 농가의 과잉 생산으로 배추 농사를 망친 것이다.

개미는 자기에게 필요한 먹이와 땔감의 양을 잘 알고 있어 그것들을 거두는 일에 실패하지 않는다. 그러나 배추 농가의 사정은 다르다. 분업 시대의 배추 농가는 김장철에 사람들이 배추를 살 것이라 예상하고 농사를 시작한다. 배추 공급이 이미 충분한데도 이 사실을 모르고 계속 배추 농사에 몰두한다면 수확한 배추를 모두 팔지는 못할 것이다.

우화 시대의 개미는 땀 흘린 만큼 먹이와 땔감을 얻었다. 그러나 분업 시대의 배추 농가가 얻는 보상은 반드시 흘린 땀에 비례하지는 않는다. 배추 농가가 땀 흘린 만큼 보상받도록 '정의를 실현'하려면 사람들이 올해도 예년과 같은 값으로 배추를 모두 사 주어야 한다. 그러나 필요하지도 않은 배추를 억지로 사도록 강요하는 것은 과연 정의로운가?

무엇을 공정하다고 해야 할까

'정당한 자기 몫'과 '인간다운 삶에 필요한 몫'

삶이 항상 잘 풀릴 수는 없고 때로는 어렵게 꼬인다. 어려운 처지에 빠진 사람이 세상을 탓하지 않는다면 그 사회는 공정한 사회라고 할 수 있다. 흔히 사람들은 세상이 자신을 부당하게 괴롭힌다고 느낄 때 사회가 불공정하다고 생각하기 때문이다. 그런데 같은 상황에서 어떤 사람은 자신을 탓하고 또 어떤 사람은 세상을 탓한다. 같은 사회를 두고 공정한지 아닌지에 대한 판단이 다른 것이다. 이렇게 공정성에 대한 사람들의 생각이 서로 달라 객관적 기준을 마련하기가 쉽지 않다.

경제적 측면에서만 이야기하더라도 공정성은 분명히 여러 다른 시각들이 부딪치는 거대 담론이다. 하지만 경제적 공정성에 대한 모든 논의의 바탕에는 저마다 '정당한 자기 몫'을 누려야 하고 누구에게나 '인간다운 삶에 필요한 몫'이 있다는 두 원칙이 깔려 있다. 이 두 원칙은 서로 씨줄과 날줄처럼 얽혀 있는데, 일한 만큼 받는 '정당한 자기 몫'이 항상 '인간다운 삶에 필요한 몫'이 되지는 않는다는 점이 문제가 된다.

경제적 공정성은 결국 개인의 몫에 대한 공정성이다. 공정성의 기준이 저마다 다르다면 각자 생각하는 '정당한 자기 몫'이 무엇인지가 다를 뿐이다. 일한 만큼 받는 것과 일을 제대로 못해도 먹고살 만큼은 받는 것 가운데 어느 쪽이 '정당한 자기 몫'일까? 개인이 자기 몫을 누릴 권리는 재산권이므로, 경제적으로 공정한 사회는 한마디로 개인의 정당한 재산권을 보호하는 사회라고 할 수 있다.

내 재능은 온전히 내 것인가

개인은 각자 자기 자신을 소유한다는 생각이 자유주의의 바탕이다. 자유로운 개인은 자기 의지대로 재능과 노력을 발휘하여 얻은 소득을 배타적으로 소유할 권리를 누린다. 여러 사람이 경제 협력으로 만들어 낸 소득을 참여한 사람들이 정당하게 합의하여 분배하면 정당한 재산권이 발생한다. 자유주의자들에 따르면 자기 이익을 위해 재능과 노력을 써도 정당한 합의 과정만 거치면 '정당한 자기 몫'을 실현하기 때문에 결코 정의에 위배되지 않는다.

대표적 자유주의자인 노직Nozick은 경제적 공정성을 정당한 재산권의 관철이라고 파악한다. 지금 자기가 가지고 있는 재산이 정당한 것이라고 하자. 그리고 자신의 재산권을 정당하게 행사하여 보유 재산이 달라졌다고 하자. 그러면 새롭게 바뀐 재산 보유 현황도 정당하다는 것이 노직의 주장이다. 노직에 의하면 현재 재산 보유 현황이 정당하고 재산권 행사 과정이 정당하면 경제생활은 공정하게 운용된다. 그런데 노직의 공정성은 곧 현실적 난관에 부딪친다. 역사적으로 권력을 비롯한 각종 폭력이 수시로 개인의 재산권을 유린했기 때문에 현재의 재산 보유는 정당하게 출발하여 정당하게 바뀌어 온 결과라고 인정하기 어렵다. 제값을 치르고 구입했어도 장물은 정당하게 취득한 재산으로 인정받지 못하는 것과 같은 이치이다. 노직은 이 경우에 과거의 재산권 침탈을 바로잡는 국가 권력의 역할을 인정한다.

한편 롤스Rawls는 재능의 사적 소유에 의문을 품는다. 그는 사람마다 다르게 지닌 재능을 각자의 재산이 아니라 사회의 공유 자산으로 인식한다. 개인의 재능은 주변의 영향과 우연한 계기로 형성되는 부분이 많아서 각자의 책임 영역을 벗어나기 때문이라는 것이다. 그러므로 재능은 자신만의 이익이 아니라 사회 전체의 이익을 위해 써야 한다는 것이 롤스의 주장이다. 한 걸음 더 나아가 롤스는 공정하지 않은 상태에서 이루어진 합의는 정당하지 않으며, 때로는 명시적으로 합의하지 않은 소득 분배라도 정당할 수 있다고 한다. 정보를 가진 쪽이 그렇지 못한 쪽을 속여서 합의를 이끌어 낼 수 있고, 관행이 있다면 합의하지 않았어도 따라야 한다는 것이다. 그래서 구체적 사안에서는 관련 당사자들의 단순한 합의만으로는 재산권의 정당성을 보장할 수 없다고 주장한다. 롤스는 개인의 재능을 포함한 사회적 자산을 합의와 무관하게 불특정한 최약자의 생활을 최대한 향상시키는 소득 분배를 이루도록 활용해야 공정하다는 결론에 이른다. 불특정한 최약자는 누구든 그때 그때 최저 수준의 생활에 허덕이는 사람을 뜻한다.

각자 자신의 이익을 추구하도록 허용하는 시장 경제는 자유주의적 기준으로는 경제를 공정하게 운용할 수 있지만 롤스적 기준으로는 그렇지 못하다. 롤스적 기준은 '인간답게 살아가는 데 필요한 몫'을 정당한 몫으로 판정한다. 롤스의 공정성을 실현하려면 자유주의적 재산권을 본질적으로 제약하는 제도를 마련할 수밖에 없는 것이다. 불특정 최약자의 생활을 향상시키는 조치를 국민 절대다수가 반대한다면 그 사회는 민주적일 수 있지만 롤스적 시각에서는 정의롭지 못하다. 그렇다면 경제적 공정성은 '정당한 자기 몫'과 '인간다운 삶에 필요한 몫'을 어떻게 조화롭게 수용해야 하는 것일까?

롤스의 '정의의 두 원칙'

롤스는 정의의 원칙을 기득권에 물들지 않은 인성의 판단에서 추출하려고 하였다. 실제로 사람들은 자신의 지위에 유리한 쪽으로 생각할 수밖에 없고, 자신이 아직 어떤 사회적 지위에 처할지 모르고 있는 원초적 상태의 개인만이 가장 객관적인 정의관에 동의할 것이다. 롤스는 원초적 상태의 개인이라면 누구나 동의할 정의의 원칙으로 두 가지를 제시하였다.

롤스가 제창한 제1원칙은 모든 개인이 기본적 자유를 평등하게 누릴 것을 요구하는데, 그 기본적 자유에는, 비록 부동산을 제외한 동산에 국한되지만, 재산권도 포함된다. 그러나 제1원칙의 재산권은 선언적 수준에 그칠 뿐이며 재산권의 실질적 내용은 사회적 이익을 최대화하는 차등 원칙으로 알려진 제2원칙이 규정하고 있다. 롤스의 차등 원칙은 개인이 자신의 재능과 노력을 각자의 이익만을 위해 사용하는 것은 정의롭지 못하므로 불특정한 최약자의 생활을 최대한 향상시키도록 사용해야 한다고 규정한다.

2

텃밭 경제와 시장 경제

예전에 저녁상을 준비하는 아낙네들은 텃밭에서 상추와 쑥갓 등 채소를 뽑아 왔다. 상추쌈에 꽁보리밥뿐이어도 농사만 잘되면 온 가족이 흐뭇하였다. 농사일은 자연과 상대하는 경제생활이었고 농작물은 하늘이 주시는 것이라 주시는 그대로 감사하면서 받았다.

오늘날 주부들은 저녁 찬거리를 시장에서 사 온다. 시장에서 사는 상추는 하늘이 주시는 것이 아니라 사람한테 사는 것이다. 이제 경제생활은 수많은 사람들을 상대하는 고도의 분업 속에서 이루어진다. 하늘이 주실 때는 감사할 따름이었는데 사람한테 돈을 주고 사니 고맙기는커녕 바가지를 쓸까 봐 걱정이다. 내가 필요해서 흥정하고 내게 유리해서 사고팔았으면서도 항상 더 싸게 사고 더 비싸게 팔 수도 있지 않았나 생각한다.

시장 경제에서 개인은 각자 자신의 이익을 추구한다. 저마다 자기 이익만을 챙기기 때문에 흔히 '약육강식의 시장 경제'라고 한다. 시장 경제에서는 모든 사람이 남을 해치고서라도 내 이익을 챙긴다고 생각하기 때문일 것이다. 그러나 이것은 남이 더 가지면 내 몫이 줄어드는 제로섬의 흥정 과정이 유발한 착각일 뿐이다. 사람들이 시장 교환이나 공동 생산에 참여하는 까닭은 자신에게 이익이 되기 때문이다. 시장 경제의 경제생활에서 개인은 남들이 자신을 해치도록 방치하지 않는다. 누구나 손해 볼 것이 분명한 투자나 거래는 거부할 권리가 있기 때문이다.

'개미와 베짱이'의 시대는 갔다

어느 전직 대통령은 정의 사회를 '땀 흘린 만큼 보상받는 사회'라고 규정하였다. 그런데 정작 구슬땀을 흘리며 일한 노동자의 보상은 부실한데 기업가는 별로 땀 흘리지 않고도 높은 소득을 올린다. '땀 흘린 만큼 보상받는 정의 사회'의 기준에 따르면 이런 사회는 정의 사회가 아니다. 그러나 현대의 분업 사회가 결정하는 근로의 보상은 반드시 흘린 땀의 양에 비례하지는 않는다.

이솝 우화 '개미와 베짱이'에서 여름내 땀 흘리며 먹을 것과 땔감을 모은 개미는 추운 겨울을 안락하게 나지만, 일하지 않고 놀기만 한 베짱이는 개미에게 구걸하는 신세가 되고 만다. 이 이야기는 땀 흘려 일하면 그만큼 보상을 받으므로 개미처럼 열심히 일해야지 베짱이처럼 놀기만 하면 안 된다는 교훈을 담고 있다. 동시에 땀 흘려 일한 개미보다 판판이 놀기만 한 베짱이가 더 잘산다면 그 사회는 결코 정의 사회가 아니라는 시각도 담고 있다.

이 우화를 남긴 이솝이 살던 고대 그리스는 자급자족을 생활 기반으로 한 사회였다. 자기한테 필요한 먹이와 땔감을 찾아다니는 개미는 더 많이 일하면 반드시 그만큼 더 많이 거두었다. 그러나 오늘날 분업 사회에서 개인은 자기에게 필요한 물자가 아닌 남들이 소비할 물자를 생산한다. 농부조차도 생산한 농작물의 일부만 직접 소비할 뿐 나머지 대부분은 시장에 내다 판다.

또 이솝 우화의 개미는 자기에게 필요한 게 무엇인지 잘 알아 실수가 없었다. 그러나 현대 분업 사회의 개인은 남들에게 필요한 것이 무엇인지 잘못 판단할 수 있다. 과잉 생산으로 값이 폭락하여 수확을 포기한 배추가 밭에 그대로 버려진 것을 흔히 볼 수 있다. 개별 배추 농가는 김장철 대목에 대비하여 배추를 재배하였지만 전체 배추 농가의 과잉 생산으로 배추 농사를 망친 것이다.

개미는 자기에게 필요한 먹이와 땔감의 양을 잘 알고 있어 그것들을 거두는 일에 실패하지 않는다. 그러나 배추 농가의 사정은 다르다. 분업 시대의 배추 농가는 김장철에 사람들이 배추를 살 것이라 예상하고 농사를 시작한다. 배추 공급이 이미 충분한데도 이 사실을 모르고 계속 배추 농사에 몰두한다면 수확한 배추를 모두 팔지는 못할 것이다.

우화 시대의 개미는 땀 흘린 만큼 먹이와 땔감을 얻었다. 그러나 분업 시대의 배추 농가가 얻는 보상은 반드시 흘린 땀에 비례하지는 않는다. 배추 농가가 땀 흘린 만큼 보상받도록 '정의를 실현' 하려면 사람들이 올해도 예년과 같은 값으로 배추를 모두 사 주어야 한다. 그러나 필요하지도 않은 배추를 억지로 사도록 강요하는 것은 과연 정의로운가?

작년에 중국에서 수입된 마늘 때문에 마늘 값이 크게 떨어져 올해 많은 마늘 농가가 배추로 재배 작물을 바꾸었다고 하자. 그런데 올해 대대적 건설 공사 때문에 중국의 마늘 경작지가 크게 줄어들 것이라는 뉴스를 들은 한 농가는 그대로 마늘을 재배하였다. 마늘 값은 천정부지로 뛰었고 마늘 농가는 큰돈을 벌었다. 식품학계에서 들깨가 우수한 건강식품임을 밝혔다는 소식을 들은 건넛마을 참깨 농가도 들깨 농사로 바꾸어 역시 큰돈을 벌었다. 배추 농가는 배추 농사를 아주 크게 벌였기 때문에 흘린 땀은 가장 많았지만 받은 보상은 가장 적었다. 정의가 무너진 것인가?

개미가 흘린 땀은 자신의 필요를 충족해 가치 창조에 성공했지만, 배추 농가의 땀은 누구의 필요도 충족하지 못해 가치 창조에 실패했다. 가치 창조에는 땀 흘리는 일이 필요하지만 땀만 흘린다고 반드시 가치 창조에 이르는 것은 아니다. 인간의 노동을 쓸모 있는 것으로 만드는 요소가 '흘린 땀'만은 아니기 때문이다. '땀 흘린 만큼 보상받는 정의'는 결국 가치 창조에 기여한 만큼 보상받는 정의를 뜻한다. 그렇다면 가치 창조에 기여한 노동이란 무엇인가?

명동에서 마포까지 가는 사람의 노동을 생각해 보자. 택시를 탈 수도 있고, 버스를 탈 수도 있고, 지하철을 이용할 수도 있고, 걸어갈 수도 있다. 이 사람은 출발하기 전에 어떤 방법으로 갈지 먼저 결정해야 한다. 택시나 버스를 탈 경우 길이 잘 뚫리면 빨리 도착할 수 있지만 교통 체증이 심하면 늦어질 수 있다. 지하철은 안전하지만 역에서 내려 한참 걸어야 한다. 정전이라도 당하면 역시 늦어진다. 걸어가면 시간은 걸리고 힘들지만 예상한 시각에 도착할 수 있다. 그러나 중간에 비라도 만나면 낭패다.

사람들은 이런 사정을 모두 고려하여 어떻게 이동할 것인지 결정하고 움직인다. 다른 일도 마찬가지다. 공장에서 일하는 공원도 그때그때 해야 할 업무를 파악한 뒤에 일이 가장 잘 처리되도록 계획을 세우고 그에 따라 작업을 시작한다. 매일 반복하는 일도 기존 계획에 따라 일하는 것이지 무계획적으로 하는 것은 아니다. 땀 흘리는 일은 이 계획이 확정되고 난 다음 그에 따라 전개된다.

무슨 일을 어떻게 처리할지 계획하는 노동을 지도 노동directing labor이라고 하고 지도 노동이 세운 계획에 따라 실제로 땀 흘려 일하는 노동을 피지도 노동directed labor이라고 한다(Schumpeter, 1926). 지도 노동이 일을 잘못 선택하고 계획을 잘못 세우면 피지도 노동이 아무리 많은 땀을 흘려도 가치를 창조할 수 없다. 지도 노동은 땀과는 상관없는 정신노동이지만, 뒤이어 전개될 육체노동인 피지도 노동이 가치를 창조할지 말지 좌우하는 매우 중요한 노동이다.

여름내 땀 흘려 모아들인 것이 먹이와 땔감이 아니라 모래와 낙엽이었다면 열심히 일한 개미도 춥고 배고픈 겨울을 날 수밖에 없다. 개미는 자기에게 필요한 것이 무엇인지 잘 알아 지도 노동에서 실패하지 않았다. 반면 베짱이의 '지도 노동'은 여름내 일하지 않으면 겨울을 나기 어렵다는 것을 모르지 않았지만 일하는 고통이 싫고 게을러서 놀기를 선택한 셈이다.

자급자족 시대에는 일단 일하기로 결정하기만 하면 자신에게 필요한 일이 무엇인지 거의 자명하기 때문에 지도 노동은 실패할 리 없었고 땀 흘린 대로 거두었다. 이 시대의 지도 노동은 일하는 고통과 노는 즐거움 가운데 어느 하나를 선택하는 일에 지나지 않았다. 따라서 지도 노동은 노동으로 분류조차 되지 않았고, 힘들여 땀 흘리는 육체노동만이 노동으로 불렸다.

분업 시대에 들어서면서 무슨 일을 해야 할지 불확실해지고 지도 노동의 실패도 자주 나타나기 시작하였다. 지도 노동의 실패는 이어지는 피지도 노동이 흘린 땀을 헛일로 만든다. 자기가 먹을 배추를 재배하는 것이 아닌 만큼 다른 사람들이 배추를 얼마나 소비할지, 즉 얼마나 팔릴지를 제대로 예측하는 것이 지도 노동의 역할이다. 배추 농가가 많은 땀을 흘렸음에도 불구하고 보상받지 못한 것은 지도 노동이 재배 작물을 잘못 선택하였기 때문이다. 흘린 땀만 중요시하던 자급자족 시대의 노동관으로는 분업 시대의 가치 창조를 제대로 설명하지 못한다. 분업 시대 이후 지도 노동의 중요성이 부각되었지만 '땀 흘린 만큼 보상받는 정의 사회'와 같은 자급자족 시대의 가치관은 아직도 사회 도처에 남아 있다.

노동 단위를 개인에서 조직으로 확대하면 지도 노동은 전문화하여 기업가의 역할로 발전한다. 기업가의 경영은 바로 기업이 이끄는 공동 생산의 지도 노동으로서 기업 활동이 창조하는 가치를 결정한다. 기업가의 지도 노동이 판단을 잘못하면 노동자들의 피지도 노동이 아무리 많은 땀을 흘렸어도 아무 가치도 창조하지 못한다는 것이다. 자본주의 경제 체제는 기업가의 혁신을 추진 동력으로 삼아서 발전한다고 본 슘

마르크스 Marx와 슘페터 Schumpeter

칼 마르크스 Karl Marx는 현대 세계사에 가장 큰 영향을 끼친 근대 최고의 사상가다. 그의 방대한 이론 체계 가운데 한 부분인 가치론의 '잉여가치설'은 자본주의 체제의 본질을 노동 착취로 규정하여 공산주의에 대한 당시 사람들의 지지를 확산하는 데 크게 기여하였다.

마르크스의 가치론에 따르면 상품의 가치는 그 생산에 땀 흘린 노동량으로 결정되고, 상품의 교환은 그 가치대로 이루어진다. 60의 노동을 투입하여 생산한 원자재의 가치는 60이다. 40의 노동을 고용하여 이 원자재를 가공하면 가치 100(=60+40)의 상품이 생산된다. 원자재를 구입하는 데 가치 60을 지불해야 하고 이 상품을 판매하면 가치 100을 대가로 받는다. 노동자를 고용하여 생산을 주도한 자본가가 이윤 10을 얻는다면 고용한 노동 40에 지급한 임금은 30이라야 한다. 즉 자본가의 이윤은 노동자에게 지급해야 할 임금을 덜 주고 남긴 '잉여 가치'로서 그 본질은 노동 착취인 것이다.

마르크스의 '잉여가치설'은 가치를 창조하는 노동을 '피지도 노동'에 국한시키고 '지도 노동'은 비생산적인 것으로 규정한다. 그는 '경영은 아무 가치도 창조하지 못한'다고 서술하고 있다(Marx, 1906). 그의 주장대로라면 기업은 항상 착취를 통하여 이윤을 남기기 때문에 어떤 기업도 도산하지 않을 것이다.

마르크스가 세상을 떠난 1883년에 태어난 슘페터 Schumpeter의 생각은 다르다. 노동을 지도 노동과 피지도 노동으로 분류한 최초의 경제학자로서 슘페터는 피지도 노동을 이끄는 지도 노동이야말로 가치 생산에서 핵심적 역할을 수행한다고 인식하였다.

페터의 견해는 기업가의 활동이 자본주의 경제의 지도 노동이라는 인식에 토대를 두고 있다.

자급자족적 경제생활을 대대적 분업 체제로 바꾼 것은 산업 혁명이다. 마르크스는 산업 혁명 직후 등장한 본격적 분업 시대의 초기를 살았지만 그의 노동관은 오직 피지도 노동만을 노동으로 보는 자급자족 시대의 노동관에 머물러 있었다. 그러나 그의 사후 시대를 생활한 슘페터의 눈에는 자급자족 시대에는 나타나지 않았던 지도 노동의 실패가 분명하게 보였기 때문에 분업 시대의 가치 창조를 좌우하는 것이 지도 노동임을 알아챈 것이다.

어떤 일에 땀 흘릴 것인가

시장 경제에서 개인은 대개 다른 사람들이 쓸 물건을 만들어 소득을 얻는다. 그 소득으로 다른 사람한테서 자기에게 필요한 물건을 산다. 그러므로 사람들은 땀 흘려 일하기 전에 남들이 무엇을 원하는지 먼저 헤아려야 한다. 제대로 헤아리는 지도 노동은 잘 팔릴 상품을 골라 생산한다. 그러나 지도 노동이 실패하면 아무도 거들떠보지 않는 일에 자원과 피지도 노동을 낭비하기도 한다.

시장은 여러 가지 신호를 보내 개인이나 기업의 지도 노동이 잘 팔릴 상품을 선택하도록 돕는다. 시장 신호 가운데 가장 중요한 것은 가격이다. 일반적으로 가격은 상품이 모자랄 때 오르고 남아돌 때 내린다. 시장은 모자라는 상품의 값을 올림으로써 그것을 생산하는 사람에게 높은 소득을 제공하여 포상한다. 반대로 남아돌거나 불필요한 상품을 생산하면 시장은 그 상품의 값을 낮추어 생산자의 소득을 줄이는 방식으로 자원과 노력의 낭비를 징벌한다. 시장의 징벌을 피하고 포상을 추구하는 지도 노동이 사회적으로 필요한 일을 찾게 유도

하는 것이다.

그런데 현실의 시장 경제에서 시장 신호는 가격만이 아니다. 매매 쌍방 간의 비공개 협상으로 거래가 이루어지면 구체적인 거래 조건과 가격이 공개되지 않아 시장 가격만큼 명백한 신호로 나타나지는 않는다. 이런 경우 어떤 상품이 많이 거래되는지, 수익성이 어떤지 입소문이 나면서 지도 노동의 결정에 영향을 끼칠 수 있다. 잘 발달한 시장이라면 정확한 정보를 되도록 많이 신호에 담아내고, 유능한 지도 노동이라면 불분명한 여러 신호에서 사회가 원하는 일을 제대로 읽어 낸다. 성숙한 시장은 현명한 지도 노동들을 이끌고 자원과 노력의 낭비를 최소화하면서 사회적 분업을 조정하는 것이다.

파는 사람과 사는 사람이 합의한 가격

어떤 물건의 값이 80원 이상이면 생산자 영이는 팔려고 하고 120원 이하면 도매업자 철이는 사려고 한다. 영이의 생산 원가는 80원이고 철이는 소매상으로부터 120원에 주문을 받아 둔 상태다. 두 사람이 흥정하여 매매가 이루어지면 거래 가격은 80원과 120원 사이의 어느 값으로 결정될 것이다. 가격이 110원이면 영이와 철이의 이익은 각각 30원과 10원이 될 것이고, 100원이면 각각 20원으로 정해질 것이다.

이처럼 교환은 매매 쌍방 모두에게 이익을 준다. 그리고 각자 얻는 이익의 크기는 값을 어느 수준으로 합의하는가에 달려 있다. 가격에 대한 합의는 그 거래에서 얻는 소득의 분배에 대한 합의이다. 만약 값을 110원으로 정하였다면 영이는 철이의 몫 10원에 대하여, 철이는 영이의 몫 30원에 대하여 서로 인정하기로 합의한 것이다. 전체 이익 40원을 창조하는 데 기여한 사람은 두 사람뿐이고 이들이 그 분배를 합의한 만큼 다른 사람이 왈가왈부할 일도 아니다.

시장 경제에서 사람들 사이의 경제 협력은 기업을 통한 공동 생산의 방식으로도 이루어진다. 기업가는 노동을 제공하는 노동자, 자금을 빌려주는 채권자, 원료 물자를 제공하는 공급자 등 공동 생산에 참여하는 여러 사람들과 보수를 정해 계약을 체결하고 생산 활동을 주도한다. 생산한 상품을 팔고 받은 판매 수입에서 노동자들의 임금과 채무의 이자, 원자재 대금을 뺀 잔여가 기업가에게 돌아가는 이윤이다. 사업 성과에 관계없이 정해진 임금, 이자, 원자재 대금, 그리고 잔여로 결정되는 이윤 등 공동 생산에 참여하는 대가로 각자가 얻는 몫은 모두 사전에 합의한 것이다.

자유 시장 경제에서 각자가 얻는 몫은 관련 당사자들의 합의에 의해 결정된다. 이 합의는 관련 당사자들의 만장일치로 이루어진다. 영이와 철이의 교환은 둘 중 어느 한 사람이라도 반대하면 이루어지지 않는다. 마찬가지로 소득 분배 방식에 동의하지 않는 사람은 공동 생산에 참여하지 않을 것이다. 시장이 실현하는 소득 분배가 공정하든 공정하지 않든 그것은 관련 당사자들이 만장일치로 합의한 것일 수밖에 없다.

3
협상 테이블에 앉는 방법

시장 경제의 공정성은 시장이 실현하는 소득 분배의 공정성으로 귀결된다. 그리고 소득 분배의 공정성은 협상 과정의 공정성에 의존한다.

얼마에 합의할 것인가

시장이 실현하는 소득 분배는 경제 협력에 참여하는 사람들이 합의한 결과이다. 이들은 각자 협상력bargaining power을 동원하여 자기에게 유리하게 합의하려고 흥정한다.

앞에서 예로 든 영이와 철이의 거래에서 가격은 두 사람의 협상력에 따라 80원과 120원 사이의 어느 한 값으로 정해질 것이다. 두 사람의 거래는 40(=120-80)원의 신규 재산을 만들어 내는 경제 협력이고, 가격은 각자의 역할에 대한 보상을 결정한다. 언뜻 보기에는 둘의 이익을 같게 배정하는 가격 100원이 공정할 것 같다. 그러나 순이가 나타나서 값이 110원 미만이면 자기도 사겠다고 나선다면 사정이 달라진다. 영이의 상품을 사기 위해 철이와 순이는 서로 경쟁해야 하고, 값은 110원까지 치솟을 것이다. 이 가격은 영이가 강요한 것이 아니라 철이가 경쟁자 순이를 견제하려고 스스로 올린 것이다.

둘의 경쟁으로 영이는 자기에게 더 유리한 가격 110원으로 철이와 합의할 수 있다. 영이에게는 경쟁자가 없고 영이와 거래하려고 여러 사람이 경쟁한다면, 영이는 자기에게 가장 유리한 가격을 제시하는 상대를 선택할 수 있다. 거래 상대방에 비해 영이는 더 강한 협상력을 누리는 것이다. 물론 철이와 순이가 영이 말고도 다른 사람과 거래할 수 있다면 영이의 협상력은 그만큼 약해진다.

영이에게 경쟁자가 있어도 그들보다 더 좋은 제품을 더 싼값에 판다면 거래 상대방들은 영이에게 몰려든다. 즉 영이의 경쟁력competing power이 강하면 거래 상대방들이 영이에게 몰려들어 영이가 선택할 폭을 넓혀 줌으로써 영이의 협상력을 강화시켜 주는 것이다.

진입 장벽을 무너뜨려라

공정한 시장 경쟁에서 모든 사람은 자신의 경제적 이익을 좇아 모든 거래 상대방과 흥정하고 거래할 수 있다. 모두에게 동등한 기회가 보장되는 것이다. 값이 100원이면 순이도 영이의 상품을 구입할 뜻이 있는데, 순이가 영이와 거래할 수 없게 만든다면 그 시장 경쟁은 공정하지 못한 것이다.

두 사람의 거래가 서로에게 유리한데도 이 거래를 성사되지 못하게 막는 구조적 요인들을 통틀어 '진입 장벽barriers to entry'이라고 한다. 정부가 어떤 산업을 지정하여 일반 사업자의 진출을 금지하는 독점 사업권concession을 특정 사업자에게 부여하는 조치가 진입 장벽의 한 예이다. 철도 사업과 송배전 사업이 이에 해당한다. 국내 생산업자를 보호하려고 수입 상품에 높은 관세를 부과하는 것도 마찬가지다.

진입 장벽이 없으면 모든 사람은 각자 자기에게 가장 유리하도록 경제 협력을 펼칠 수 있고, 그때 국가 경제는 경제적 낭비 없이 자원을 가장 효율적으로 이용한다. 진입 장벽이 없는 시장 경제의 공정 경쟁은 모든 참여자들에게 공정한 경쟁 기회를 보장할 뿐만 아니라 자원을 효율적으로 이용하는 성과까지 함께 거둔다.

내가 경쟁력을 갖추면 나와 거래하기를 원하는 거래 상대방은 많아진다. 그들이 더 큰 경제적 이익을 얻으려고 나에게 몰려든다면 내 강한 경쟁력은 정당하다. 그러나 내 경쟁자들에게 접근할 수 없도록 만드는 진입 장벽이 사람들을 내게 몰아주어 생긴 '경쟁력'이라면 이것은 정당한 경쟁력이 아니다. 정당하지 못한 경쟁력이 뒷받침한 협상력도 정당하다고 할 수 없다.

시장에서 통용되는 협상력을 특히 시장력market power이라고 한다. 거래 상대방에게 내 경쟁자는 나를 대체하는 거래 기회이다. 내가 진입 장벽을 만들어 상대방의 대채성 거래 기회를 인위적으로 줄이면 내 시장력은 부당하게 강화된다. 부당한 시장력으로 거래 가격을 내게 유리하도록 이끌면 상대방은 재산상 피해를 본다. 공정 경쟁을 파괴하는 부당한 시장력은 피해자의 재산권을 침탈하는 것이다. 그래서 각국의 경쟁법은 부당한 시장력을 행사하여 상대방의 재산권을 침해하고 공정 경쟁을 훼손하는 행위들을 구체적으로 지적하며 금지하고 있다. 시장의 경쟁 질서를 해치는 행위들은 대체로 독점을 지향하는 합병, 담합, 우월적 지위 남용 등의 유형으로 분류된다.

'정당한 자기 몫' 찾기

공정 경쟁을 저해하는 요소들

모든 고객에게 거래할 상대방이 나밖에 없다면 나는 시장을 독점할 수 있다. 어느 사업자가 질 좋은 제품을 싼값에 공급하면 경쟁 사업자들의 고객까지 자발적으로 몰려온다. 이 사업자의 제품에 만족한 고객들이 만들어 준 독점이므로 이것을 부당하다고 말할 수 없다. 그리고 이 시장력이 뒷받침한 시장 거래도 불공정한 것이 아니다.

또 다른 생산자가 별다른 기술 개발 노력 없이 서로 경쟁하던 기업들을 하나로 합병해 버리면 합병 기업은 독점적 시장력을 행사할 수 있다. 독점에 이르지 않더라도 두 기업의 합병은 고객의 대체성 거래 기회를 인위적으로 줄여 버린다. 고객이 원하는 바를 더 잘 충족하는 경쟁에서 승리하지 않았으면서도 시장력을 강화하는 것이다. 이렇게 합병이 조작해 낸 시장력은 부당하고 그 거래도 공정하지 않다.

그런데 기업 합병은 내부 시너지 효과를 발휘하여 생산 효율성을 개선하는 경우가 많다. 만약 합병이 유발한 품질 개선과 원가 절감의 순 시너지 효과가 시장력 강화로 인한 가격 인상의 역효과를 상쇄하고 남는다면, 합병은 시장력 강화보다는 고객에 대한 봉사를 목표한 것이라고 평가할 수 있다. 경쟁을 줄이면서 얻은 봉사이기는 하지만, 고객들이 원하는 거래를 제공하려고 벌이는 경쟁과 같은 성과를 거둔다. 각국의 경쟁법은 시너지 효과가 더 큰 합병은 정당하다고 판정한다.

경쟁 사업자들이 가격을 담합하면 합병과 꼭 같은 독점적 시장력을 얻을 수 있다. 겉보기에는 대체성 거래 기회가 여럿인 것처럼 보이지만 실제로는 거래 조건이 모두 똑같기 때문에 독점이나 다를 바 없다. 합병은 시너지 효과를 창출하여 부당한 시장력 강화 효과를 상쇄할 수 있지만, 담합은 시너지 효과 없이 담합 기업들의 부당한 시장력만 강화한다. 그래서 담합에 대해서는 담합 사실만 입증하면 다른 사항을 고려하지 않고 바로 처벌하는 것이 관행이다.

경쟁을 전략적으로 없애는 진입 장벽은 경쟁이 없어진 쪽의 시장력을 부당하게 강화하여 시장 경쟁의 공정성을 훼손한다. 내가 만든 제품 a를 살 수도 있는 고객이 내가 이미 독점 공급하고 있는 다른 제품 b도 반드시 사야 할 때 '끼워 팔기'는 매우 강력한 진입 장벽으로 작용한다. 내 제품 a를 필수 독점 상품 b와 묶어 팔면 b를 꼭 사야 하는 고객은 a까지 같이 살 수밖에 없다. 이미 a를 샀으니 다른 경쟁 사업자의 제품을 또 살 리는 없다. 경쟁 사업자가 나보다 더 좋은 거래 조건을 제시해도 a의 시장에 진입할 수 없는 것이다. 또 내가 제품 c 생산에 필수적인 원료를 독점 공급한다면, 이 원료를 나만 쓰고 다른 사람들에게는 팔지 않도록 시장을 차단함으로써 c 시장을 독점할 수 있다. 각국의 경쟁법은 끼워 팔기와 시장 차단을 공정 경쟁 훼손 행위로 규정하여 단속하고 있다.

합병을 통한 독점화와 담합, 그리고 진입 장벽 설치는 어느 한쪽의 시장력을 부당하게 강화하여 시장 거래를 불공정하게 왜곡한다. 그런데 하도급 거래에서 하도급 중소기업들은 모기업하고만 거래해야 하는 반면 모기업은 다른 많은 중소기업들과 거래할 수 있다. 중소기업들 사이의 경쟁이 모기업의 시장력을 강화시켜 모기업은 하도급 물자를 최저 가격으로 구매할 수 있는데, 이것은 정당한 시장력을 행사한 결과이다. 문제는 그 과정에서 모기업이 우월적 지위를 악용하여 중소기업을 무리하게 압박하는 경우다.

모기업이 시장력을 부당하게 남용해도 그 사실을 입증하는 것은 실질적으로 불가능하다. 주문한 물자의 인수와 납품 대금 지불을 수시로 미루고 장부를 제시하라고 강요하는 등 다양한 행태로 계약을 위반하여 중소기업에게 피해를 끼쳐도 사법 당국에 고발하자니 하도급 주문을 잃기 십상이다. 생업을 유지하자면 억울해도 참는 수밖에 없다.

부당하게 피해를 보는 하도급 기업이 공개적으로 구제 조치를 요구하지 못하는 한 모기업의 횡포를 근절하기는 어렵다. 모기업의 정당한 시장력 행사는 보장하되 부당한 남용은 막는 특단의 방안이 필요하다. 한 가지 방안은 중소기업이 피해 사실을 입증하는 증거를 제시하면 거래를 그만두어도 좋을 만큼 충분히 배상받을 수 있는 징벌적 배상금 제도를 시행하는 것이다. 그러면 모기업은 횡포를 거둘 수밖에 없으므로 징벌적 배상이 실제로 일어나지는 않을 것이다. 다만 하도급 기업들이 소송을 남발하는 등 이 제도를 악용하는 부작용은 최대한 막도록 설계해야 한다.

최근 공표된 대기업과 중소기업의 동반성장 방안에는 '중소기업이 경쟁력을 발휘할 수 있는 분야에 대해서는 대기업의 자율적인 진입 자제와 사업이양을 유도'한다는 조치가 포함되어 있다. 대기업의 무분별한 사업진출이 중소기업이 중견·대기업으로 성장할 수 있는 기회를 차단할 수 있으므로 공정하고 건전한 산업 생태계를 조성하기 위해서는 일부 업종에 대해서는 중소기업을 보호할 필요가 있다는 것이다.

대기업은 유리한 유통망을 이용하고 막강한 광고 활동을 펼치므로 고객들이 중소기업 제품을 외면하고 대기업 제품을 찾을 수 있다. 중소기업이 품질과 가격 이외에 유통망이나 광고 능력 때문에 대기업에게 밀린다면 그 부분을 보완할 수 있는 지원을 해야지 대기업의 진출을 금지할 일이 아니다. 과거 '중소기업 고유 업종' 제도는 대기업의 시장 진입을 금지한 대표적 제도인데, 이 제도가 결국 공정한 경쟁만 저해하고 중소기업의 경쟁력을 높이는 데는 큰 기여를 하지 못하는 것으로 평가되어 폐지되었다. 인위적인 중소기업 보호가 오히려 공정성을 해치는 결과로 이어질 수 있는 것이다.

이번에 추진하는 것은 법이나 제도가 아닌 대기업과 중소기업을 포함한 민간에서 사회적 합의에 근간을 두고 일정기간 중소기업을 보호하는 분야가 결정된다는 점에서 차이가 있다. 이러한 조치와 함께, 유통망 등 중소기업이 상대적으로 부족한 부분을 보완할 수 있는 지원도 병행해야 대기업과 중소기업간 공정한 경쟁을 이룰 수 있을 것이다.

'합의' 와 생산 기여도

시장 경제의 생산 형태는 기업을 통한 공동 생산이다. 노동자의 임금, 채권자의 채무 이자, 원료 공급자의 원자재 대금, 그리고 기업가에게 돌아가는 이윤까지, 공동 생산에 참여하여 각자가 얻는 몫은 모두 사전에 합의한 것이다. 모든 참여자들이 사전에 합의한 대로 보수를 지급받는다면 각자는 공정한 몫을 누린다.

합의 결과는 당연히 협상력의 크기에 따라 영향을 받는다. 그러므로 정당하지 않은 협상력이 작용하였다면 비록 서로 합의한 바라고 해도 그 결과는 공정한 것이 아니다. 공동 생산에서 부당한 협상력의 문제는 노동 시장에서 특히 심각하다.

정당한 협상력에 따라 합의하였더라도 합의한 몫이 실제 기여한 몫과 일치하지 않는다면 합의의 공정성에 이의를 제기할 수 있다. 신고 전파 경제학의 '소득 분배의 한계 생산력설marginal productivity theory of income distribution'은 '각 생산 요소 한 단위는 그 한계 생산성만큼 분배받아야 한'다고 주장한다. 각자 생산에 기여한 몫만큼 분배받아야 공정하다고 본다면, 과연 사전에 합의한 분배가 기여한 몫만큼의 분배와 일치할까라는 문제가 남는다.

실제 기여도가 합의한 몫과 다른 경우가 많다. 영이가 임금 100을 주면서 철이를 고용하고 있는데 이때 철이가 생산에 기여하는 몫이 정확히 임금 100과 일치한다고 하자. 그런데 철이와 생산 능력이 꼭 같은 새로운 노동자 순이가 나타나서 직장을 구하기 시작하였다. 만약 순이도 철이와 같은 임금을 요구한다면 영이가 굳이 철이를 해고하고 순이를 채용하지는 않을 것이다. 만약 순이가 생계를 유지하는 데 꼭 100이 필요한 것은 아니라면 직장을 구하지 못한 순이는 임금 90이라도 받아들일 뜻이 있다. 철이와 순이는 일자리 하나를 두고 서로 경쟁하게 되고, 결국 누군가는 100보다 낮은 임금에 합의하고 일자리를 차지할 것이다.

하는 일은 전과 같기 때문에 취업자의 생산 기여분은 여전히 100이다. 취업자와 영이는 생산 기여분 100보다 낮은 보수에 합의하였고 이 합의를 이끌어낸 협상력에도 아무런 하자가 없다. 이처럼 생산 기여도가 당사자들이 정당하게 합의한 몫과 다른 경우는 비일비재하다. 이 경우 공정한 몫을 무엇으로 보아야 할까?

영이는 순이의 등장으로 뜻밖의 이익을 보았다. 이 이익은 순이에게 주지 않은 생산 기여분에서 나왔다. 영이의 수익성이 높아지면 더 많은 사람들이 영이와 같은 일을 하겠다고 나설 텐데, 그러면 철이와 순이의 노동에 대한 수요가 늘어나고 생산 기여분 100보다 낮은 임금은 고용주들의 경쟁으로 인해 오른다. 사회적으로 합의한 몫이 생산 기여분보다 낮은 생산 요소는 서로 모셔 가려고 하고, 반대로 높은 생산 요소는 기피된다. 이처럼 시장은 경쟁을 통해 생산 기여분과 사회적으로 합의한 몫이 수렴하도록 이끈다. 그러므로 사회적 합의 과정이 정당하면 공동 생산의 분배도 공정하다고 보는 것이 옳을 것이다.

빌 게이츠와 노숙자의 소득을 어떻게 나눌 것인가

값 100원을 지불하고 어떤 물건을 사는 것은 자기 돈 100원을 파는 사람의 소유라고 인정하는 것과 같다. 임금을 주고 사람을 고용하는 것도 마찬가지이다. 시장 교환과 공동 생산은 관련자들이 합의를 통해 상대방의 몫을 인정하면서 이루어진다.

그렇다면 노숙자의 무소득은 어떨까? 시장이 노숙자에게 소득을 주지 않는 것은 사람들이 노숙자가 일한 결과를 사 주지 않기 때문이다. 경쟁이 공정하다면 사람들은 노숙자보다 더 일 잘하는 사람을 선택할 테니 노숙자에게는 일거리가 가지 않는다. 이것이 불공정하다면 사람들은 원하지 않더라도 노숙자가 일한 결과를 사 주어야 한다. 그러나 사람들은 필요 없는 물건을 사도록 강요하는 분업에는 참여하려 하지 않는다. 분업 참여를 강요하는 것이 공정할 리 없으므로 노숙자의 무소득을 불공정하다고 말할 수는 없다.

빌 게이츠의 높은 소득도 사회가 합의하여 인정한 것이고, 노숙자의 무소득도 관련 당사자들이 서로 합의한 것이다. 공정 경쟁 질서에 따른 합의 과정이 정당한 만큼 시장이 결정한 소득 분배도 공정하다고 할 수 있다.

시장의 소득 분배는 그 격차가 엄청나게 클 수도 있다. 모든 사람이 함께 잘살아야 한다는 시각에서 보면 공정 경쟁의 시장이 실현한 소득 분배가 못마땅할 수 있다. 그러나 분명한 것은 이 소득 분배는 관련 당사자들이 만장일치로 합의한 결과라는 점이다. 모두가 동의하여 결정된 소득 분배를 두고 불공정하다고 비판하려면 그 이유를 더 설득력 있게 제시해야 한다.

롤스는 '개인이 가진 재능이라도 개인의 것일 수 없고 사안별 합의의 정당성도 의심스럽다'고 생각하기 때문에 관련 당사자들이 만장일치로 합의했다고 해서 시장의 소득 분배가 정의롭다고 인정할 수는 없다고 말한다. 시장의 소득 분배는 개인들이 자유 의지로 합의하고 각자의 재능을 발휘한 결과이므로 차등 원칙에 부합한다는 보장이 없다는 것이다.

롤스의 차등 원칙을 실현하려면 제1원칙인 '평등 자유'를 통제하여 각자의 재능을 그 사람의 의지와 다르게 펼치도록 강제해야 한다. 그러나 지금까지 있어 왔던 통제 체제는 모두 개인의 저항으로 무너졌다. 결국 차등 원칙은 모든 개인이 자발적으로 추구하고 나설 때만 실현 가능하다.

차등 원칙을 완전하게 실현할 수는 없어도 그 정신을 일부 구현하는 제도는 사회적 합의로 채택할 수 있다. 사회 안전망 같은 소득 재분배가 대표적인 예이다.

재벌의 탄생과 성장

우리 경제를 이끄는 재벌 체제의 공정성은 어떻게 평가할 수 있을까? 재벌 그룹은 보통 20여 개의 계열사를 거느리는 기업 집단으로 세칭 30대 재벌은 2000년 현재 우리나라 GDP의 10%에 이르는 부가 가치를 생산하였다. 오너라고 부르는 재벌 총수는 계열사별 평균 의결권

40%를 행사하지만, 그 배당권은 4~5%에 불과하다. 그룹의 전체 자본 가운데 총수 일가가 투자한 몫은 4~5%뿐이지만, 총수가 장악한 핵심 기업이 다른 계열사들을 지배하는 방식으로 40%에 이르는 의결권을 장악하는 것이다(이승훈, 2005).

재벌 계열사인 대기업은 수많은 중소기업을 하도급 기업으로 거느리면서 국가 경제를 이끌어 간다. 이 때문에 '재벌'은 우리나라 경제의 기업 부문을 묘사하는 키워드가 되었다. 국내 여론은 흔히 지나친 경제력 집중, 무분별한 문어발식 다각화, 독과점 횡포와 부당 내부 거래, 그리고 총수의 황제 경영 등으로 재벌 체제의 폐해를 지적한다. 특히 형성 과정에서 정부가 집중적으로 특혜를 준 사실을 들어 재벌 그룹의 사적 소유를 문제 삼기도 한다. 그러나 경제력 집중은 30대 재벌가의 연 소득을 모두 합쳐도 GDP의 0.15%를 넘지 않는다. 다각화는 장기적으로 기업 경쟁력의 기반으로 작용한다. 시장 개방 이후 글로벌 경쟁 체제에서 우리나라 재벌 기업 대부분은 독과점할 만한 대기업이 못 된다.

다만 총수의 배당권보다 의결권이 훨씬 더 큰 재벌 그룹의 소유 구조는 총수가 기업의 공금을 빼돌림tunneling하도록 유혹한다는 점에서 문제가 될 수 있다. 가령 총수가 의결권 40%로 경영권을 장악하고 공금 100을 유용하면 해당사 주주로서는 배당권에 해당하는 4~5만큼 손실을 입지만, 기업이 잃은 100은 그대로 총수의 비자금이 되는 것이다. 이런 빼돌림은 다른 주주들의 몫 95~96을 가로채는 불공정한 재산권 침해 행위다. 이것을 막으려면 기업 지배 구조를 강화해야 한다. 가장 효과적인 방법은 직접적 피해자인 일반 주주들이 나서는 것이다.

소액 주주들도 경영진이 기업에 끼친 손실의 보전을 요구할 수 있는 일반 주주 소송 제도를 도입해야 한다. 물론 소송의 남발을 방지할 방안도 함께 마련해야 할 것이다.

재벌 체제 형성 과정에서 정부가 제공한 특혜는 공정성의 시각에서 어떻게 평가해야 할까? 정부의 특혜로 재벌이 누려 온 몫은 공정한 시장 경쟁이 결정한 몫과는 다르다. 경제 개발에 앞장서 활약하는 사람들은 기업가다. 개도국의 빈곤 원인은 불량한 지도 노동이므로 개발 정책의 핵심은 국내에 우수한 기업들을 확보하는 것이다(이승훈, 2005). 우리나라는 해외 유수 기업의 직접 투자를 마다하고 국내 유망 기업을 발굴하여 육성하는 전략을 선택했고, 유망해 보이는 기업가들을 선정하여 부족한 자원을 집중적으로 지원하였다.

유망한 기업가를 포상하는 것은 시장의 일이지 정부의 역할은 아니다. 그러나 개도국의 미성숙한 시장은 이 기능을 제대로 수행하지 못한다. 정부가 유망 기업을 선발하여 지원한 것은 당시 시장의 무기능을 보완하는 것이었다. 국내외를 막론하고 대부분 이러한 정부 개입은 지대추구rent seeking와 부정부패로 귀결된다는 것이 학계의 정설이다. 그러나 우리 정부는 몇 차례의 구조 조정 시행 과정에서 성과주의 원칙을 비교적 일관되게 지켜 정부가 지원한 사업에 한 번 실패한 기업이 두 번째 기회를 다시 얻는 일은 거의 일어나지 않았다. 반면 맡긴 사업에 성공한 사업자에게는 다른 사업도 거듭 맡기면서 지원을 계속하였다(이승훈, 2009).

재벌 그룹은 이렇게 성장하면서 우리나라 경제 개발을 일선에서 주도해 왔다. 정부 지원에 대한 대가는 사업의 성공적 수행이라고 양해된 만큼, 정부와 재벌 간의 이 '거래'는 쌍방 합의에서 일탈한 바 없다. 비록 시장이 결정한 것은 아니지만 재벌 그룹 형성 과정에서 불공정성을 제기할 근거는 없는 것이다. 다만 재벌 창업 총수들보다 더 유능한데도 정부 지원을 받을 기회조차 못 가진 사람들로서는 불공정하다고 주장할 수도 있을 것이다. 그러나 얼마 안 되는 재원으로 사업을 꼭 성공시켜야 하는 정부로서는 검증되지 않은 사람보다는 유망 기업에 집중 지원하는 것이 당연하였으니 정부가 불공정하였다고 말할 수도 없다.

'인간다운 삶에 필요한 몫' 나누기

어려운 이웃을 외면하지 않으려면

하는 일마다 번번이 경쟁에 뒤쳐져 소득을 얻지 못하는 사람이 있기 마련이다. 시장의 징벌은 이들이 능력을 키우고 새로운 일을 찾도록 자극할 뿐이며, 능력을 키울 능력조차 없는 사람은 냉혹하게 배제한다. 절대빈곤에 허덕이는 사회가 아니라면, 경제적 약자들을 외면하고 방치하는 사회는 결코 인간적인 사회가 아니다.

빈곤층을 비롯한 경제적 약자들에 제공되는 사회 복지 혜택은 사회 통합과 안정이라는 공공재를 생산한다. 사회 복지 혜택을 제공하는 데 드는 비용은 이 공공재 생산에 필요한 것으로, 일반 공공재처럼 세금으로 조달한다. 복지 혜택 수혜자의 범위는 사회 통합과 안정을 도모

할 수 있도록 결정되어야 하지만, 동시에 최소한으로 결정되어야 세금을 절약한다. 물론 경제적 능력과 무관하게 해당하는 모든 사람들이 수혜자인 경우도 있다.

경제적 능력이 부족하여 스스로 조달하지 못하는 사람만 대상으로 하는 사회 복지가 선별적 복지이고, 조달 능력과 무관하게 해당하는 모든 이들을 대상으로 하는 것이 보편적 복지이다. 자기 힘으로 얻을 수 있는 것도 무임편승할 수 있는 복지 혜택으로 제공된다면 사람들은 보편적 복지에 동의할 가능성이 크다. 소수의 경제적 약자들만이 무상 복지 혜택을 필요로 하는 경우라도 누구에게나 무임편승의 기회를 주는 보편적 복지는 국민 다수의 지지를 얻기 쉽다.

보편적 복지와 관련해서 자주 거론되는 것이 부유세이다. 부유세는 일부 부유층에게만 보편적 복지 비용을 부담시키기 때문에 다수의 지지를 얻어 정치적으로 채택되기 쉽다.

재산은 소득을 얻었을 때 소득세를 납부하고 남은 부분을 쓰지 않고 모아 둔 결과이다. 부동산처럼 시장 가격이 바뀌어 그 가치가 늘어난 것도 포함한다. 그렇게 바뀐 가치는 그 재산을 팔아 소득을 실현할 때 자본 이득세 등으로 과세할 수 있다. 현재 보유 재산이 많다는 이유로 부과하는 부유세는 한 번 과세했거나 과세될 소득을 저축한 데 대한 추가적 과세로서 저축을 징벌하는 효과를 낳는다. 담세 능력을 찾아 세금을 부과한다는 점에서는 수긍할 수 있어도 경제적 정의의 측면에서는 매우 부당한 세금이라고 할 수 있다.

흔히 사회 복지 제도를 고소득자가 부당하게 빼앗아간 경제적 약자들의 몫을 되돌려주는 소득 재분배라고 인식한다. 특히 부유세에 대한 인식이 그렇다. 그러나 누구든 남의 정당한 몫을 빼앗았다면 그 부당 소득을 압수하고 형사적으로 처벌해야지 사회 복지를 명분으로 내건 소득 재분배 정도로 두루뭉수리 넘어갈 일이 아니다.

　사회 복지 제도의 시행 방식은 여유 있는 사람들에게 돈을 거두어 비용을 조달하는 소득 재분배이다. 그리고 그 목적은 부당 소득을 도로 거두어들이는 것이 아니라 자기 힘으로 인간다운 생활을 영위하지 못하는 경제적 약자들을 돕기 위한 것이다.

누가 얼마나 부담해야 할까

　조세는 일반 공공재를 조달하고 사회 복지 사업을 펼치는 데 필요한 재원을 마련하는 수단이다. 사회 복지가 추구하는 사회 통합과 안정 등도 공공재로 본다면, 조세가 공정하려면 공공재를 구입하는 데 드는 비용을 국민 개개인이 공공재에서 얻는 혜택에 일치하도록 분담하는 것이어야 한다.

　그러나 개인이 공공재에서 얻는 혜택의 크기를 측정하기도 어려울 뿐더러 누구나 자신에게 부과될 세금을 거부하고 무임편승을 시도할 수 있어, 각자 누리는 공공재의 혜택만큼 세금을 부과하는 일은 현실적으로 불가능하다.

　결국 정부는 공공재 조달에 필요한 세금을 세금 부담 능력이 있는 사람들에게 부과할 수밖에 없다. 소득이 발생하는 거래와 실제 얻는 소득에 세금을 부과하는 것이다. 부가 가치세처럼 거래 금액의 일정 비율로 책정하는 세금도 있고, 소득세처럼 더 많은 소득을 얻는 사람에게 더 높은 세율을 적용하는 누진세도 있다.

개인이 공공재에서 얻는 혜택과 일치하는 공정 조세가 세금 부담 능력을 고려하여 부과하는 세금과 꼭 같지는 않다. 세금의 본질은 공공재를 소비하는 대가지만 그 거래는 시장 거래와는 달리 매매 쌍방의 합의에 관계없이 전개되고 그 과정에서 개인의 재산권이 제한을 받는다. 그러므로 지금까지 공정성의 기준으로 삼은 '정당한 재산권'의 관점에서 보면 현실 조세는 전혀 공정하지 않다.

그럼에도 불구하고 돈 많은 사람들이 더 많은 세금을 내는 누진적 조세가 더 정당하다는 인식이 널리 퍼져 있다. 2001년에 소득자의 47.4%가 종합 소득세를 납부하였고 56.3%가 근로 소득세를 납부하였다. 2009년에는 이 비율이 각각 72.5%와 59.8%로 높아졌다. 2009년에 근로 소득자 가운데 40%가 면세 처분을 받았는데, 이 비율은 미국 등 선진국에 비해 높다. 이 사실을 토대로 부자들이 충분한 세금을 내고 있다고 주장하기도 한다.

소득세는 대체로 누진적인데 경제가 성장하면 소득 수준이 높아져서 소득세의 비중도 그만큼 높아진다. 시간이 갈수록 소득세 면세자의 비율이 줄어드는 것과 선진국에서 면세자의 비율이 낮은 것도 그 때문이다. 그러므로 단편적 현상을 두고 부유층이 세금을 더 많이 내고 있다거나, 반대로 더 많이 내야 한다는 부자 감세 논쟁은 근거가 없다.

현실에서 주로 나타나는 문제는 세원을 숨기는 탈세이다. 특히 고소득 전문직의 세금 탈루는 가장 분명하게 드러나는 불공정 행위라고 할 수 있다. 조세의 공정성은 세율 구조의 공정성보다는 탈세 해소 차원에서 접근하는 것이 바람직하다.

공정한 경제의 따뜻한 배려

'사람은 누구나 인간다운 생활을 영위할 것' 이 경제적 공정성의 조건이라면 시장의 징벌로 인간다운 생활을 영위하지 못하는 사람의 몫은 불공정한 것이다. 그런데 공정 경쟁의 시장 경제가 실현하는 소득 분배는 사람들이 각자의 몫을 정당하게 합의한 결과이다.

롤스는 개인의 재능이 사회 공유 자산이고 합의의 공정성도 인정할 수 없기 때문에 합의에 의한 분배라도 공정한 것은 아니라고 주장하지만, 현실적으로 관련 당사자들 간의 합의를 무시하는 제도는 개인의 자유를 심각하게 침해할 뿐이다. 공정성의 기준은 사회적 합의를 존중하는 자유주의에 두고, 롤스적 차등 원칙의 가치는 공정성과는 별도로 사회가 배려해야 할 덕목으로 받아들이는 것이 옳을 것 같다.

시장이 결정하는 소득 분배는 경쟁 실패자나 재난 피해자 등 사회적 약자에 대한 배려가 없기 때문에 냉혹하지만 이것을 불공정하다고 비난하기는 어렵다. 그렇더라도 시장 경제의 공정한 소득 분배가 돌보지 못하는 사람들을 배려하는 사회 복지는 인간다운 사회의 필수 조건이다. 이때 사회 복지는 공정 경쟁의 시장이 실현한 분배의 공정성을 최소한도로 훼손하는 것이어야 한다. '정당한 자기 몫' 은 시장의 공정 경쟁이 결정해 주는 것이고 '인간다운 생활에 필요한 몫' 은 사회 복지의 배려이다. 사회 복지는 공정성 차원이 아니라 따뜻한 배려로 수용해야 한다.

Equality

"모두 같은 출발선에서 경쟁을 시작해야 한다. 즉, 출발선에서 어느 누구도 불공정한 우위를 점하지 말아야 한다는 것이다."

3장

기회의 평등
누구에게나 기회가
균등한 사회

흔히 '한국 사람들은 지나치게 평등 지향적'이라고 한다. '사촌이 땅을 사면 배가 아프다'는 속담처럼 한국 사람들은 남의 성공을 시기 질투한다는 것이다. 그러나 사람들은 단순히 돈이 많다는 사실을 시기하여 분노하는 것이 아니다. 열심히 노력하여 부를 축적한 사람이 시민들의 박수와 존경을 받는 모습을 종종 볼 수 있다. 시민들은 30대 중반의 젊은이가 아버지에게서 주식을 상속받고 불법으로 주가를 조작하여, 정당한 세금은 피하면서 엄청난 이윤을 챙기는 현실에 분노하는 것이다. 부모의 막대한 재력이나 사회적 연결망으로 좋은 직장에 취직하고 사회적으로 성공하는 현실에 분노하는 것이다.

그럼, 평등에 대한 몇 가지 예를 들어 보자.

두 사람에게 500만 원을 '평등하게' 나누어 주려고 한다. 그런데 한 사람은 장애인이고 다른 사람은 비장애인이다. '단순한 평등주의'에서는 두 사람에게 250만 원씩 똑같이 나누어 주는 것이 평등 분배라고 할 수 있다. 그러나, 모든 사람의 최저 소비에 80만 원이 들고 장애인에게 반드시 필요한 보행기가 340만 원이라면, 두 사람에게 똑같이 250만 원씩 나누어 주는 단순한 평등 분배는 전혀 의미가 없을 수 있다. 이런 경우에는 장애인에게 420만 (=340+80)원을 주고 비장애인에게 80만 원을 주는 불평등한 분배가 똑같이 250만 원씩 나누어 주는 단순 평등 분배보다 훨씬 더 바람직한 분배일 수 있다.

또 다른 예로, 결석을 자주 하고 그 때문에 학업 성적이 저조한 두 학생을 생각해 보자. 그 가운데 한 학생은 어려운 집안일을 돌보거나 생계비를 벌어야 하는 소녀 가장이기 때문에 자주 결석을 할 수밖에 없는 반면, 다른 학생은 그저 오락실에서 노는 것이 더 즐거워 결석을 자주 한다. 두 학생 모두 자신의 판단에 의한 선택이므로 결과에 대한 책임도 스스로 져야 할까? 대부분 사람들은 그렇게 생각하지 않을 것이다. 오히려 불우한 학생에게 생계 지원이나 교육비 지원 등을 통해 그 학생의 불리함을 보상하는 것이 '공평하다'고 생각할 수 있다.

그러면 기회의 평등 원칙에 따라 의사 자격을 주는 문제를 생각해 보자. 기회의 평등 이론을 엄격히 적용하면, 불우한 환경에 처한 의사 자격 미달 의대생 가운데 상위 몇 퍼센트에는 의사 자격을 부여해야 한다. 이 학생들의 자격 미달은 그들의 불우한 환경 때문이고, 동일한 유형에서 상위 몇 퍼센트라는 것은 노력을 많이 했다는 증거이기 때문이다. 그러나 이런 의사 선발 방식을 합당하다고 여길 사람은 많지 않을 것이다. 당장 자격 미달인 사람에게 의사 자격을 주면 의료 서비스를 받는 환자들이 가장 큰 피해를 보게 된다(생명을 위협받는 경우까지도 발생할 수 있다). 이때에는 기회의 평등 원칙보다 자질주의가 더 합당한 기준이 될 수 있다.

1

불평등은 어디에서 비롯하는가

한 사회에서 개인들 사이에 발생하는 사회경제적 성취의 차이, 즉 사회경제적 불평등은 그 사회의 제도나 정책의 '공정성'을 평가하는 중요한 기준 가운데 하나이다. 흔히 불평등이나 불공정성에 대한 논의에서 우리는 개인의 사회경제적 성취도를 나타내는 변수들, 예컨대 소득이나 소비, 재산 등으로 측정된 '결과'의 평등 여부에 한정하는 경우가 많다. 그러나 개인의 사회경제적 성취의 차이는 개인의 의지와 노력, 정부 정책, 때로는 운 같은 여러 요인이 작용한 결과이다. '결과'만 놓고 논의하면 개인이 달성한 사회경제적 불평등의 '원천'이나 불평등이 발생한 '과정'에 대한 고려가 미흡할 수밖에 없다.

같은 환경에서 노력을 달리하여 발생한 불평등은 사회가 보정할 윤리적 책임이 없다. 사회적·윤리적으로 정당화될 수 없는 불평등은 개인의 의지로 통제할 수 없는 '환경의 차이'로 인한 것이다. 그래서 공정성에 대한 논의는 '원인'과 '과정'에 기초할 수밖에 없다.

불평등의 원천이나 그 발생 과정에 대한 고려는 사회의 재분배 정책이나 복지 정책 설계에도 중요하다. 국가 간 정책을 비교하는 기존 연구에서는 단순히 재분배의 '전체 수준'만을 비교하는 경우가 많다. 그런데 재분배 정도는 낮지만 환경이 개인의 성취에 미치는 영향이 적어 기회가 상당히 평등한 사회라면, 재분배는 오히려 효율성을 떨어뜨릴 가능성이 크다. 반면, 환경이 개인의 성취에 미치는 영향이 커서 기회가 상당히 불평등한 사회라면, 이미 재분배 정도가 다른 사회보다 높더라도 더 많은 재분배 정책이 필요할 수 있다. 즉, 한 사회의 재분배 정도나 재정 정책의 공정성에 대한 평가는 그 사회에서 기회가 얼마나 평등한가에 따라 다르게 고려되어야 한다.

평균 소득이 같은 두 사회 A와 B가 있고, 이 사회의 인구 전체를 부모의 사회경제적 지위에 따라 3가지 유형(부유한 부모를 가진 사람, 중산층 부모를 가진 사람, 빈곤층 부모를 가진 사람)으로 구분할 수 있다고 하자. 소득 전체의 분포로 보면 A가 B에 비해 더 평등하다. A에서는 다른 유형의 개인들 간 소득 격차가 크고 동일한 유형 안에서 소득 격차는 작은 반면, B에서는 유형에 따른 개인들 간 소득 격차는 작고 동일한 유형 안에서 소득 격차는 크다. 전체 소득 분배에서 A가 B보다 덜 불평등하다고 해서 A가 더 바람직하다고 할 수 있을까? 또는 B가 더 불평등하므로 재분배를 더 많이 해야 한다고 할 수 있을까? 결과의 평등 자체에 가치를 두지 않는 한 그렇게 생각하지 않을 것이다.

흔히 '한국 사람들은 지나치게 평등 지향적'이라고 한다. '사촌이 땅을 사면 배가 아프다' 는 속담처럼 남의 성공을 시기한다는 것이다. 그러나 사람들은 단순히 돈이 많다는 사실에 분노하는 것이 아니다. 열심히 노력하여 부를 축적한 사람이 박수와 존경을 받는 모습을 종종 볼 수 있다. 사람들은 젊은 나이에 아버지에게서 주식을 상속받고 불법 주가 조작으로 엄청난 이윤을 챙기는 현실에 분노하는 것이다.

학자들이나 정책 입안자들, 그리고 시민들은 분배 문제에 대해 다양한 의견 차이를 보인다. 이 차이들은 대개, 결과의 불평등 가운데 얼마만큼이 환경에 의한 것이고 얼마만큼이 자신의 노력에 의한 것이냐에 대한 해석과 평가의 차이에 기인한다. 정부의 재분배 노력에 비판적인 사람들은 개인 간 경제적 성취의 차이가 대부분 개인의 노력 차이에 의한 것이라고 본다. 반면, 재분배 노력에 긍정적인 사람들은 개인 간 경제적 성취의 차이가 환경에 의한 것이라고 보는 경향이 강하다.

이러한 의견 대립을 건설적으로 해소하려면 기회의 차이가 얼마나 큰지를 실증적으로 밝혀야 할 것이다. 평등한 기회에 대한 논의는 민주 시민들 사이에 의견들의 불필요한 이념적 대립을 해소하고 롤스John Rawls가 말한 '중첩된 동의overlapping consensus' 를 도출함으로써 경제 정책의 올바른 방향을 원만하게 확립하는 데에도 도움이 될 것이다.

필자는 이미 여러 글들을 통해 기회의 평등에 대한 이론적 경험적 분석들을 수행해 왔다(김우철 · 이우진, 2008, 2009; 이우진 · 고제이, 2011; 이우진, 2010). 이 글에서는 이러한 기존의 연구 성과들에 기초하여 현재 우리 사회에 널리 퍼져 있는 공정성 논의에 대한 하나의 지침으로 '기회의 평등' 이라는 개념을 제안하고자 한다.

무엇을 평등하게 할 것인가

'자원'인가, '후생'인가?

평등을 이야기할 때는 '무엇을 평등하게 할 것인가equality of what' 하는 문제가 항상 제기된다. '자원'인가, '후생'인가? '결과'인가, 결과를 얻기 위한 '기회'인가? 영국의 철학자 코헨Gerald Cohen의 표현을 빌면, 이것은 '평등의 측정 단위'에 대한 문제라고 할 수 있는데, 이를 둘러싸고 사회과학자들과 정치철학자들은 오랫동안 논쟁을 벌여 왔다.

19세기 평등주의적 정치 철학자들 대다수는 토지나 생산 수단 같은 '양도 가능한 자원'의 평등한 분배를 이상적으로 보았다. 이러한 입장을 자원 평등주의resource egalitarianism라고 하는데, 자원 평등주의는 단순함이 장점이지만, 동시에 그 단순함으로 인해 여러 가지 문제가 있다.

첫째, 단순한 자원 평등주의는 사람들마다 '필요needs'가 서로 달라서 생기는 문제를 해결하지 못한다. 500만 원을 장애인과 비장애인 두 사람에게 250만 원씩 평등하게 분배하는 문제를 생각해 보자. 모든 사람의 최저 소비에 80만 원이 들고 장애인에게 꼭 필요한 보행기가 340만 원이라면, 250만 원씩 나누어 주는 단순한 평등 분배는 전혀 의미가 없을 수 있다. 이 경우, 장애인에게 420만(=340만+80만)원을 주고 비장애인에게 80만 원을 주는 불평등한 분배가 250만 원씩 나누어 주는 단순 평등 분배보다 훨씬 더 바람직할 수 있다.

둘째, 능력처럼 '양도 불가능한 자원'으로 인한 불평등은 어떻게 시정할 것인가 하는 문제이다. 돈이나 물건처럼 양도 가능한 자원을 평등하게 만들더라도 능력이 불평등한 상태라면, 능력이 많은 사람들은 곧 다른 사람들보다 더 많은 부를 축적할 것이다. 만일 개인의 능력이 노력보다 환경(예를 들어, 부모의 사회경제적 지위, 선천적 요인에 의한 지적·신체적 장애 등)에 더 많이 의존한다면 문제는 더 커진다.

셋째, 불평등의 원인에서 개인의 행위에 대한 책임도 무시할 수 없는데, 단순 평등주의에는 그에 대한 고려가 전혀 없다. 담배의 해악을 잘 알면서도 담배를 피워 폐암에 걸린 사람과 태어나면서부터 폐암에 걸린 사람에게 동일한 의료 혜택을 나누어 줄 것인가 하는 문제에는 개인의 책임 문제가 깔려 있다. 개인의 행위에 대한 책임은 현대 경제학에서 말하는 근로 동기나 유인과도 밀접한 관련이 있지만 도덕성 측면에서 볼 때에도 무시할 수 없는 중요한 문제이다.

자원 평등주의에 대한 비판은 주로 후생 평등주의자welfare egalitarians라고 불리는 사람들에 의해 제기되었다. 후생 평등주의란 분배적 정의를 확립하는 데 있어 기본이 되는 요소는 자원이 아니라 사회 구성원들이 누리는 후생이며, 참된 평등주의는 개인들 간의 후생을 평등화하는 자원의 배분이라고 보는 관점이다. 후생 평등주의의 매력 가운데 하나는 자원 평등주의가 간과한 개인의 '필요'를 일정 부분 해결할 수 있다는 것이다. 앞서 말한 장애인과 비장애인에게 각각 420만 원과 80만 원씩 나누어 주는 자원의 불평등한 분배는, 후생 입장에서 평등한 분배일 수 있다. 또 후생 평등주의는 개인의 선호와 취향의 차이를 반영하면서 평등을 실현할 수 있다는 장점도 있다. 그러나 후생 평등주의에도 문제가 없는 것은 아니다.

첫째, 후생이라는 개념이 잘 정의되고 계측 가능하여 사람들 간에 비교가 가능하더라도, 그것은 분배적 정의의 원리를 도출하는 데 충분하지 않다. 이를테면, 후생에는 '개인의 권리'라는 개념을 담을 수 없다. 다른 사람을 학대하여 자신의 후생을 증가시키는 공격적 선호를 지닌 사람의 행위는 제재해야 마땅한데, 후생만을 근거로 정의의 원리를 도출하려는 단순한 후생 평등주의에는 이를 제재할 근거가 없다.

둘째, 만족의 정도로 측정되는 후생과 참된 의미의 후생(예를 들어, 삶의 질)은 다를 수 있다. 담배나 술 같은 '중독성 선호addictive preference'를 지닌 사람에게, 담배나 술은 만족(=후생)을 줄지는 모르지만 그것이 그 사람의 삶의 질을 증가시킨다고 볼 수는 없을 것이다. 또한 가부장적 사회에서 남녀간 노동 분업에 길들여진 주부들이나 노예 제도하에서 주인에게 매 맞는 노예들은 작은 것에도 쉽게 만족하는 경우가 많다. 이러한 '값싼 선호cheap taste'는 가혹한 환경에서 생존 전략survival strategy으로 발전된 것일 수 있다. 따라서 이들의 값싼 선호를 근거로 이들에게 더 많은 희생을 요구하거나 더 적은 혜택을 주는 것이 윤리적으로 올바른가 하는 지적이 있을 수 있다.

셋째, 단순한 자원 평등주의와 마찬가지로 단순한 후생 평등주의 역시 개인의 책임이라는 문제를 도외시할 수 있다. 명품이나 비싼 와인이 아니면 만족하지 못하는 '값비싼 선호expensive taste'를 지닌 사람들을 생각해 보자. 이들의 후생 수준을 평범한 선호를 지닌 사람들의 후생 수준과 동일하게 하려면 이들에게 더 많은 자원을 나누어 주어야 하는데, 이를 윤리적으로 바람직하다고 보는 사람은 없을 것이다. 명품이나 비싼 와인에 대한 선호를 발전시킨 것은 어디까지나 개인의 책임이기 때문이다(명품에 대한 선호를 가지고 태어난다는 주장에 동의할 사람은 거의 없을 것이다). 나아가 이들에게 더 많은 자원을 나누어 주는 것은 다른 사람들에게 더 많은 비용 부담을 요구하는 것이기도 하다.

현대 자유주의적 평등주의 이론가 드워킨Ronald Dworkin(1981a, 1981b)은 후생 평등주의를 비판하면서 자원 평등주의를 옹호한 바 있다. 드워킨이 자원 평등주의를 옹호한 까닭은 '개인이 자신의 선호를 자신의 것으로 인식하는 한' 개인은 자신의 선호에 책임을 져야 하고 나아가 사회는 (그것이 어떻게 형성되었든지) 그 선호를 존중해야 한다는 자유주의 원칙 때문이다(드워킨에게 있어서 개인에게 책임을 물을 수 없는 선호는 탐닉craving과 중독addiction에 의한 선호뿐이다). 반면 최초의 불공평한 자원 분배는 개인의 책임이 아니라는 것이다.

자유주의 사회에서 개인의 선호는 대부분 당연히 존중되어야 한다. 개인의 선호나 믿음을 허위의식으로 치부하는 태도에는 문제가 있다. 그러나 개인이 자기의 선호를 자기 것으로 인식하는 한 그 선호의 '모든' 결과에 책임을 져야 한다는 드워킨의 생각은 지나친 것이다.

정치철학자인 엘스터Jon Elster(1993)가 제기한 신 포도sour grape현상을 생각해 보자. 이솝 우화에서, 여우는 나무에 달린 포도를 도저히 따 먹을 수 없게 되자 "저 포도는 맛이 없는 신 포도"라며 자신을 정당화해 버린다. 즉, 사람은 심리적 갈등을 피하기 위해 자기가 도저히 성취할 수 없는 일이나 대상에 대한 선호를 바꾸어 '싫어서 하지 않았다' 는 식으로 정당화할 수 있다는 것이다.

불우한 가정환경 때문에 대학 입학이 불가능한 학생이 "대학 진학 하면 뭐 해. 공부는 재미없는걸, 뭐"하면서 공부를 싫어하는 쪽으로 선 호를 바꾸었다면, 이 변화는 신 포도 현상으로 볼 수 있다. 그 학생은 공부를 게을리 할 텐데, 드워킨에 의하면 그는 공부를 게을리 한 개인 적 책임을 져야 한다. 그리고 그렇게 하는 것이 그 학생의 개인적 결정 에 대한 존중이 될 것이다. 그러나 사람들은 국가가 학자금을 지원하 여 신 포도 현상에 의한 적응적 선호가 형성되지 않도록, 다시 말해 학 생이 공부에 대한 올바른 선호를 형성하도록 도와주는 것이 더 바람직 하다고 생각할 것이다. 비록 그렇게 하는 것이 표면적으로는 그의 자 유주의적 선호를 존중하지 않는 것이라 할지라도 말이다.

자원 평등주의와 후생 평등주의에 대한 논의는 공정성의 원칙을 확 립하는 데 몇 가지 중요한 이론적 시사점을 준다.

첫째, 공정성의 원칙을 확립하는 데 개인이 책임져야 하는 부분(개인 이 자발적으로 선택한 것)과 개인의 책임이 아닌 부분(개인이 자발적으로 선 택하지 않은 환경)의 구분은 매우 중요하다. '결과' 를 후생으로 측정하든 자원으로 측정하든, 그 결과의 불평등에서 얼마만큼이 개인적 책임에 의한 것이고 얼마만큼이 환경의 영향에 의한 것인가가 매우 중요하다는 것이다. 장애를 갖고 태어난 사람에게 보행기를 제공하는 것은 환경에 의한 불운을 보정하는 것으로 봐야지 불공정한 분배로 봐서는 안 된다. 반면 명품에 대한 선호는 자기 책임이므로 이러한 선호를 가진 사람을 만족시키기 위해 더 많은 자원을 배분해서는 안 된다.

둘째, 어떤 선택이나 선호에 개인적 책임을 물을 것인가 하는 문제가 중요해진다. '참된 내재적 선호와 밖으로 표현된 선호의 관계를 어떻게 설정할 것인가?', '선호가 주어진 여건에 적응하여 내생적으로 형성될 경우의 공정의 원칙들은 선호가 여건과 상관없이 외생적일 때의 공정의 원칙들에 비해 어떻게 달라져야 하는가?', '진실된 선택과 전략적 선택을 어떻게 구분할 것인가?' 하는 등의 문제가 제기된다.

셋째, 결과적 정의나 평등과 함께 절차적 공정이나 과정에서의 공정이 매우 중요하다. 효율을 강조하든 평등을 강조하든, 궁극적 목적은 개인이 '더 좋은 삶'을 영위하도록 돕고 자아실현을 이루도록 하는 데 있다. 소수의 부자들에게 돈을 몰아주어 경제를 발전시키면 국익을 증진시키고 국민들에게도 더 나은 삶을 보장한다는 생각은, 과정이 어떻든 결과만 좋으면 된다는 결과주의의 극단적 표현이라 하겠다.

후생 평등주의자들과 자원 평등주의자들의 논쟁에서 우리가 배워야 할 것은 '자원'이나 '후생' 가운데 어느 것이 평등의 측정 단위로 더 중요한가 하는 형이상학적 문제가 아니라, 개인의 선택과 환경, 개인적 책임과 사회적 책임, 결과적 평등과 과정에서의 공정 등의 문제를 어떻게 자리 매김 할 것인가 하는 문제라고 할 수 있다.

모두 같은 출발선에 서서

자원 평등주의와 후생 평등주의의 논쟁을 통해 윤리적으로 의미 있는 평등은 결과의 평등이 아니라 기회의 평등임을 강조하였다. 그런데 기존의 정치철학적 논의들은 '평등한 기회'라는 개념을 어떻게 정량화할 수 있는가 하는 문제와 현실 정책에 구체적으로 어떻게 적용할 것인가 하는 문제에는 명확한 지침을 주지 못하고 있다. 여기서는 존로머Roemer(1998), 리처드 아네슨Arneson(1989), 제럴드 코헨Cohen(1989) 등에 의해 발전된 기회의 평등에 대한 이론을 기초로 기회의 평등에 대한 엄밀한 정의를 내리고자 한다. 기회의 평등에 대한 이론은 기존의 현대 정치철학적 논의들의 긍정적 성과들을 흡수하면서 동시에 기존의 철학적 논의들이 갖는 한계를 극복하려는 시도라 할 수 있다.

기회의 평등에 대한 이론을 소개하기에 앞서 몇 가지 개념적 명확성을 확보할 필요가 있다.

첫째, 일반적으로 기회의 평등equal opportunity이라는 말을 통해 의미하고자 하는 바는 사회경제적 성취를 달성하기 위한 경쟁, 또는 사회경제적 성취를 달성하는 데 있어 중요한 자리를 확보하기 위한 경쟁에서 어느 누구도 '불공정한 우위'를 점하지 말아야 한다는 것이다.

기회의 평등이란 말에는 최소한 두 가지 의미가 있다. 하나는 일을 주거나 채용할 때 직무 수행 자질만 보고 평가한다는 의미이다. 즉, 직무 수행에 적합한 자질 이외의 요소로 어느 누구도 불공정한 우위를 점하지 말아야 한다는 것이다. 다른 하나는 개인의 능력 형성기에 앞으로 맡게 될 직무에 대한 적절한 자질을 갖출 수 있게 하여 모두 같은 출발선에서 경쟁을 시작할 수 있도록 한다는 의미이다. 즉, 출발선에서 어느 누구도 불공정한 우위를 점하지 말아야 한다는 것이다.

첫 번째 의미에서의 기회의 평등이 이루어진다고 해서 두 번째 의미에서의 기회의 평등이 이루어지는 것은 아니다. 예를 들어, 미국에서 지원자의 인종과 상관없이 직무 수행 자질만을 보고 채용했다면 첫 번째 기회의 평등이 달성된 것으로 볼 수 있다. 그런데 흑인이 백인보다 더 불우한 환경에서 살았을 확률이 높고 이에 따라 직무 수행에 대한 '자질'도 서로 다르게 형성했을 가능성이 높다면, 대다수 흑인들은 직무 수행에 '부적당한' 자질을 가진 채 채용 경쟁을 할 것이다. 그러면 두 번째의 의미에서 기회의 평등을 충족하지 못하는 것이다. 두 번째의 의미에서 기회의 평등은 흑인도 백인과 같은 자격 요건을 갖출 수 있게 '경쟁이 시작되기 전에' 교육에 대한 지원을 해야 한다는 것을 뜻한다.

우리가 쓰는 기회의 평등은 주로 두 번째 의미이다. 그러나 그렇다고 해서 두 번째 의미에서의 기회의 평등이라는 원칙을 모든 경우에 무조건적으로 적용해야 하는 것은 아니다. 경우에 따라서는 첫 번째의 원칙을 적용하는 것이 더 적합할 수도 있다(이 문제는 기회의 평등 원칙의 적용 범위에 대한 문제를 다루는 4절에서 다시 논의하겠다).

둘째, 기회의 평등을 이야기할 때 '무엇에 대한 기회opportunity for what'의 평등인지 분명히 할 필요가 있다. 즉 '어떤' 사회경제적 성취에 대한 기회를 평등하게 하려는 것인지가 분명하지 않으면 기회의 평등이라는 개념은 애매모호하게 될 위험이 있다. 기회를 평등하게 하려는 정책을 펴기 전에 먼저 평등화하고자 하는 기회 대상(교육 성취에 대한 기회인가, 소득 획득에 대한 기회인가, 아니면 좋은 삶에 대한 기회인가 등)을 분명히 정해야 한다. 교육 성취의 기회를 평등하게 하기 위한 정책과 소득의 기회를 평등하게 하기 위한 정책은 다를 수 있기 때문이다.

셋째, 우리가 결과의 평등이 아니라 기회의 평등을 중요시하는 이유 가운데 하나는 환경적 요인들로 인한 차이는 보정하면서 개인의 근면함이나 노력의 차이(보다 일반적으로 개인의 행동이나 선택의 차이)로 인한 부분에 개인적 책임을 지우고자 하기 때문이다. 그런데 개인의 행동이나 선택에 책임을 지운다고 할 때 몇 가지 주의할 점이 있다.

먼저, 개인의 책임을 강조한다고 해서 개인의 '모든' 행동이나 선택에 책임을 지우는 것은 아니다. 개인의 행동이나 선택에 책임을 지우려면 그것이 온전한 정신 상태에서 숙고된 판단deliberate judgment의 결과로 얻어진 것이어야 한다. 몽유병 환자가 의식이 없는 상태에서 살인을 했다면, 그 행위에 대해 도덕적이든 법적이든, 어떤 책임도 물을 수 없다. 또 숙고된 판단의 결과로 얻어진 행동이나 선택이라 할지라도 환경적 요인들 때문에 발생한 부분에 대해서는 개인에게 책임을 물을 수 없다. 여기서 우리는 행동이 결과를 초래했다는 '약한 의미에서의 책임responsibility'과 행동의 결과에 대해 상벌을 줄 수 있는 근거가 되는 '강한 의미에서의 책임accountability'을 구분할 필요가 있다.

결석을 자주 하고 그 때문에 학업 성적이 저조한 두 학생이 있다. 한 학생은 집안일을 돌보고 생계비를 벌어야 하는 소녀 가장이기 때문에 자주 결석을 할 수밖에 없는 반면, 다른 학생은 그저 오락실에서 노는 것이 더 즐거워 결석을 자주 한다고 할 때, 두 경우 모두 결석이라는 행동이 저조한 학업 성적에 (약한 의미에서의) 책임이 있다는 점에서는 동일하다. 이때 후자는 자신의 행동에 대한 (강한 의미에서) 책임을 스스로 져야 하고 사회도 이 학생의 낮은 교육 성취에 대해 보상할 의무가 전혀 없지만, 전자에게 개인적 책임을 지우는 것은 타당하지 않다. 소녀 가장의 결석은 숙고된 판단에 의한 최선의 선택이었지만, 그 선택은 그 학생의 불우한 환경의 제약 속에서 이루어진 것이기 때문에, 결석을 했으니 공부에 대한 의지가 없다는 식으로 무조건적인 책임을 물을 수 없다는 것이다. 오히려 공정한 사회라면 생계 지원이나 교육비 지원 등을 통해 그 학생의 불리함을 보상함으로써 학생이 어쩔 수 없는 결석을 하지 않도록 할 의무가 있다.

기회의 평등에 대한 이론을 구성하는 세 가지 기본 개념인 환경, 정책, 그리고 개인의 책임을 간략히 검토해 보자.

첫 번째 기본 개념은 '환경'이다. 환경은 개인의 의지와 상관없이 밖으로부터 주어지면서 (즉, 개인이 선택한 것이 아니면서) 동시에 개인의 사회경제적 성취에 중요한 영향을 미치는 제반 요소들을 말하는데, 이것은 개인에게 책임을 물을 수 없는 요소이다.

환경을 이루는 변수는 아주 많아서 경험적 정책 분석을 하는 데 모두 고려하기는 불가능하다. 더구나 어떤 환경적 요인이 중요한지는 무엇에 대한 기회를 평등화할 것인가 하는 점에도 의존한다. 따라서 사소한 모든 환경 요소들까지 다 고려하는 것은 실용적 차원에서 별로 의미가 없다. 정책 입안을 위한 분석에서는 개인의 사회경제적 성취에 큰 영향을 미치는 중요한 변수들 중 관찰 가능하며 개인이 조작할 수 없는 변수들만을 고려하는 것이 타당하다. 예를 들어, 교육 성취에 대한 기회를 평등화하는 정책을 펴려고 할 때 고려할 수 있는 환경적 요소로는 인종, 성, 부모의 사회경제적 지위, 부모의 자식에 대한 관심과 애정, 가정환경, 개인이 속한 집단의 문화, 유전적 요인 등을 들 수 있다.

두 번째는 환경 차이로 인한 개인들 간 경제적 성취의 차이를 보정하기 위한 '정부의 정책'이다. 정책은 다양하게 규정될 수 있는데, 예를 들어, '교육 성취'에서 기회의 평등을 이루려고 할 때에는 유형별로 다르게 제공되는 교사의 양과 질이나 교육 기자재의 양과 질, 눈높이에 맞추어 제공되는 교육 내용 등을 결정하는 정책 등이 된다. 또 소득 획득을 위한 기회의 평등에는 유형별로 다르게 적용되는 소득세율과 정부의 이전 지출 등을 결정하는 정책이 있다.

이론적으로 가장 바람직한 정책은 동일 유형의 사람들에게는 동일한 규칙을 적용하고 다른 유형의 사람들에게는 서로 다른 규칙을 적용하면서, 동시에 각각의 규칙이 사람들의 서로 다른 노력 수준을 반영하도록 설계된 것이다. 그러나 이러한 정책은 정보 부족이나 정치적인 이유로 입안하기 어려울 수 있다. 따라서 이론을 현실에 적용하려면 많은 경우 노력 수준과 독립적인 정책의 형태를 고려해야 할 것이다.

기회의 평등에 대한 이론의 세 번째 기본 개념은 개인의 책임을 구성하는 '의지'이다. 이를 '개인의 노력'이라 할 텐데, 개인의 노력이란 '개인에게 책임을 물을 수 있는 요소'로서 환경에 의해 결정되지 않으면서 개인의 경제적 성취에 영향을 주는 요소들이다.

한 가지 주의해야 할 점은 기회의 평등에 대한 이론에서 개인의 노력은 개인이 '실제 지출한 노력의 양(예컨대 노동 시간, 학습 시간 등)'과는 차이가 있다는 것이다. 실제 지출한 노력의 양으로 개인의 책임 부분을 규정하는 것은 두 가지 문제에 직면하게 된다.

첫째, 개인의 노력의 실제 지출량을 정책 입안자가 직접 관측하는 것은 불가능하다. 둘째, 개인의 노력의 양을 관측할 수 있다 하더라도 동일한 노력의 양을 동일하게 평가하는 것이 기회의 평등이라고 할 수는 없다. 개인들은 자신이 직면한 개인적 제약(개인적 환경)과 정책적 제약(정책)하에서 자신의 의지와 선호 체계를 갖고 노력의 절대적 지출량을 결정하기 때문인데, 이로 인해 개인이 실제 지출한 노력의 양에는 대개 환경이 영향을 주게 된다.

다음 그림은 환경과 정책, 그리고 개인의 의지가 개인의 경제적 성취에 어떻게 상호 작용하면서 영향을 주는지 나타내고 있다. 그림에서 점선으로 표시한 것은 개인적 환경과 정책이 개인의 노력의 실제 지출량에 제약 조건으로 작용함을 뜻한다.

그러면 서로 다른 환경에 처한 두 사람이 동일한 노력을 기울였는지

개인의 경제적 성취를 결정하는 요인들

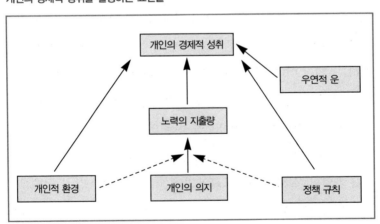

판단할 방법은 없을까? 환경을 이루는 벡터들을 '완전히 구비하고' 동일 유형의 개인들에게 동일한 정책 규칙을 적용하면 그들 간에 다르게 나타나는 경제적 성취의 차이는 '정의상' 유형 내 개인들의 노력의 차이에만 기인한 것이다. 반면, 다른 유형에 속하는 개인들의 경제적 성취의 평균적 차이는 환경의 차이에 기인한 것으로 볼 수 있다.

두 사람이 서로 다른 유형에 속할지라도 각자가 속한 유형의 분포에서 동일한 백분율에 상응하는 경제적 성취를 이루었다면 이 두 사람은 비교 가능한 노력을 기울인 것으로 평가할 수 있다(물론 이 두 사람의 경제적 성취나 노력의 지출량은 다를 수 있다). 마찬가지로 동일한 유형에 속하는 두 사람이 자신들이 속한 유형의 경제적 성취의 분포에서 서로 다른 백분율에 해당하는 경제적 성취를 이루었다면 서로 다른 수준의 노력을 기울인 것으로 평가할 수 있다.

기회의 평등은 이제 사회경제적 성취의 유형별 분포가 동일하게 되면 달성된다. 즉, 어떤 유형에 속하든지, 동일한 백분율에 해당하는 사람들의 성취 정도는 모두 동일해야 한다는 것이다.

3

기회는 얼마나 불평등한가

우리 사회에서 기회는 얼마나 불평등하게 주어질까? 그리고 우리나라 사람들은 기회의 평등이나 불평등에 대해 어떻게 생각하고 있을까?

한국 사회에서 기회는 얼마나 불평등한가

우리 사회에서 기회가 얼마나 불평등한지를 살펴보려면 먼저 환경의 영향이 개인의 성취에서 얼마나 중요한지를 살펴보아야 한다. 개인이 통제할 수 없는 환경 변수는 매우 많은데, 여기서는 이우진·고제이(2011)의 연구에 근거하여 아버지의 학력이 개인의 교육 및 소득에 미치는 영향에 대해 간략히 살펴보고자 한다.

이우진·고제이(2011)는 한국노동연구원에서 조사한 노동패널자료(이하 KLIPS로 약칭)를 이용하여 소득 귀속 연도 2005년 현재 30~55세인 남성 가구주 중 2003년부터 2006년까지 4년 동안 가구주의 지위를 유지하며 본인과 아버지의 학력을 알 수 있는 사람을 대상으로 한국 사회에서 기회가 얼마나 불평등한가를 실증적으로 분석한 바 있다. 아버지의 교육 연수가 0~5년, 6~9년, 10년 이상인 사람들을 각각 유형1, 유형2, 유형3으로 구분하였는데, 분석 대상이 1950년에서 1975년에 태어난 남성 가구주라는 점에서 이러한 유형 분류는 합리적이라 생각된다. 광복 이후 초등학교 취학률이 절반 정도에 머물렀고 1970년대 들어서나 거의 완전한 초등 의무 교육이 이루어졌다는 사실을 고려하면 분석 대상의 아버지 세대에서 고등학교 수준의 교육을 받은 사람은 그 당시 상위 엘리트에 속한다고 볼 수 있기 때문이다.

이들의 분석에 의하면 유형1의 소득은 유형3의 71~75%에 불과했다. 환경이 소득 획득에 매우 중요한 영향을 미치고 있는 것이다. 더욱이 이 분석 결과는 나이나 경력에 기인한 것이 아니었다. 이들이 사용한 자료에서 유형3의 평균 연령은 다른 유형보다 작았다. 따라서 유형3의 평균 소득이 유형2나 유형1의 평균 소득보다 큰 것은 결코 나이나 노동 시장 경력이 더 많아서라고 할 수 없다. 오히려 나이나 노동 시장 경력을 제어했다면 유형간 격차는 더욱 커졌을 것이다.

이 연구에서는 환경(여기서는 아버지의 학력)이 본인의 학력에 얼마나 중요한 역할을 하는지도 살펴보고 있는데, 이들의 분석에 의하면 아버지와 본인의 학력은 매우 강한 양(+)의 상관관계를 보이고 있었다. 아버지 교육 연수가 10년 이상인 사람들의 약 71%가 최소한 1년 이상의 대학 교육을 받은 반면, 아버지가 0~5년의 교육을 받은 경우 그 아들이 13년 이상의 교육을 받은 확률은 22%에 불과하다.

이 연구에서는 나아가 한국 사회에서 실제 관찰된 불평등을 개인이 직면한 환경의 불평등에 기인한 부분과 개인의 노력의 차이에 의한 부분으로 분해하는 작업도 시도하고 있는데, 이에 따르면 아들 세대의 학력 불평등 중 16~59%가 아버지의 학력이라는 단 하나의 환경 요소의 불평등에 의한 것으로 계산되었다. 그리고 관찰되는 소득 불평등의 2~12%가 아버지의 학력의 불평등에 기인한 것이었다. 이들이 고려한 환경 변수가 아버지 학력뿐이라는 점을 고려하면, 한국 사회에서 기회의 불평등은 결코 작은 수준이 아닌 것이다.

한국인의 평등 의식

이번에는 한국인의 평등 의식에 대한 연구 결과를 간략히 살펴보자. 사람들이 어떻게 생각하고 있는가에 대한 검토는 매우 중요한데, 경제학적으로 아무리 최적의 정책이라도 국민들의 선호와 믿음에 동떨어진 복지 정책은 정치적 실현 가능성이 낮을 뿐 아니라 장기적으로 유지 존속되기도 어렵기 때문이다. 여기서는 2000년에 실시한 한국종합사회조사의 특별 주제 모듈인 제4차 불평등과 공정성 조사 자료를 이용한 석현호 외(2005)의 연구와 2007년 한국복지패널(이하 KOWEPS로 약칭) 2차년도 조사 자료와 International Social Survey Programme(이하 ISSP로 약칭)을 이용한 이우진(2010)의 연구를 통해 한국인이 기회의 불평등과 복지에 대해 어떤 인식을 가지고 있는지 간략히 살펴보겠다.

먼저 ISSP 2009년 자료에는 "성공에 있어 ___은 얼마나 중요한가?"라는 질문이 있다. 여기서 살펴본 부분은 부유한 집안 배경과 부모의 높은 교육 수준 두 가지인데, 이것들은 태어날 때부터 주어지는 환경적 요인들이다.

먼저 "성공에 있어 부유한 집안 배경은 얼마나 중요한가?"라는 질문에 전체의 45.9%가 필수 또는 매우 중요하다고 응답하였고 35.2%가 상당히 중요하다고 응답하였으며, 교육 수준별로 큰 차이를 보이지 않았다. 반면, 부유한 집안 배경이 별로 또는 전혀 중요하지 않다는 사람은 18.9%에 불과했다. 그리고 "성공에 있어 부모의 높은 교육 수준이 얼마나 중요한가?"라는 질문에 전체의 40.7%가 필수이거나 매우 중요하다고 응답한 반면, 전혀 또는 매우 중요하지 않다고 응답한 사람은 22.9%에 불과하였다. 이 두 질문에 대한 응답으로 우리 국민들은 환경이 개인의 성공에 있어 매우 중요하다고 인식하고 있다는 것을 알수 있다.

석현호 외(2005)의 연구는 국민들이 기회의 평등이 제공되기를 매우 강하게 희망하고 있음을 보여 준다. 이들은 "일부 사람들에게 출세할 기회가 더 많이 주어진다고 해서 문제가 될 것은 없다"는 의견에 대한 동의 여부를 물어보았는데, 전체의 51.3%가 "아니다"라고 응답하였으며 대학교 졸업 이상의 교육을 받은 사람들 가운데에는 63.7%가 "아니다"라고 응답하였다. "가난하여 대학에 진학할 수 없는 학생에게 정부가 학비를 지원해 주어야 합니까? 지원해 줄 필요가 없습니까?"라는 질문에는 전체의 85.4%가 정부가 학비를 지원해 주어야 한다고 응답하였고 지원해 줄 필요가 없다는 응답은 5%도 되지 않았다.

기회의 평등에 대한 강력한 지지는 분야별 정부 지출에 대한 의견을 통해서도 확인할 수 있었다. 먼저 이우진(2010)이 이용한 KOWEPS 복지 의식 자료는 환경, 건강 보험 및 보건, 교육 등 총 14개 분야별로 정부 지출에 대한 의견을 담고 있는데, 아래 표는 이 가운데 7개 항목에 대한 분석 결과이다. 원래 문항은 "____ 영역의 정부 지출이 늘기를 바라는지 혹은 줄어들기를 바라는지 말씀해 주십시오"라는 질문에 대해 5개 응답 항목('훨씬 더 많이 지출', '좀 더 지출', '현재 수준으로 지출', '조금 덜 지출', '훨씬 덜 지출')으로 구성되어 있는데, 지출 확대 및 축소에 대한 응답을 각각 합산하여 아래 표로 나타내었다.

표를 보면, 지출을 확대해야 한다고 응답한 비율이 가장 높은 분야는 장애인과 노인, 빈곤층 등 사회 취약 계층에 대한 지원이다. 전체의 80%가량이 지출을 확대해야 한다고 응답한 반면에 지출을 축소해야 한다고 응답한 사람은 10% 이하이다. 실업 대책 및 고용 보험 분야와

각 영역별 정부 지출에 대한 의견 : 응답 분포

(단위: %)

영역	지출확대	현재 수준 유지	지출 축소
장애인 생활 지원	82 (80)	15 (15)	3 (4)
노인 생활 지원	81 (78)	15 (16)	4 (7)
빈곤층 지원	74 (72)	19 (18)	7 (10)
실업 대책 및 고용 보험	56 (57)	34 (33)	10 (10)
교육	56 (55)	30 (29)	14 (16)
건강 보험 및 보건	52 (54)	32 (31)	16 (16)
국민 연금(노령 연금)	47 (41)	33 (32)	20 (27)

주: 괄호 안의 수치는 가중치 부여 후의 추계치이다.

교육 분야는 절반 이상이 지출을 확대해야 한다고 응답하였으나 현재 수준을 유지해야 한다는 응답도 30% 이상을 차지하였다. 그 외 건강 보험 및 보건 분야와 국민 연금(노령 연금) 분야는 지출을 확대해야 한다는 응답이 50% 내외였다.

과반수 응답자들이 모든 분야에서 정부의 지출을 확대해야 한다고 보고 있으며, 스스로 자립할 수 없는 노인, 장애인, 빈곤층 등에는 거의 모든 국민들이 지출을 확대해야 한다고 보고 있다. 자기 책임이 아닌 요인으로 인한 불평등(장애인, 노인, 빈곤층) 지원에는 강한 지지를 보이는 반면 그 외의 다른 불평등(실업, 교육, 건강, 연금)에 대해서는 이보다 약한 지지를 보이고 있는 것이다.

나아가 이우진(2010)은 소득 분배와 정부의 역할에 대한 인식이 교육 수준별, 소득 계층별, 나이별로 크게 다르지는 않다는 점을 보이고 있다. 이것은 다른 나라와 비교하여 매우 흥미로운 결과이다. Corneo and Gruner(2002)를 비롯한 외국의 연구들은 국가의 재분배 정책에 대한 지지가 개인의 소득 수준에 반비례함을 보이고 있는데, 우리나라에서는 소득이나 교육 수준 변수가 통계적으로 전혀 유의하지 않다.

이것은 한국인이 결과의 평등보다는 기회의 평등을 더 중요한 가치로 인식하기 때문인 것으로 생각된다. 결과의 평등을 중시하는 사회라면 본인의 사회경제적 지위가 복지나 평등에 대한 의식에 강하게 영향을 주겠지만, 기회의 평등을 중시하는 사회라면 절차적 공정성이나 공정한 기회를 강조할 것이므로 본인의 사회경제적 지위와 무관하게 복지 의식을 형성할 수 있기 때문이다.

4

기회의 평등은
노력의 정도에 비례하는가

기회의 평등 원칙의 적용 범위

앞에서 기회의 평등이라는 개념에는 최소한 두 가지 의미가 있음을 보았다. 철학자인 루카스J. R. Lucas(1995)는 개인이 가진 '자질merit' 과 행동에 의한 '공과desert' 를 구분할 필요가 있다고 한다. 루카스의 구분을 이용하면 자질주의meritocracy는 일이나 직무에 대한 역할을 할당하는데 개인의 자질이 기준이 되어야 한다는 입장이고, 따라서 첫 번째 의미에서의 기회의 평등은 자질주의라고도 부를 수 있다. 반면 두 번째 의미에서의 기회의 평등은 행동의 공과(노력의 정도)에 기반하여 시민들에게 적절한 보상과 불이익을 주어야 한다는 생각에 기초한 것이다.

우리가 사용한 기회의 평등이라는 개념은 주로 두 번째 의미이지만 우리는 모든 경우에 무조건적으로 두 번째 원칙(즉, 공과의 원칙)을 적용해야 한다고 주장하지는 않는다. 경우에 따라서는 기회의 평등 원칙보다 자질주의 원칙을 적용하는 것이 더 타당한 경우가 있다.

예를 들어, 의사 자격을 주는 문제를 생각해 보자. 기회의 평등 이론을 엄격히 적용하면, 불우한 환경에 처한 의사 자격 미달 의대생 가운데 상위 몇 퍼센트에는 의사 자격을 부여해야 한다. 이 학생들의 자격 미달은 그들의 불우한 환경 때문이고, 동일한 유형에서 상위 몇 퍼센트라는 것은 노력을 많이 했다는 증거이기 때문이다. 그러나 이런 의사 선발 방식을 합당하다고 여길 사람은 많지 않을 것이다. 당장 자격 미달인 사람에게 의사 자격을 주면 의료 서비스를 받는 환자들이 가장 큰 피해를 보게 된다(생명을 위협받는 경우까지도 발생할 수 있다). 이때에는 기회의 평등 원칙보다 자질주의가 더 합당한 기준이다.

가난한 가정에서 열심히 공부하여 좋은 성적을 낸 학생과 부잣집에서 태어나 대충 공부하여 좋은 성적을 낸 학생이 있다고 하자. 후자가 전자보다 입학시험 성적의 총점은 높지만, 전자는 불우한 환경을 가진 학생들 중 상위 1%인 반면 후자는 좋은 환경을 가진 학생들 중 상위 30%라고 한다면 대학은 어떤 학생을 선발하여야 하는가? 이 경우 자질주의에 의해서만 선발하는 것보다는 기회의 평등 원칙을 적용하거나 양자를 절충하는 것이 더 적절할 수 있다.

미국 대학들은 대체로 전자의 학생을 선발하거나, 최소한 전자의 학생에게 불이익을 주지 않는 것처럼 보인다. 즉, 기회의 평등을 중시한다는 것이다. 반면 대다수 한국 대학들은 후자의 학생을 선발하거나, 최소한 전자의 학생에게 불이익을 주지 않는 것처럼 보인다. 다시 말해, 자질주의를 더 중시하는 것이다.

왜 이런 인식의 차이가 생기는 것일까? 아마도 미국과 한국의 대학들은 다음 두 가지 질문에 대해 다른 대답을 가지고 있을지 모른다. 첫째, 입학시험 성적이 그 학생의 대학 교육에 대한 자질을 얼마나 정확히 반영하는가? 둘째, 대학은 자질을 갖춘 학생을 교육하는 곳인가 아니면 잠재적 자질을 지닌 학생을 계발하여 훌륭한 자질을 지닌 사회인으로 배출하는 곳인가? 미국 대학들이 입학시험 성적은 교육의 자질에 대해 매우 불충분한 척도라는 것과 대학은 잠재적 자질을 지닌 학생이 자신의 잠재력을 계발할 수 있도록 도와주는 곳이라는 인식을 갖고 있다고 한다면, 한국 대학들은 입학시험 성적은 자질에 대한 척도로 충분히 만족스럽고 대학은 자질을 갖춘 학생들에게 전문 지식을 교육하는 곳이라는 인식을 갖고 있는 것처럼 보인다. 이러한 인식의 차이는 역사적 조건과 경제 발전 단계의 차이를 반영하는 것인지도 모른다.

그러면 우리는 비슷하게 보이는 두 경우에 왜 다른 원칙을 적용할 것을 제안하는가? 첫째, 평등의 원칙도 중요하지만 효율성의 원칙도 무시할 수 없기 때문이다. 둘째, 기회의 평등 이론은 잠재적 생산자로서의 지원자의 후생을 높이기 위한 것인데, 제품이나 서비스를 소비하는 소비자의 후생도 무시할 수 없기 때문이다. 모든 시민은 생산자인 동시에 소비자라는 점에서, 이 문제는 평등의 관점에서도 중요하다.

여기서 우리는 또 다른 문제에 직면하게 된다. 어떤 분야에 기회의 평등 원칙을 적용하고 어떤 분야에 다른 원칙을 적용할 것인가 하는 문제이다. 적용 범위의 문제는 공정성에 대한 특정한 관점을 설정하지 않는 한 해결할 수 없다. 단적으로, 지원자의 후생과 지원자의 질에 영향받는 소비자의 후생에 대한 비중을 어떻게 설정할 것인가에 대한 이론이 없으면 적용 범위를 정하기 어렵다.

기회의 평등에 대한 반론

그런데 기회의 평등 원칙에는 몇 가지 반론이 있다.

첫 번째 중요한 반론은, 기회의 평등을 위한 정책으로 불우한 환경에 놓인 사람에게 관대한 정책을 펴면 그 사람이 지금보다 노력을 더 안 할 수 있다는 것이다. 즉, 기회 평등화를 위한 정책은 부정적인 유인 효과를 갖는다는 것이다. 부정적인 유인 효과는 모든 재정 정책에 존재할 수 있다는 의미에서 이 반론은 일정 정도 타당할 수 있다. 그러나 그 반론의 타당성은 몇 가지 다른 효과를 고려할 때에만 적절하다.

첫째, 이 반론은 기회의 평등을 위한 정책이 사람들의 유인 동기에 변화를 초래하는 대체 효과를 수반하는 경우에만 타당하고 대체 효과 없이 소득 효과만을 수반하는 경우에는 타당성이 없다. 예컨대, 정액 보조금 형식으로 주어지면 대체 효과가 없다.

둘째, 대체 효과가 있어도 노력 제공의 탄력성에 따라 부정적인 유인 효과의 크기는 다를 것이다. 따라서 노력 제공이 기회의 평등을 실현하기 위한 정책에 얼마나 반응하는가 하는 탄력성에 대한 실증적인 정보가 뒷받침되지 않는다면 이 반론은 '가능성' 제기에 그칠 수 있다.

셋째, 한 시기에 부정적인 유인 효과가 있다 하더라도 여러 시기에 걸친 유인 효과는 불명확할 수 있다. 예컨대, 흑인들의 처우를 개선하는 보조금 정책을 펴는 경우 아버지 세대의 경제적 성취가 자식 세대의 성취 동기를 자극하여 그들로 하여금 더 많은 노력을 하도록 유발하는 효과가 있을 수 있다는 것이다.

마지막으로, 기회의 평등에 대한 이론은 유인 합치 제약식을 포함한 형태로 제시될 수 있다. 이 경우에는 부정적 유인 효과는 논란거리가 되지 않을 것이다.

결국 기회의 평등을 위한 정책이 노력에 대한 부정적인 유인 효과를 가질 수 있다는 점은 타당할 수 있지만 그 타당성의 정도는 그 적용에 있어 이론적 경험적 구체성에 따라 달라진다는 것이다. 물론 정확한 크기를 계산하기 위해서는 정교한 정책 모형 연구가 필요하다.

두 번째 반론은 불우한 환경에 처한 사람들이 자원을 전환하는 데 있어 상대적으로 비생산적인 경우, 기회의 평등을 위한 정책은 비생산적인 쪽에 자원을 몰아주어 효율성이 크게 손실될 수 있다는 것이다.

예컨대, 재능에 선천적 요인이 많이 작용한다면 기회의 평등을 이루기 위해서는 재능이 낮은 사람에게 더 많은 교육 자원을 할당해야 한다. 그런데 재능이 낮은 사람은 교육 자원을 기술 진보나 생산성으로 전환시키는 데 상대적으로 비효율적이기 때문에 기회의 평등을 위한 정책은 밑 빠진 독에 물 붓는 격이 될 수 있다는 것이다.

그런데 이 반론은 기회의 평등 원칙 자체에 대한 반론이라기보다는 이 원칙을 어느 정도로 적용할 것인가의 문제라고 보아야 한다. 즉, 한 사회의 자원 총량 중 얼마만큼을 기회의 평등을 위한 정책에 할당할 것인가의 문제이다. 이 질문에 대한 대답은 정책의 목적 함수나 자원 배분에 대한 정치적 과정이 구체화되지 않으면 할 수 없다.

세 번째 반론으로, 미국의 적극적 약자 보호 정책의 역사적 경험을 통해 배운 것처럼, 기회의 평등을 위한 정책이 시행된다고 해서 불우한 환경에 놓인 사람들의 후생이 증가하는 것이 아니고 오히려 그 사람들에 대한 보수파의 정치적 공격의 빌미만 제공하게 된다는 비판이 있을 수 있다. 기회의 평등 정책으로 입학시험 성적이 낮은데도 명문대학에 들어간 학생이 주변의 손가락질을 받는다면 그 학생의 참된 후생이 증가하는 것은 아니다. 이 경우 본래 의도와는 달리 불우한 환경에 놓인 사람들이나 그 사람들을 돕기 위한 정책을 옹호하는 사람들을 정치적으로 공격할 수 있는 빌미만 제공하게 된다는 것이다.

그런데 이러한 반론에는 재반론이 가능하다.

첫째, 불우한 학생들에 대한 손가락질은 정치적 공격의 결과이지 그 원인이 아니라는 점이다. 장애를 가진 사람이 남들보다 생산성은 떨어지지만 열심히 노력하는 모습에 우리는 격려와 온정을 보낸다. 마찬가지로 학우들이 기회의 평등이라는 원칙에 신뢰를 갖고 그 학생의 어려운 처지를 따뜻하게 감싸 준다면 낮은 성적으로 입학한 학생이 자존심에 상처를 입을 이유는 없다. 결국 불우한 학생들의 자존심은 기회의 평등 원칙에 사회가 얼마나 연대감을 형성하고 있는가에 달려 있는 것이지, 기회의 평등 원칙 그 자체의 결과가 아니다.

둘째, 기회의 평등 정책을 서서히 도입하면 정치적 공격은 완화될 수 있다. 미국에서 적극적 약자 보호 정책이 정치적 공격의 대상이 된 데에는 그것이 졸속으로 시행되었다는 점도 원인으로 작용하였다.

셋째, 환경을 주의 깊게 정의함으로써 정치적 공격을 완화할 수 있다. 미국의 적극적 약자 보호 정책은 불우 유형을 흑인이나 여성으로 결정하여 주류를 이루는 백인 남성들, 특히 백인 노동자들로부터 공격을 받았다. 1960년대 민권 운동을 반영한 것이기는 하지만, 처음부터 불우 유형을 인종이나 성별과 상관없이 부모의 경제적 지위에 따라 정했다면 정치적 공격은 피할 수 있었을 것이다. 사실 적극적 약자 보호 정책을 반대하거나 비판하는 사람들이 모두 보수적인 것은 아니다. 캘리포니아 대학의 코널리Ward Connerly 총장은 이 정책에 따른 캘리포니아 대학의 입학 정책을 앞장서서 비난하였지만, 그가 약자를 보호해야 한다는 정책의 취지를 비난하였던 것이 아니다. 그는 인종이 아닌 경제적 여건에 기반한 약자 보호 정책을 지지하였다.

5
'결과'의 평등이 아닌
'기회'의 평등

한 사회에서 개인들 간에 발생하는 사회경제적 불평등은 그 사회의 정책의 공정성을 평가하는 중요한 기준 가운데 하나이다. 그런데 한 사회의 사회경제적 불평등은 개인의 배경을 형성하는 환경들, 개인의 노력, 정부의 정책, 그리고 우연적 운 등 다양한 요인이 작용한 결과라고 볼 수 있다. 따라서 결과의 불평등을 환경의 차이로 인한 것과 개인의 노력이나 의지의 차이로 인한 것으로 나누어 이해하는 것이 필요하다.

일반적으로 기회의 평등이라는 말을 통해 의미하고자 하는 바는 사회경제적 성취를 달성하기 위한 경쟁에 있어 어느 누구도 불공정한 우위를 점하지 말아야 한다는 것이다. 그런데 이러한 의미에서 기회의 평등이란 말에는 최소한 두 가지의 뜻이 존재할 수 있다.

하나는 일의 할당이나 채용에 있어 평가에 무관한 요인들로 개인들

간 차별을 하지 않고 개인의 직무 수행에 대한 자질만을 보고 평가한다는 의미에서의 기회의 평등이다. 다시 말하면, 직무 수행에 적합한 자질 이외의 요소로 어느 누구도 불공정한 우위를 점하지 말아야 한다는 원칙이다. 또 다른 하나는 잠재 능력이 있는 모든 사람들이 그들의 형성기에 미래의 직무 수행에 대한 적절한 자질을 확보할 수 있도록 만들어 줌으로써 모든 개인들이 같은 출발선에서 경쟁을 시작할 수 있도록 한다는 의미에서의 기회의 평등이다. 다시 말해, 출발선에 있어 어느 누구도 불공정한 우위를 점하지 말아야 한다는 원칙이다. 우리가 사용한 기회의 평등이라는 개념은 주로 두 번째 의미에서의 기회의 평등이다. 첫 번째 의미에서의 기회의 평등이 이루어진다고 해서 두 번째 의미에서의 기회의 평등이 이루어는 것은 아니기 때문이다.

현재 한국인은 기회가 상당히 불평등하다고 생각하고 있으며 기회의 평등을 보장할 수 있는 정책에 우선순위를 두기를 희망하는 것으로 보인다. 응답자의 과반수가 모든 복지 분야에 걸쳐 정부의 지출을 확대해야 한다고 보고 있지만, 자신의 책임이 아닌 요인으로 인해 발생한 불평등이나 빈곤 등(장애인과 노인 생활 지원, 빈곤층 지원)에는 강한 지지를 보이는 반면, 그 외의 불평등이나 빈곤(실업, 교육, 건강, 연금)에 대해서는 이보다 약한 지지를 보이고 있는 것이다. 또한 중산층과 빈곤층, 부유층 사이에 복지 의식의 현저한 차이가 없기 때문에 중산층이나 서민을 위한 별도의 정책은 큰 의미가 없어 보인다. 그보다는 전 국민이 동의할 수 있는 기회의 평등을 보장할 수 있는 정책에 우선순위를 두는 것이 더 바람직할 것이다.

기회의 평등에 대한 관심은 점점 증가하고 있다. 《형평과 발전Equity

and Development)이라는 제목이 붙은 2006년 세계 발전 보고서2006 World Development Report에서는 '형평'을 다음과 같이 정의하며 형평 개념이 '결과의 평등'이 아니라 '기회의 평등'임을 명확히 하고 있다.

"형평은 개인들이 자신들이 선택한 삶을 영위할 수 있게 하는 기회들이 평등하고, 사람들이 결과에 있어서 극단적 결핍을 겪지 않는 상태를 의미한다." (p.2)

이 보고서는 평등의 적절한 개념으로 (결과의 평등이 아니라) 기회의 평등을 채택한 다음, '기회의 평등'과 '빈곤의 제거' 둘의 조합으로 형평을 정의하고 있다. 그리고 경제 발전의 목표는 이 두 가지의 달성에 있음을 분명히 밝히고 있다.

최근 우리 사회에서 공정한 사회에 대한 논의가 매우 활발하게 이루어지고 있다. 모쪼록 기회의 평등으로서의 공정성 개념이 자리 잡았으면 하는 마음이다.

Politics

"시민 사회가 강력해질수록 민주주의는 발전한다. 시민 사회가 취약하면 민주주의는
곧바로 후퇴하고 만다. 거대한 시민 집단이 거리를 가득 메울 만큼 시민 사회가 강력
하다면 어느 누가 쿠데타를 꿈꿀 수 있겠는가?"

4장

의회 민주주의,
진정 국민을 위한
상생인가

대표의 정체성에 대해서는 인민의 대리자delegate에 불과하다는 견해와 인민의 수탁자trustee라는 견해가 대립하고 있다. 대리자는 국민의 의사대로 정치 행위를 해야 하는 존재이고, 수탁자는 자신의 의사대로 정치 행위를 할수 있는 존재이다.

고대 아테네에서 추첨으로 뽑은 대표는 일반 국민과 같은 동일한 존재로 간주되었다. 그러므로 대표의 정치 의사는 자동적으로 국민의 정치 의사를 대변하는 것이다. 고대 아테네의 대표는 대리자였던 셈이다. 그러나 고대 로마에서는 대표를 선거로 뽑았기 때문에 대표는 일반 국민과 동일한 존재가 아니었다. 따라서 대표의 정치 의사는 일반 국민의 정치 의사라고 볼 수 없다. 소신껏 정치 의사를 펼쳐나갈 수 있었으므로, 고대 로마의 대표는 수탁자였던 셈이다.

현대의 대의 민주주의에서는 고대 로마에서처럼 선거를 통해 대표를 뽑고, 대표는 독립적인 헌법 기관으로 간주되어 소신껏 정치 활동을 하도록 기대된다. 그러나 다음 선거에서 재선되려면 고대 로마에서처럼 선거민의 정치 의사와 완전히 독립된 자신만의 소신으로 정치 활동을 펼칠 수는 없다. 현대 대의 민주주의의 대표는 수탁자이면서 동시에 대리자인 셈이다.

대표가 이중성을 띠게 된 까닭은 19세기와 20세기 초에 걸쳐 보통 선거권
이 확립되고 대표에게 요구되던 재산 요건이 사라졌기 때문이었다. 근대 초
기의 대의제에서는 재산가여야 대표로 출마할 수 있었고, 투표권도 일정한
재산을 가진 사람에게만 부여되었다. 이러한 재산 조건이 사라지고 누구나
출마하고 투표할 수 있게 되자, 대의제는 민주적인 성격을 띠게 되었다.

대의 민주주의가 민주적인 성격을 띠고는 있지만 본질적으로 민중적인 정
부 체제는 아니다. 대의제에서는 모든 시민이 공직을 맡을 동등한 기회를
누릴 수 없기 때문이다. 대의제에서는 선거로 대표를 뽑는다. 그런데 선거의
투표 행위는 본질적으로 모든 후보자를 평등하게 대우하지 않는다. 후보자
가 될 기회는 누구에게나 동등하지만, 당선자가 될 기회는 누구에게나 동등
하지 않다. 선거 제도에서는 누구나 공직 후보자가 될 수 있지만, 추첨 제도
에서와 달리 누구나 공직을 맡을 수는 없다. 비록 모든 시민이 투표권을 가
졌다 할지라도, 선출된 사람은 그들을 선출한 사람과 같지 않다. 그런 의미
에서 선거는 귀족주의적인 성격도 지니고 있는 것이다.

1

성숙한 민주주의로 발전하다

성공과 위기의 한국 정치

우리나라는 제2차 세계 대전 뒤 식민지에서 해방되어 1948년에 건국된 신생 독립국이다. 신생 독립국의 선진국 따라잡기 3대 목표는 근대 국가 수립, 자본 경제 발전 및 민주 정치 완성이다. 2008년은 건국 60주년이자 따라잡기의 목표를 모두 달성한 해이다. 우리는 6·25 전쟁을 겪으며 근대 국가를 확립하고, '잘살아보자'는 일념으로 자본 경제를 발전시켰으며, 그 결과 성장한 중산층을 발판으로 민주화에 성공하였다. 우리의 민주 정치는 계속 발전하여 2008년에는 마침내 선진 민주 국가full democracy로 평가받았다.

그런데 우리에게 2008년은 한미 FTA를 둘러싸고 들끓었던 정치 위기의 해로도 기억된다. 4월 19일, 한미 정상 회담을 하루 앞두고 한미 FTA 쇠고기 2차 협상이 타결되었다는 소식이 날아들었다. 인터넷을 통해 광우병 괴담이 퍼져 나가기 시작하였고, 4월 29일 MBC 〈PD수첩〉에서 광우병의 위험에 대해 방영하자 광우병 공포는 전 국민으로 확산되었다. 4월 말부터 학생들이 청계천 광장에 조금씩 모이더니, 5월 2일부터는 일반 시민들이 참여하는 촛불 집회로 발전하여 100일 넘게 지속되었다. 처음에는 광우병 위험을 앞세운 평화적인 시위로 출발했다가 점점 정권 퇴진을 부르짖는 정치 운동으로 폭력화되었고, 나중에는 종교인들이 참여하면서 다시 평화적인 시위로 바뀌었다. 이 촛불 시위는 한국 정치의 총체적 위기를 드러내는 것처럼 보였다.

당시 한국 정치가 위기에 빠진 것은 너무나 뜻밖이었다. 한국 정치는 민주주의 공고화에 성공하여 안전 운행 할 것으로 예상되고 있었기 때문이다. 우리 지성계에서는 논쟁이 벌어졌다. 어떤 이들은 현 정부

민주주의의 공고화

민주주의의 공고화는 '두 번의 정권 교체 테스트two-turnover test'를 통과할 때 완성된다고 한다(Huntington, 1991). 2008년 2월에 출범한 이명박 정권은 김대중 정권에 이어 한국 역사상 두 번째로 평화적인 정권 교체를 이루었다. 평화적인 정권 교체가 두 번 일어났다는 것은 정치 엘리트들의 정치 경쟁이 정례화되고 민주 절차에 대한 국민의 신뢰가 확고해졌음을 뜻한다. 우리는 민주화 20년 만에 이 테스트를 통과하고 한국의 민주주의가 성숙했음을 과시했다. 선진 민주 국가인 일본도 2009년 8월에 들어서야, 우리보다 34년 더 걸려 이 테스트를 통과했다.

를 독재 정권이라고 비난했고, 정치학계에서는 민주주의 후퇴론이 거론되었다(임혁백, 2009).

그런데 촛불 시위를 지켜본 세계인들의 평가는 달랐다. 영국의 〈이코노미스트The Economist〉는 2008년 9월 기준으로 한국을 '완전한 민주주의full democracy'로 평가하였다. 총 165개 국가와 2개 통치령 가운데 30개 국가가 완전한 민주주의로 평가되었는데, 우리나라는 28위였다. 이탈리아가 우리보다 한 계단 낮은 29위였고, 167위에 머무른 북한은 대표적 비민주주의 국가였다.

〈이코노미스트〉는 2006년부터 민주주의 지수democracy index를 만들어 발표해 왔다. 당시 우리나라는 31위로 '불완전한 민주주의flawed democracy'로 평가되었다. 2년 뒤 거대하게 타오른 촛불 시위를 보고도 우리의 민주주의가 오히려 발전하였다고 평가한 것은 놀랍다. 세계인의 눈에는 촛불 사태가 한국의 민주주의를 더욱 단단하게 만든 것으로 보였던 것이다.

사실상 시민 사회가 강력해질수록 민주주의는 발전한다. 강력한 시민 사회는 민주주의의 보루일 뿐만 아니라 발전 토대이기도 하다. 군사 쿠데타가 일어난 1961년의 제2공화국에서처럼, 시민 사회가 취약하면 정치 야심가들이 불법적인 방법으로 정권을 획득하려 든다. 그러나 시민 사회가 강력해지면 선거 이외의 방법으로 정권을 획득하는 것이 불가능하다. 거대한 시민 집단이 거리를 가득 메울 만큼 시민 사회가 강력하다면 어느 누가 쿠데타를 꿈꿀 수 있겠는가?

한국 정치, 무엇이 문제인가

〈이코노미스트〉는 2010년에 우리나라를 20위의 민주 국가로 평가하였다. 그런데 민주화 이후 지금까지 정치 불만은 누적되어 왔고 우리의 정치 현실은 여전히 불만스럽다. 역대 대통령들은 한결같이 실패한 대통령으로 치부되었고, 여야는 극한적으로 대립하여 국회의원에 대한 국민의 신뢰는 점점 메말라 갔다.

정치 질서란 게임의 룰과 같다. 게임의 룰이 공정하지 않으면 게임이 혼란스러워지듯이, 정치 질서가 공정하지 않으면 정치가 혼란스러워진다. 우리 정치 현실이 혼란스러운 것은 우리 정치 질서가 충분히 공정하지 못하기 때문이리라. 공정한 정치 질서가 운영되면, 정치 갈등은 제도적인 틀 속에서 순조롭게 해결될 것이고, 그러면 정치의 생산성과 예측 가능성도 높을 것이다.

정치 질서의 공정성은 실질적 측면과 절차적 측면에서 각각 따져 볼 수 있다.

실질적 측면에서, 자유 민주주의 국가에서 정치 질서의 공정성 여부는 모든 국민이 기본권을 공평하게 향유하고, 기회균등과 사회 안전망의 혜택을 공평하게 누릴 수 있느냐에 달려 있다. 정치 질서가 불공정하다면, 어떤 사람의 권리는 존중되고 다른 사람의 권리는 침해될 것이고, 정당한 이유 없이 어떤 사람은 우대받고 다른 사람은 차별받을 것이며, 사회 안전망의 혜택도 불공평하게 분배될 것이다.

절차적인 측면에서, 자유 민주주의 국가에서 정치 질서의 공정성 여부는 정치 제도가 삼권 분립과 견제와 균형 및 대의제의 정치 원리를 얼마나 충실하게 구현하느냐에 달려 있다. 이 원리를 충분히 구현하지 못하는 정치 제도는 기본권과 같은 자유 민주주의의 핵심 가치를 안정적으로 보장하지 못할 것이다.

민주화를 계기로 우리 정치 질서의 공정성은 획기적으로 개선되었다. 〈이코노미스트〉의 시민의 권리 보장 평가에서, 우리나라는 10점 만점에 2008년 8.24점, 2010년 8.82점을 받아 선진국에 비해 크게 손색이 없다. 기본권 보장 문제는 거의 해결되어, 실질적인 측면에서 정치적 공정성의 문제가 심각하게 드러나지 않는다.

정치적 공정성의 문제는 결국 절차적인 정치 운영에서 비롯되고 있다. 〈이코노미스트〉의 평가를 보면, 선거 제도에 대한 항목에서 10점 만점에 2008년 9.58점, 2010년 9.17점을 받아 다른 선진국에 뒤지지 않는다. 그런데 정부 기능, 정치 참여 및 정치 문화 항목에서는 2008년 각각 7.50점, 7.22점, 7.50점, 그리고 2010년 각각 7.86점, 7.22점, 7.50점을 받아 다른 선진국에 크게 뒤진다. 삼권 분립을 저해하는 권위주의적 정치 요소들이 많이 해소되었고, 평화적 정권 교체가 이루어질 만큼 정치 제도에 대한 신뢰도 높아졌지만, 한국의 정치 갈등이 너무 심해서 저평가되는 것으로 보인다.

극심한 대결 정치는 국민의 여망을 비껴가고 때로는 헌법적 가치를 무색하게 만든다. 헌법 제46조 2항은 국민의 대표가 '국가 이익'을 위해 '양심에 따라' 자율적으로 정치 활동을 하도록 규정하고 있다. 국민의 대표가 국가 이익보다 정당 이익을 앞세우고 자신의 양심보다 당론에 따른다면, 삼권 분립의 원리를 제대로 구현하지 못해 그만큼 우리 정치 질서는 절차적 공정성을 잃을 것이다. 절차적 공정성을 잃는다면, 궁극적으로 실질적 공정성도 잃게 되어 기본권과 기회균등 및 사회 안전망에 대한 현실 정책들이 공정성을 잃어버리게 된다.

정치 제도의 절차적 공정성을 제고하려면, 먼저 현대 정당 정치에서 삼권 분립과 대의제 정치 원리가 얼마나 왜곡되고 있는지 살펴보아야 한다. 관련된 문제를 모두 다룰 수 없으므로, 여기서는 가장 시급하고 핵심적인 것만 다루고자 한다. 그것은 삼권 분립 대의제의 핵심 이념인 국민 대표성에 관한 것이다.

국민의 대표성을 갖추고 있는가

정당 정치의 위기

지난 2008년 말 제18대 국회에서는 난투극이 벌어졌다. 한미 FTA 비준 동의안을 여당 단독으로 상정하려고 상임위 회의장의 출입문에 책상과 의자로 바리케이드를 치고 야당의 출입을 막자, 야당 의원들은 해머와 전기톱을 동원하여 마구 부수었다. 이 과정에서 여야 당직자와 국회 경위 수십 명이 다쳤다. 이 모습은 전 세계에 알려졌고 우리 국회는 세계에서 가장 폭력적인 정치 기관으로 각인되었다.

미국의 정치 외교 전문지인 〈포린 폴리시〉가 소개한 우리나라의 민주주의는 인상적이다(Foreign Policy, 2009). "한국의 민주주의는 온몸으로 부딪치는 스포츠full-contact sport다. 한나라당과 야당들은 외교 정책이

146

나 미디어법에 대해서 종종 주먹다짐으로 … 아니면, 손에 잡히는 물건을 닥치는 대로 집어던짐으로써 … 법안 토론을 결말짓곤 한다". 이제 우리 민주주의는 시민 사회와 정부 사이의 문제가 아니라 의회에서 정당들 사이의 문제로 바뀌고 있다.

2002년 이전 3김 시대에는 정당 보스들 사이에 전략적 타협이 이루어져 파국을 피할 수 있었다. 3김 시대의 정당들은 권력 집중형 정당이었고 정당 기율도 강력했다. 3김은 대권에 대한 열망을 가지고 있어서 민주화나 경제 발전을 바라는 민심에 종속되어 있었고, 정치권력 유지나 퇴임 후의 안전 확보도 신경을 쓰지 않을 수 없었다. 이런 정치적 이해관계 때문에 오히려 지금보다 타협의 공간이 넓었던 것이다.

3김 시대가 마감하고 우리 정당 정치는 큰 변화를 겪었다. '상향식', '개방형' 후보 선출은 필수 조건이 되었다. 이렇게 선출된 노무현 후보의 대통령 당선은 정치 개혁의 바람을 일으켰다. 대권과 당권이 분리되고 상향식 공천제와 원내 대표제가 도입되어 여야를 막론하고 당내 민주화가 진행되었다.

그런데 아이러니는 당내 민주화가 진행되자, 오히려 대결 정치가 극심해졌다는 것이다. 극한적 여야 대결, 직권 상정과 날치기 표결, 야당의 장외 투쟁은 일상화되었다.

3김 시대의 사당私黨적 요소가 해소되고 당내 민주화가 진척되었는데도 파국 정치를 할 수 밖에 없다면, 우리 정당 제도는 존재 위기에 빠진 것이 분명하다. 정당 제도에는 크게 대중 정당과 원내 정당 두 가지가 있는데, 우리 정당 제도에는 이 두 요소가 혼합되어 있다. 둘 중 어떤 것이 우리 정당 정치를 파국으로 몰아넣는 것일까?

대체로 대중 정당은 기율이 강한 권력 집중형 정당이고, 원내 정당은 기율이 약한 권력 분산형 정당이다. 대중 정당 제도에서는 원외에서 당원들이 선출한 당 대표와 지도부가 당론을 결정하면 원내에서 의원들은 당론에 따라 의정 활동을 한다. 의원 후보는 하향식으로 공천되어 당 기율이 강하고 의원의 자율성은 약하다. 원내 정당 제도에서는 의원들이 선출한 원내 대표가 의원들의 총의에 따라 정치 협상에 나서기 때문에 당론이 따로 없다. 의원 후보는 상향식으로 공천되어 당 기율이 약하고 의원의 자율성은 강하다.

우리나라 정당은 원외의 당원들이 직접 당 대표를 뽑는가 하면 의원들이 직접 뽑는 원내 대표도 있다. 의원 총회가 열리기도 하는데, 당론 결정에는 당 지도부가 절대적인 영향력을 행사하고 있다. 일단 당론이 결정되면, 의원들은 정치 투쟁의 최전선에 투입되어 극심한 정치 갈등을 빚는다. 즉, 한국 정당 정치가 파국 정치를 재생산할 수밖에 없는 근본적인 이유는 대중 정당의 요소 때문이다.

19세기 말 유럽에서 보통 선거가 실시되면서 발전한 대중 정당은, 최근 많은 문제점을 드러내고 있다. 무엇보다 정치 파국을 자초하는 치명적 약점이 정치 질서의 절차적 공정성을 잠식하고 있다. 한국 정치의 절차적 공정성을 회복하려면 정당 정치의 국민 대표성부터 복원시켜야 한다. 정당 정치의 국민 대표성을 복원하려면, 대중 정당의 요소를 약화시키고 원내 정당의 요소를 강화해야 한다.

이제 국민 대표성이 무엇인지 살펴보고, 대중 정당의 요소가 왜 정당 정치의 국민 대표성을 훼손하고 있는지 밝혀 보자.

대리자인가, 수탁자인가

우리 정치 현실이 국민의 기대와 어긋나는 까닭을 대의 민주주의에 본질적으로 내재한다는 '대표의 실패'로 보는 견해가 있다(임혁백, 2000). 현대 다원 사회에서 복잡한 이해관계를 대표가 홀로 대변할 수 없을 뿐만 아니라, 대표 자신의 이기적인 목표 때문에 그러한 이해관계를 대변할 마음도 없다는 것이다. 이러한 대표의 실패가 현대 대의 민주주의를 위기 상황으로 몰아넣고 있다고 한다.

대표의 실패로부터 대의 민주주의는 위기에 빠질 수밖에 없는가? 이 문제는 재고할 필요가 있다. 현실에서 발견되는 대표성의 훼손을 대의 민주주의의 위기로 비화하는 것은 진실을 오도하는 것이다. 대의 민주주의의 발전 과정과 운영 원리를 되짚어 보면, 대표의 실패는 주로 대중 정당 제도에서 비롯되고 있음이 드러난다.

대표를 두고 인민의 대리자delegate라는 견해와 인민의 수탁자trustee라는 견해가 대립한다. 대리자는 국민의 의사대로 정치 행위를 해야 하고, 수탁자는 자신의 의사대로 정치 행위를 할 수 있다.

고대 아테네에서 추첨으로 뽑은 대표는 일반 국민과 동일한 존재로 간주되었다. 대표의 정치 의사는 자동적으로 국민의 정치 의사를 대변하는 것이다. 고대 아테네의 대표는 대리자였던 셈이다. 한편 고대 로마에서 선거로 뽑은 대표는 일반 국민과 동일한 존재가 아니었다. 따라서 대표의 정치 의사는 일반 국민의 정치 의사라고 볼 수 없다. 소신껏 정치 의사를 펼칠 수 있었으므로, 고대 로마의 대표는 수탁자였던 셈이다.

현대의 대의 민주주의에서는 고대 로마에서처럼 선거를 통해 대표를 뽑고 있어, 대표는 독립적인 헌법 기관으로 간주되고 소신껏 정치 활동을 하도록 기대되고 있다. 그러나 고대 로마에서처럼 자신의 소신만으로 정치 활동을 펼칠 수는 없다. 재선되려면 선거민의 정치 의사를 완전히 무시할 수 없기 때문이다. 이처럼 대의 민주주의의 대표는 수탁자이면서 동시에 대리자인 것이다.

대표가 이중성을 띠게 된 까닭은 19세기와 20세기 초에 걸쳐 보통 선거권이 확립되고 대표에게 요구되던 재산 요건이 사라졌기 때문이었다. 근대 초기에는 재산가만 출마할 수 있었고, 투표권도 일정한 재산을 가진 사람에게만 부여되었다. 이런 조건이 사라지고 누구나 출마하고 투표할 수 있게 되자, 대의제는 민주적인 성격을 띠게 되었다.

대의 민주주의가 민주적인 성격을 띠고는 있지만 본질적으로 민중적인 체제는 아니다. 대의제에서는 모든 시민이 공직을 맡을 동등한 기회를 누릴 수 없기 때문이다. 선거 제도에서는 누구나 공직 후보자가 될 수 있지만, 추첨 제도에서와 달리 누구나 공직을 맡을 수는 없다. 모든 시민이 투표권을 가졌다 할지라도, 선출된 사람은 그들을 선출한 사람과 같지 않다. 그런 의미에서 선거는 귀족주의적인 성격을 지니고 있다. 인간은 훌륭한 사람을 뽑으려는 마음이 있고, 선거는 후보자 가운데 더 나은 사람을 선택하도록 강제하기 때문이다.

그렇다고 대의 민주주의가 본질적으로 귀족적인 정부 체제도 아니다. 대의제에서는 모든 시민이 선거권을 가지고 있고, 합법적으로 공직에 진출할 자격을 가지고 있기 때문이다. 보통 선거제는 대표 선출

과정에서 모든 개별 시민에게 동등한 발언권을 준다. 비천하고 가난한 사람도 부유하고 탁월한 사람과 똑같은 힘을 행사할 수 있다.

마넹은 이런 현상에 주목하여 선거가 두 얼굴을 가지고 있다고 말하기도 했다. 선거는 근본적으로 평등주의적이면서 불평등주의적이고, 귀족주의적이면서 민주주의적이라는 것이다. 오늘날에는 선거의 귀족주의적 측면에 특별히 주의해야 한다. 이러한 측면은 잊히거나 잘못된 원인들 탓으로 간주되는 경향이 있기 때문이다.

선거의 이중성은 대표의 이중성을 만들어 낸다. 대표는 자율적인 수탁자trustee이면서 동시에 타율적인 대리인delegate이기도 하다. 대의 민주 정부는 국민의 구체적인 뜻에 따라 운영된다기보다는 국민의 추상적인 뜻을 받들어 운영되는 정치 체제로 볼 수 있다.

대의제는 간접 민주주의인가?

대의제의 창립자들은 대의제를 설립할 때부터 대표의 구속적 위임imperative mandate나 대표의 임의적 해임discretionary revocability을 인정하지 않았다. 구속적 위임이란 위임 내용을 대표에게 강제하는 권한이고, 임의적 해임이란 언제든지 대표를 해임할 수 있는 권한이다. 피치자와 국민 대표가 동일한 선호를 가져야 하는 순수 민주 정부와 서로 다른 선호를 가질 수 있는 혼합 대의 정부가 근본적으로 다르다는 것을 알 수 있다. 그렇기에 대의제를 간접 민주주의로 묘사하는 것은 어폐가 있다. 선출된 대표를 통해 간접적으로 통치한다면, 대표는 선거민의 지시에 따라 정치 행위를 해야 하기 때문이다.

대립과 타협의 대중 정당

우리는 대의 민주주의가 이중적인 대표성으로 운영되고 있다는 것을 확인하였다. 보통 선거제는 귀족적 성격과 민주적 성격을 동시에 가지고 있다. 보통 선거로 선출된 국민 대표는 귀족적 자율성과 민주적 구속성을 동시에 가진다. 이러한 이중성 속에서 대표는 헌법적 독립 기관으로서 추상적인 국민의 뜻을 받들고 그것을 소신껏 구체화함으로써 국민에게 봉사해야 한다.

그런데 우리 정치 현실에서는 국민의 대표들이 헌법적 독립 기관으로서 자율성을 누리지 못한다. 국민의 대표로서보다는 오히려 정당의 일꾼으로서 행동함으로써 종종 정치 파국을 연출하고 있다. 이러한 정치 혼란은 대부분 대중 정당 조직 요소에서 비롯되고 있는 만큼, 대중 정당 제도에 대해 자세히 검토해 볼 필요가 있다.

원내 정당 제도로 운영되는 의회는 자율적인 의원들의 심의 기관이지만, 대중 정당 제도로 운영되는 의회는 경쟁적인 당론들의 타협 기관이다. 타협의 정치는 정치 대표성에 문제가 있다. 정치 타협안은 정당의 정체성을 담보하지 않기 때문이다. 우리처럼 타협의 전통이 취약한 곳에서는 정치 파국의 위험도 크다.

극한 대립을 양산하는 정당 제도로는 정당의 위계적 구조, 하향식 공천, 중앙당 중심의 정당 운영 및 당론 투표를 들 수 있다. 이런 제도들은 의원들을 정당에 충성하는 관료로 만든다. 당론이 정해지면 의원들은 일사불란하게 상대 당을 공격하는 전투 병사로 바뀐다.

의회는 이제 극단적인 대립과 투쟁의 파국 상태에서 아슬아슬한 정치 타협의 무대가 되었다. 대중 정당 제도가 왜 이런 모습을 띠게 되었는지, 정당 정치의 대표성에는 어떤 문제가 있는지, 그리고 시민 사회가 어떠했기에 적대적인 정당 정치가 가능했는지 가늠해 보자.

대중 정당 제도는 19세기 말 보통 선거가 시행되면서 성립한다. 보통 선거로 편입된 노동자나 여성들은 지역의 명망가와 인간적 유대가 없었다. 이왕 모르는 사람일 바에야 그들과 비슷한 사람이나 그들의 처지를 개선하겠다는 사람이 나아 보였다. '명망가의 몰락'이 시작되었고, 계급에 기초한 대중 정당들이 태어났다. 우리나라에서는 대중 정당과 닮은 지역 정당이 지역에 기반을 두고 태어났다.

대중 정당이 태어나자 투표는 자신의 정체성을 표현하는 수단이 되었다. 대부분의 사회주의적 유권자들에게 투표는 선택의 문제가 아니라 계급 정체성과 운명의 문제였다. 우리나라처럼 계급 정체성보다 지역 정체성이 중요했던 곳에서는 투표가 지역 정체성을 표현하는 수단이 되었다. 유권자가 '정당'이 제시한 후보를 밀어준 것은 그를 자신이 속한 공동체의 한 사람으로 생각했기 때문이다.

어떤 사회든지 문화적 차이나 경제적 차이로 말미암아 몇 개의 진영으로 나뉜다. 우리는 호남, 영남, 충청으로 나뉘었다가, 최근에는 지역성과 계급성이 혼성되어 보수와 진보 양 진영으로 재편성되고 있다. 투표가 자기 진영의 정체성을 표현하는 수단이 되자, 의회는 사회의 축도가 되었고 의원들은 보통 사람들과 닮아갔다.

투표가 정체성의 표현 수단이 되자, 선거 결과는 사회 분열선을 반영하게 된다. 선거의 균열선은 서구처럼 계급 분할선이나 우리처럼 지역 분할선으로 나타난다. 특히 비례 대표제는 시민 사회의 세력 판도를 의회 정치에 그대로 투영하는 효과를 낸다.

대중 정당 제도에서는 사회의 세력 상황이 선거 결과에 직접 반영되므로, 사회의 세력 구도대로 의회의 세력 구도가 구축된다. 의회가 사회의 세력 판도대로 조직되면, 정치 사회는 폭력적인 대립으로 얼룩지게 된다. 폭력적인 대립은 전기톱과 쇠사슬이 동원되었던 국회나 미국 쇠고기 수입 문제로 야기되었던 촛불 시위나 북한의 천안함 폭침 사태로 내홍을 겪었던 시민 사회에서도 볼 수 있다.

폭력적 대립을 피하려면 타협하는 길밖에 없다. 정당 정치가 타협에 기초하는 한, 정당들은 자신의 강령이나 선거 공약을 지켜야 할 의무를 저버릴 수밖에 없다. 정당이 유권자들의 요구로부터 자유롭다면, 정당 정치는 타협의 소지만큼 비민중적이다.

근대 초기의 대의제에서도 대표들은 비민중적이었다. 그들은 유권자의 요구나 여론으로부터 독립하여 자유롭게 정치 활동을 하였다. 대중 정당에 기초한 정당 정치에서도 대표들은 유권자의 요구나 여론으로부터 독립하여 정치 활동을 하지만 자유롭지는 못하다. 그들은 당론이나 정당 지도부에 충성해야 하기 때문이다. 정당 정치에서 자유의 특권은 정당이나 정당 지도부의 몫이 되었다.

타협 문화가 성숙한 서구에서도 폭력적 대립이 비일비재하다. 의회에서뿐만 아니라 사회 일반에서도 마찬가지이다. 의회의 세력 구도와 사회의 세력 구도가 같기 때문이다. 이러한 동일구조성isomorphism은 두 가지 심각한 사실을 알려 준다. 하나는 시민 사회의 공론장이 당파적으로 분열된다는 사실이고, 다른 하나는 시민 사회의 공론장이 자율성을 잃는다는 사실이다.

먼저 시민 공론장의 당파성부터 살펴보자. 보통 선거가 실시되자, 사회의 균열선을 대표하는 정당들이 설립되었고, 이들은 선거 운동과 시위, 탄원 및 언론 운동을 조직하였다. 시민 사회의 공론장은 이제 정당의 균열선에 맞추어 분열된다. 우리 사회에서는 한때 '안티 조선' 운동이 일어났다. 보수 언론의 당파성을 공격하기 위한 것이었다. 그러나 안티 조선 운동은 스스로를 대변하는 진보 언론을 지지하고 나섰고, 당파적 언론이 사회의 균열을 반영하게 되었다.

정당 이념에 따라 분열되자 시민 사회의 공론장은 자율성을 잃어버린다. 어떤 정당을 지지하는 사람은 그 정당의 당파적인 언론을 통해 정보를 얻고, 이럴수록 이들의 당파성은 더욱 거세진다. 그들은 점차 자신을 정당에 위탁하여 무엇이든 상관없이 정당의 입장을 채택하게 된다. 이런 현상을 두고 정치가 인간의 모든 영역으로 확대되는 '전체주의화 경향'이라고 이르기도 한다.

자율성을 상실한 공론장을 하버마스Jürgen Habermas는 '재정치화된 사회 영역'이라고 불렀다(하버마스, 2001). 사회 영역은 근대에 들어 정치 영역으로부터 분리되었는데, 이제 다시 정치 영역으로 통합되었다는 뜻이다. 사회 영역이 독립성을 잃으면 시민들은 스스로를 대변할 수 없다. 시민 사회의 공론장은 사회의 국가화된 영역인 이익 단체와 국가의 사회화된 영역인 정당에 지배되기 때문이다. 이런 현상을 두고 부르주아 공론장이 붕괴되었다거나 재봉건화되었다고 한다.

이제 대중 정당의 정당 정치는 공론의 정치가 아니다. 그것은 대립과 타협의 정치이다. 대립과 타협이 선순환한다면 정당 정치는 안정을 누릴 수 있겠지만, 악순환한다면 고질적인 정치 불안에 시달릴 것이다. 제2차 세계 대전 이전에 유럽은 계속해서 정치 혼란에 시달렸고, 전후에도 정치 안정을 만끽하지는 못했다. 대중 정당의 요소는 우리 정치도 불안정하게 만들고 있다. 타협의 문화가 서구처럼 강력하지 못하기 때문에 더욱 그렇다.

최근에 대중 정당을 위축시키는 경향이 나타나고 있다. 시민 사회의 공론장이 서서히 변화해 왔기 때문이다. 투표율이 계속 하락하면서 대중 정당 제도의 핵심 기초인 유권자의 정당 충성도가 떨어지고 있다. 부동층이 급격히 늘어난 것이다. 이렇게 되자 대중 정당 제도는 국민의 대표성을 더욱 잃게 되었다.

대중 정당의 정당 정치를 극복하는 일은 시대적 과제가 되고 있다. 대중 정당의 정치 요소를 약화시키고 원내 정당의 요소를 확충한다면, 대의 민주주의의 공정한 의회 정치가 살아날 것이다. 이렇게 의회 민주주의가 발전된다면, 제왕적 대통령 문제도 상당 부분 해소될 것이고 의회의 독립성과 대정부 견제 능력도 커질 것이다. 삼권의 분립과 균형 관계가 적절하게 발전한다면, 현대 정치는 정치 공정성을 효과적으로 실현해 나갈 수 있을 것이다.

3
상생이 답이다

의회 민주주의를 확립하라

대중 정당의 정당 정치가 타협을 기본 원리로 삼고 있다면, 의회 민주주의는 심의를 기본 원리로 삼고 있다. 심의의 주체가 개별 의원이라면 타협의 주체는 정당의 지도부이다. 대중 정당의 정당 정치에서는 정당의 지도부가 타협 주체이므로 국민 대표성에 심각한 문제가 있지만, 의회 민주주의에서는 개별 의원이 심의의 주체이므로 국민 대표성에 문제가 없다. 공정한 정치 질서를 수립하려면 의회와 정당을 개혁하여 의회 민주주의를 확립하는 것이 급선무다. 정당 정치의 문제를 구체적으로 짚어 보면서 의회 민주주의의 확립 방향을 세워 보자.

대중 정당의 정당 정치는 크게 보아 국민 대표성에 대해 3가지 문제점을 안고 있다.

먼저, 대중 정당의 정당 정치에서는 국민의 대표인 의원들이 전혀 국민 대표성을 실천하지 못한다. 다음 선거에서 공천을 받으려면 당론에 무조건 충성해야 하기 때문에, 그들은 자율적으로 정치 행위를 할 수 없다. 그나마 자율적인 정치적 존재가 되려면 당의 지도부가 되어야 한다. 당의 지도부가 되면 당론 결정이나 당론 수립에 영향력을 끼칠 수 있어, 의원들은 국회직보다는 당직을 선호한다.

둘째, 정당의 당론은 국민 대표성을 담보하지 못한다. 국민이 뽑지 않은 정당 지도부가 당론을 결정하고, 그것을 국민 대표에게 종용하기 때문이다. 정당은 국민의 대표 기관이 아니라 정권을 잡기 위해 조직된 임의 단체일 뿐이다. 원외 정당일수록 당론은 국민이 위임한 정치 의사일 수 없으며 국민의 정치 의사를 대변할 수도 없다.

마지막으로, 법안으로 상정되는 정당 타협안도 국민 대표성을 담보하지 못한다. 타협안은 국민의 의사를 대변한 것이 아니다. 상대 정당의 정체성도 혼재되어 있기 때문에, 그것은 당의 정체성을 담보하지도 못한다. 그것은 단지 세력 균형의 산물일 뿐이다.

정당 정치의 정치 타협안이 세력 균형을 나타내기 때문에 국민 대표성을 담보하고 있다는 견해도 있다. 의회를 사회의 축도로 만드는 것을 실질적 민주주의로 이해하기도 한다. 이런 취지에서 비례 대표제가 운영되고 있다. 그렇지만 의회를 사회의 축도로 만들어 세력 균형을 찾아가려고만 한다면, 의회는 언제나 대결주의에 물들고, 대결주의는 언젠가 정복으로 끝난다는 데에 문제가 있다. 바이마르 공화국이 끝내 나치의 총통제로 마감된 것이 바로 이런 예이다.

세력 균형이 국민 대표성을 담보한다는 주장에는 또 다른 문제가 있다. 세력 균형으로 타협안이 결정되면 삼권 분립이 위태로워진다. 대통령제에서 여당은 대통령의 의중을 살필 것이고, 야당은 이에 무조건 반대하며 거리로 나가 국민에게 직접 호소하려 할 것이다. 결국 제왕적 대통령이 군림하게 되거나 포퓰리즘이 의회 정치를 지배하게 되어, 의회가 행정부의 견제 역할을 제대로 할 수 없게 만든다. 세력 균형을 추구하는 정치 타협은 결국 의회주의를 실종시키고 만다.

국민 대표성을 복원하려면 대중 정당의 폐해부터 시정해야 한다. 우선 의원들을 정치적으로 자율적인 존재, 헌법적 독립 기관으로 복원해야 한다. 의원들을 정당 지도부로부터 자유롭게 하려면 하향식 공천제를 없애고 국민 경선제나 예비 투표제를 도입해야 한다. 선거구에서 스스로 정치 기반을 닦고 입후보할 수 있다면, 의원들은 당 지도부의 명령에 순순히 따르지는 않을 것이다. 그리고 다음 선거를 위해서라도 자신의 정치 소신을 적극 펼쳐 나갈 것이다.

정당의 당론이 국민 대표성을 온전히 담아 내려면 적어도 당론의 결정 주체가 국민의 대표여야 하고 강제성이 없어야 한다. 그러려면 원외 대표 체제를 종식시키고 강제적 당론을 폐지해야 한다. 최근에는 의원 총회를 거쳐 당론이 결정되고는 있지만, 당론 형성에 당 대표의 의견과 입장이 절대적인 영향력을 끼치고 있는 것도 사실이다.

원외 중심의 정당 체제가 존속하는 한 극한적인 정치 대립을 극복하기 어렵다. 상생의 정치를 회복하려면 원내 정당 체제로 이행하지 않으면 안 된다. 원내 정당 체제의 핵심은 정당 정치의 구심점을 원내로 복귀시키는 것이다. 그러려면 당원들이 직접 참여하여 선출하는 당 대표 체제와 강제적 당론 정치를 폐지해야 한다. 원외의 당 대표가 없어지면 국민의 대표들이 의회 정치의 중심에 서게 될 것이고, 강제적 당론이 폐지되면 의회는 설득의 장소로 바뀔 것이다. 설득의 장소에서는 몸의 정치보다는 말의 정치가 앞서고, 뜨거운 감정보다는 차가운 이성이 지배할 것이다. 의회 민주주의의 본령이 여기에 있다.

상생의 길을 찾아서

원외 대표 체제를 없애고, 강제적 당론을 폐지하고, 상향식 공천제로 바꾸면 당 기율이 약화되어 원내 정당 체제가 구축될 수 있다. 원내 정당 체제가 구축되면, 의회의 본질적인 심의 기능이 되살아날 것이다. 의회가 심의를 거쳐 합의안을 만들 수 있다면, 그러한 합의안은 어느 정당만의 법안이 아니라 모든 정당의 법안이 될 것이다. 그러면 의회는 대통령을 비롯한 행정부를 효과적으로 견제할 수 있게 된다. 원내 정당 체제를 구축하여 의원들을 독립적인 헌법 기관으로 재탄생시킬 때 비로소 국회는 심의 기관으로 역할을 다 할 수 있을 것이다. 이것은 의회 민주주의로 가기 위한 최소한의 조치이다. 헌법 개정을 하지 않아도 가능한 사항들이다.

이 밖에 헌법 개정이나 법률 개정이 필요한 사항도 있다. 우리 권력 조직에서 대통령제와는 맞지 않는 내각제의 요소를 척결하여 행정부와 입법부의 권력 분립을 명료하게 할 필요가 있다. 그러기 위해서 국회의원의 장관 겸직을 금지하고, 행정부의 법안 제출권을 폐지하고,

국정 감사 제도 및 국회의 장관 해임 건의권을 폐지해야 한다. 비례 대표제를 폐지하고 국회의원의 임기를 단축하여 국민 대표성을 복원하고 의원의 국민반응성responsiveness을 높여야 한다. 다수결제로 국회를 운영하여 상임 위원장 자리를 두고 개원 협상을 하거나 임시 의회 소집을 협상 의제로 삼지 못하게 해야 한다. 국회의 일정은 국회법에 정해진 대로 자동적으로 소화되어야 한다.

의회 민주주의가 완성되면 대통령의 제왕적 권력은 약화되고 의회의 대정부 견제 기능이 되살아날 것이다. 더불어 대통령 임기도 중임제로 바꾸고, 국무총리와 국무 회의를 폐지하고 부통령제를 신설하면, 삼권 분립의 정치 제도는 더욱 정교해질 것이다.

이런 추가 개혁은 장기간에 걸쳐 실현될 수밖에 없다. 그러나 원외 대표 체제를 없애고, 강제적 당론을 폐지하고, 상향식 공천제로 바꾸는 것은 정당들의 자기 변신만으로도 가능하다. 이것만으로도 동맥 경화증에 걸려 있는 우리 정당 정치가 활기찬 의회 민주주의로 발걸음을 떼는 데 충분하다. 무엇보다도 먼저 의회의 심의 기능이 되살아날 것이기 때문이다. 의회가 심의 기관으로 작동하기 시작하면, 다른 많은 정치 개혁 과제들은 탄력을 받을 것이고, 그동안 극단적인 대결주의로 물들었던 의원 문화도 점차 상생 정치를 할 수 있는 유연한 의원 문화로 바꾸어 갈 것이다.

대결적이고 수직적인 의원 문화를 가지고 있는 우리에게는 낯설지만, 의회 민주주의가 성숙한 의회에서는 협조적이고 수평적인 의원 문화를 찾아볼 수 있다. 생산적인 정치의 원동력인 의원 문화는 다음과 같은 불문율informal rule로 자리 잡고 있는 것이다(Mattthews, 1960). 예를 들어, 초선 의원들은 일종의 견습을 거쳐야 한다는 규범apprenticeship rule, 상임 위원회에서 다수당의 최고참 의원을 위원장으로 선임하는 규범seniority rule, 입법 업무에 전념해야 한다는 규범the rule of legislative work, 모든 입법 사안에 관여하지 말고 몇몇 사안에 전문으로 특화해야 한다는 규범specialization rule, 상대 의원에게 예의를 갖추어야 한다는 규범courtesy rule, 다른 의원에게 도움을 받으면 되갚아야 한다는 규범reciprocity rule 및 의회에 애정을 보여야 한다는 규범institutional patriotism 등이다. 이와 같은 불문율은 의회의 심의 기능을 추동할 수 있고 의원들이 서로 상생의 정치를 할 수 있도록 만드는 사회 자본인 셈이다.

우리 의회에는 이와 같이 상생의 의원 문화가 아닌, 지시와 복종과 같은 투쟁적이고 수직적인 불문율이 발전되어 있다. 그래서 상호 존중보다는 상호 비방이 지배하고 있고, 자당의 비행에 대한 반성은 없고 언제나 상대 당에 대해 각을 세우고 있다. 자당의 위계질서에 묶여 행동할 수밖에 없으므로, 상대 당 의원들과 수평적인 신뢰 관계를 맺을수 없다. 그렇지만 원내 정당 요소를 확충하여 의회 민주주의를 발전시켜 간다면, 선진형의 수평적인 불문율이 발전하고 상생의 의회 문화도 싹틀 것이다.

심의와 합의의 의원 문화가 성숙해 갈수록, 국민의 대표들은 헌법에 규정된 대로 '국가 이익'을 위해서 '양심에 따라' 자율적으로 정치 활동을 할 수 있을 것이다. 국민의 대표가 정당 이익보다는 국가 이익을 앞세우고 정치 활동을 하게 된다면, 정치 질서의 절차적 공정성이 더욱 높아져 정치 사회에서 실질적인 헌법적 가치가 더욱 안정적으로 실현될 것이다. 국민이면 누구나 생명, 자유 및 재산에 대한 기본권을 충분히 누리고, 모든 분야에서 균등한 기회를 의미 있게 누리며, 암울한 인생 시기에는 사회 안전망의 혜택을 아쉬움 없이 누릴 수 있게 될 것이다. 정치 질서의 절차적 공정성은 정치 질서의 실질적 공정성을 충분히 담보할 것이기 때문이다.

Public Administration

"거의 모든 나라에서 여간해서는 근절되지 않는 문제가 행정 부패다. 스포츠에서 모든 선수들이 지켜야 할 '경기 규칙'을 어기는 '반칙'이나 마찬가지인 부패는 공정성의 근본인 기회균등을 뿌리부터 흔드는 것이다."

5장

개인과 공익의
조화가 중요하다

조선 시대에 관리를 뽑던 방법은 유학과 시문 등 인문학적 소양을 중시한 과거 시험이었다. 일제 강점기에 유럽식 법률 중심 사고방식을 적용한 고시 제도가 도입되었고, 이 제도를 바탕으로 뿌리 내리기 시작한 실적제와 직업 공무원제는 현재까지 이어지면서 우리나라 공무원 제도의 기본 틀을 형성 해 왔다. 그러나 이 제도의 한계에 대한 논란이 끊임없이 제기되어 온 것 또 한 사실이다.

먼저, 필기시험을 통한 선별이 과연 공직 수행에 필요한 능력을 올바르게 평가할 수 있는 것인가라는 문제 제기다. 오랜 기간 논의와 시행을 거쳐 현 재 운용되고 있는 고시 과목 자체에는 논란의 여지가 별로 없다. 초급 간부 직에 해당하는 5급 공무원의 고시 과목에는 일반 행정직 외에 외무직, 재경 직, 기술직 등으로 세분하여 채용 후 담당하게 될 직종별 전문성도 반영하 고 있다. 그러나 필기시험 위주의 능력 평가 방법이 과연 타당하고 신뢰할 만한가에 대한 논란은 지속되고 있다. 더욱이 학교가 아닌 '고시촌'에서 수 년씩 원론 수준의 교과서를 암기하느라 애쓰는 젊은 인재들을 좀 더 유익하 게 활용해야 한다는 인력 정책 차원에서의 합당한 문제 제기도 있다.

시험에 의한 공채 제도의 한계를 해소하기 위한 방안의 하나로 특별 채용('특채') 제도도 병행되고 있다. 특정한 직위에 '우수 전문 인력' 또는 '유경험자'를 채용하기 위해 국가공무원법 등에 마련된 제도다.

과거 제도의 전통이 있는 우리나라와 일본 등을 제외하면, 선진국 가운데 시험을 통해 공무원을 채용하는 나라는 찾아보기 어렵다. 대개는 전문 지식을 쌓을 수 있는 전문 교육 과정 이수 여부와 실무 경험에 비중을 두어 채용한다. 이 방법이 소수 과목에 대한 암기력 위주의 필기시험을 통한 선별 방식보다 훨씬 더 적실할 것임에 틀림없다.

문제는 우리나라에서 이 방법을 확대 적용하려면 공정성의 논란을 완벽하게 극복할 수 있어야 한다는 점이다. 우선, (대개 대학원 수준을 의미하는) 전문 교육을 받고 실무 경험을 쌓는 과정에서 누구에게나 기회균등의 원리가 적용된다는 국민적 신뢰가 있어야 한다. 또한, 조건이 비슷한 후보자 가운데 선정하는 과정에서도 공정성 문제가 제기될 수 있다. 후보자의 소위 '연줄'이 결과에 영향을 미칠 수 있는 상황이라면 더욱 그러하다. 반대로 전·현직 공직자의 가족이라고 해서 특채에서 제외되거나 불리한 상황이 발생하는 경우에 '역차별' 논란이 야기될 수도 있다.

왜 공익이 중요한가

우리나라 사람 4명 가운데 3명이 우리 사회를 '불공정하다'고 여긴다는 여론 조사 결과가 있다(중앙일보, 2010. 9. 23.). 이를 두고 우리나라가 다른 나라에 비해 또는 우리나라의 발전 과정에서 특히 지금이 더 불공정하다고 할 수는 없다. 주관적 인식과 객관적 사실 간에 차이가 있을 수도 있고, 공정성에 대한 판단 기준이 사람마다 다를 수 있기 때문이기도 하다.

요즈음 우리 사회 전반에서 공정성 담론이 전개되고 있는 것은 바람직하다. 20세기 중반에 이르러 역사상 처음으로 자유 민주주의 국가를 건설하고 산업화와 민주화를 이루어 낸 데 이어, 이제 바야흐로 공정한 사회 구현에 시동을 걸기 시작했다는 것을 의미하기 때문이다. 60여 년이라는 짧은 기간에 국권을 회복하여 나라를 세우고, 산업화를 통해 경제 규모를 키우고, 민주화에 의해 그것을 배분하는 절차를 마련했다면, 이제 어떻게 나누며 살아갈 것인가 하는 문제에 관심을 돌리게 된 것이다. 이러한 시대적 의의를 지닌 공정성 담론이 각 정책 영역별로 확산되어 보다 구체적이고 실현 가능한 공정성의 잣대를 세우고 실천에 옮기는 노력으로 이어져야 할 것이다.

공정한 사회를 논하는 데 행정의 문제를 빼놓을 수는 없다. 어느 나라에서든 행정은 가장 큰 조직체로 제도화되어 있으면서 국민의 삶에 가장 큰 영향을 미치고 있다. 전체 취업 인구의 약 7%가 공공 부문에서 종사하고 있으며, 이 가운데 정규직 공무원만으로도 4%에 달한다(OECD, Government at a Glance, 2009). 경제 규모면에서는 더욱 비중이 커서, 우리나라의 경우 국내총생산량GDP의 약 1/3을 차지한다. 또 행정은 인허가를 비롯한 정부 규제나 행정 지도 등 다양한 정책 수단으로 국민들 삶에 커다란 영향을 끼친다. 필요한 경우에는 국민에게 물리적 공권력까지 행사할 수 있는 유일한 조직체다. 규모와 권력에서 지고의 영향력을 행사하는 행정이야말로 공정 사회 구현의 관건이 아닐 수 없다.

행정에서의 공정성에 대해 논의하기에 앞서 행정의 개념부터 정의해 보기로 한다. 여기서 행정이란 국가 행정을 의미한다. 그런데 서구 나라들과는 달리 동아시아의 한·중·일 세 나라에서는 국가國家라는 용어를 나라country와 '국가the state'의 뜻으로 구분 없이 쓰는 경향이 있다. 나라는 국민, 주권, 영토의 세 가지 핵심 요소를 포함하는 넓은 의미의 국가다. 한편 '국가'는 그 나라에 속해 있는 국민 모두에게 유일하게 합법적으로 공권력을 행사할 수 있는 제도적 장치들의 집합을 의미하며, 흔히 공공 부문 또는 정부로 일컬어진다. 넓은 의미의 국가는 좁은 의미의 '국가' 부문과 사회 부문으로 이루어진다. 사회 부문은 이익 추구를 목적으로 작동하는 시장과 공통된 가치 추구를 목적으로 연대하여 작동하는 시민 사회 공동체로 구분하기도 한다.

'국가'는 공익public interest을 도모하기 위해 다양한 정책 수단으로 시장과 시민 사회 공동체에 크고 작은 영향을 미친다. 그런데 '국가'가 공익을 위해 정책을 수행한다 해도, 그것은 대개 불가피하게 사회 구성원들 간에 서로 다른 편익과 비용을 가져다준다. 이 때문에 공정성의 문제가 발생하고 공공 갈등이 야기되어 정책에 대한 국민의 자발적 순응(즉, 정당성) 정도에도 차이가 발생할 수 있다.

이 글에서는 '국가' 자체를 구성하고 운영하는 일, 즉 행정 관리에서 제기될 수 있는 공정성의 문제에 대해 살펴보고자 한다. '국가' 행정의 역할 설정과 구조의 조직화, 인적 및 물적 자원의 동원과 배분, 그리고 정책 결정 과정에서 논의되어야 할 공정성의 문제가 그것이다.

2
가치를 배분하는 기준은?

행정의 가치 기준, 공익

　모든 사람이 수긍할 수 있는 공정한 행정에 대한 보편적인 기준이 있는가? 있다면 그 기준이 무엇이며, 그것을 어떻게 찾아낼 수 있는가?

　이 고전적인 질문에 수많은 철학자들이 고민하여 나름대로 해답을 내놓았지만, 시대와 장소를 넘는 보편적이고 객관적인 공정성의 기준은 아직 존재하지 않는다. 다만, 공정성과 관련해서 다음과 같은 몇 가지 공통된 견해가 있을 뿐이다(정용덕, 1982).

　첫째, 공정성 논의에서 늘 제시되는 몇 가지 핵심 가치가 있다. 경제적 가치는 물론, 정책 결정 과정에 참여할 수 있는 기회나 직위의 획득, 그리고 최근에는 집단의 정체성에 대한 인정認定 같은 정치사회적 가치 등이 포함된다. 공정성이란 이 가치들의 배분에 관한 판단 기준이다. 기회의 평등, 결과의 평등, '필요needs'에 따른 배분 또는 무작위적인 배분을 지향할 것인가 하는 것이다(Jung and Siegel, 1983). 이 가운데 어느 것이 공정한가에 대한 보편적 판단 기준은 없다. 정치 이데올로기에 따라 엇갈린 주장이 제시될 뿐이다.

둘째, 보편적 판단 기준은 없지만, 특정 시기에 특정 장소에서 대다수 구성원들이 수긍하거나 합의하는 기준은 있을 수 있고, 또 있어야 한다. 어느 정도 자리가 잡힌 공동체라면 구성원들이 수긍하는 나름의 공정성에 대한 기준이 대개 문화culture 형태로 형성되어 있기 마련이며, 이것은 객관적으로 확인할 수 있다.

셋째, 한 공동체에 문화의 형태로 존재하는 공정성의 기준은 쉽게 바뀌지 않는다. 새로운 공정성의 기준이 유입되면 기존의 기준과 충돌할 수 있다. 짧은 기간에 인위적으로 큰 변화를 추구할 경우, 그만큼 큰 폭의 갈등과 혼란이 초래된다.

개인의 자유와 기회균등

행정을 수행하는 데 가장 중요한 가치 기준은 공익이라고 할 수 있다. 문제는 이 개념의 구체적 의미가 모호하다는 것이다. 헌법 재판소는 최근 인터넷 유언비어 처벌의 근거가 되어 온 전기통신법의 "공익을 해칠 목적으로 허위의 통신을 하면 처벌한다"는 조항을 위헌으로 결정했다. 여기서 "공익의 의미가 모호하다"는 것이 그 이유였다.

이런 문제를 극복하기 위해 학자들은 행정에서 추구해야 할 이념으로 민주성, 합법성, 효율성, 효과성, 형평성equity 등을 제시한다. 행정이 지향해야 할 정책 가치로 효과성, 효율성, 충족성, 형평성, 대응성, 적합성 등을 들기도 한다. 그런데 이 가치 기준들 사이에도 역관계 또는 충돌trade-offs이 발생한다(Okun, 1975).

각 나라들은 그때그때 처한 상황에 따라 우선순위를 두지만, 위에서 제시한 가치들은 모두 중요하므로 가능한 한 고르게 추구하려고 노력하는 것이 바람직하다. 최근 국제 연합UN을 비롯한 많은 국제기구들이 개발도상국의 행정 발전을 위해 처방하는 내용도 이 점을 강조하고 있다. 법의 지배, 효과성 및 효율성, 책임성, 투명성, 대응성, 참여, 합의 지향, 형평성 및 포용성의 동시 추구를 권장하는 것이다(Jung, 2010).

행정에서의 공정성 기준

공익에 비하면 좀 더 구체화된 편이지만, 여러 정책 가치들도 여전히 추상적이고 합의에 이르기가 쉽지 않다. 구성원 간에 편익이나 비용을 배분하기 위한 가치 기준이 특히 그렇다. 학자들은 이 기준을 '형평성', '배분적 정의distributive justice', '공정성fairness' 등의 개념을 통해 구체적으로 설정해 보려고 노력해 왔다.

자유주의와 공동체주의를 중심으로 20세기 중반 이후 약 반세기에 걸쳐 전개된 공정성 담론의 흐름을 짚어 보자. 자유주의자들은 공동체를 구성하는 개인이 자기 이익을 감안하여 자유롭게 합의함으로써 공정성의 기준이 설정된다고 한다. 반면, 공동체주의자들은 개인이 속해 있는 공동체 전체의 이익, 즉 공동선common good의 본질을 모색함으로써 공정성 기준이 설정된다고 주장한다.

흥미로운 것은 롤스든 노직이든 자유주의 진영의 이론가들은 '개인의 자유'와 '기회균등'을 기본 원칙으로 삼고 있다는 점이다. 노직을 비롯한 자유지상주의자들이 주장하는 것처럼 개인이 처한 여건을 주어진 것으로 받아들이면서 기회균등 원리에 따를 것인가, 아니면 롤스를 비롯한 자유주의자들이 주장하는 것처럼 현재 가장 불리한 여건에 놓인 사람들에게 유리하도록 차등의 배분 원칙을 따를 것인가를 둘러싼 우파와 좌파 간의 견해 차이가 있을 뿐이다.

행정 문화의 네 가지 유형

앞에서 지적한 것처럼 나라나 시대에 따라 우선순위에서 변화가 있을 수 있지만, 그런 가운데서도 각 나라의 행정에서 중심이 되는 가치 기준은 있는 법이다. 이것은 오랜 시간을 거쳐 체질화되어 대개 행정 문화 형태로 존재한다. 그리고 이 행정 문화에 부합하는 독특한 행정 관리 방식이 운영되고 제도화된다.

행정 문화 분야의 세계적 이론가인 미국 캘리포니아대 월답스키Wildavsky, et al(1990) 교수와 영국 옥스퍼드대 후드Hood(1998) 교수는 각 나라나 공동체에 배태imbedded되어 있는 행정 문화를 크게 계서주의, 개인주의, 운명주의, 평등주의 네 가지 유형으로 구분한다. 유형별로 각

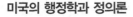

미국의 행정학과 정의론

미국에서 1960대부터 1970년대 전반에 이르는 시기에 일군의 소장 행정학자들이 행정에서 형평성을 강조해야 한다는 주장과 함께 이른바 '신행정학New Public Administration'을 주창하고 나섰다. 이 시기에 미국은 최초로 달나라에 유인 우주선을 쏘아 올리는 등 과학 기술 면에서나 물질적으로나 세계에서 가장 풍요로웠다. 그러나 이 무렵에 나온 〈졸업The Graduate〉이라는 영화의 주인공처럼 많은 젊은이들이 정신적으로 방황하던 때이기도 했다. 신행정학자들은 미국의 행정과 행정학이 너무 효율성만 강조한다고 자성하며 형평성을 중요한 가치 기준으로 삼아야 한다고 주장하고 나선 것이다. 이들이 마침 그 무렵에 《정의론》을 저술한 하버드대 정치철학자 롤스John Rawls(1971)에게서 형평성의 기준을 찾고자 한 것은 매우 자연스러운 일이다.

잘 알려진 것처럼, 롤스는 모든 구성원들에게 개인적 자유가 평등하게 주어져야 한다는 '평등한 자유의 원칙'을 제1의 원칙으로 삼는다. 이어서 기회균등의 원리가 부여되어야 한다는 '공정한 기회균등'의 원칙과, 여기에 더하여 사회적으로 가장 불리한 사람들에게 가장 많은 편익이 부여될 수 있는 '차등의 원칙'이 충족되는 경우에 한해 불평등이 허용될 수 있다는 주장을 편다.

그러나 롤스의 정의론에 부합하는 평등 지향의 행정은 1970년대 중반에 이르러 미국 경제의 침체와 더불어 쇠퇴하기 시작했다. 그 대신에 롤스의 동료 교수인 노직Robert Nozick(1974)의 정의론이 주목을 받기에 이른다. 이 시기에 행정학에서도 형평성을 강조하는 신행정학파가 쇠퇴하고, 대신에 효율성을 강조하는 '공공선택Public Choice'학파가 빛을 보기 시작한다. 2009년에 노벨상을 받은 엘리너와 그 남편인 빈센트 오스트롬Elinor and Vincent Ostrom의 연구가 주목받기 시작한 것이다.

롤스의 책 제목이 암시하듯이, 그의 주장은 어디까지나 여러 학설 가운데 '한 가지' 정의론A Theory of Justice일 뿐이지 '보편타당한' 정의론The Theory of Justice은 아님을 알 수 있다.

각 특유의 행정 관리 양식이 발전했는데, 계서주의 문화에 관료제형 행정, 개인주의 문화에 시장형 행정, 운명주의 문화에 무작위형 행정, 그리고 평등주의 문화에 참여형 행정이 그것이다.

계서주의 문화에서 행정 관리자들은 강한 조직 응집력을 바탕으로 정밀하게 설계된 규칙과 절차에 따르는 것을 정당하게 받아들인다. 그것이 행정에서 효율성과 공정성을 극대화한다고 믿기 때문이다. 이 문화에 부합하는 행정 관리의 특성은 '규칙과 감독'이다.

개인주의 문화가 지배적인 나라에서는 경쟁과 타협 그리고 그 결과에 대한 승복을 중시한다. 균등한 기회를 보장하며 자유로운 경쟁과 타협의 원리에 의해 작동하는 시장이야말로 가장 합리적인 사회 제도라고 여겨, 행정에서도 자기 이익을 추구하는 개인들의 합리적 선택 행위를 활용한다. 이러한 행정 관리의 특성은 '자유 경쟁'이다.

평등주의 문화의 구성원들은 외부와는 엄격하게 구분하지만 내적으로는 강력한 연대 형성을 중시한다. 내부의 운영 규칙과 절차는 모든 구성원들이 참여하여 사안별로 논의하고 결정한다. '연대와 참여'에 의한 행정 관리로 축약할 수 있다.

운명주의 문화에서 구성원들은 길흉화복이 자기 능력 밖의 어떤 힘에 의해 결정된다고 믿어, 행정 현상도 예측 불가능하고 무질서하며 혼란스러운 것으로 간주한다. 이런 상황에서 구성원들은 차라리 무작위적 random이고 기회주의적인 방식을 선호하는 경향이 나타나, '의도된 무작위'의 행정 관리라고 할 수 있다. 계서주의 문화와 관료제형 행정은 19세기 서구 근대화와 더불어 발전하여 전 세계로 확산되었다. 그런데 20세기 말에 이르러 이에 대한 비판이 제기되었다. 급속한 사회 변화에 대응하기에는 한계가 있다는 것이었다. 1980년대를 전후해서 OECD 회원국, 특히 앵글로 아메리칸 국가들을 중심으로 개인주의 문화에 입각한 시장형 행정을 도입하려는 노력이 경주되었다. 행정에서 자유로운 경쟁이 이루어지도록 독점적 요소들을 없애고, 보상과 유인 체계를 개선하여 공공 서비스의 질과 성과를 모두 높이려고 시도한 것이다.

여전히 '국가' 수준의 행정 관리는 관료제형이 중심이 되고 있다. 운에 맡겨 추첨한다거나, 복잡한 공공 문제들을 모든 구성원이 직접 참여하여 결정한다거나, 자유 경쟁 원리를 전적으로 적용하는 데에는 각각 일정한 한계가 있기 때문이다. 대부분 나라들은 관료제형 행정의 결함을 보완하기 위해 다른 방식들을 절충하려고 노력한다. 이 과정에서 다음 두 가지 사항을 유의할 필요가 있다.

첫째, 관료제형 행정에서는 전문성에 근거한 배분을, 시장형 행정에서는 자유 경쟁에 따른 배분을, 무작위형 행정에서는 추첨에 의한 배분을 각각 지향하되, 그 바탕에는 모두 기회균등을 원칙으로 삼고 있다. 다만 평등주의 문화에 따른 참여형 행정은 다소 모호하지만, 여기서 강조되는 것이 참여 기회의 평등이라고 할 때, 구성원들이 그것을 통해 결과의 평등을 합의할 가능성은 적어 보인다.

둘째, 네 가지 문화와 행정 관리 방식은 각각 나름대로 효율성과 공정성을 확보하는 내재 원리를 담고 있어, 각 문화 유형에 이질적인 행정 관리 방식을 적용할 경우 내적 모순과 갈등이 발생할 수 있다. 그 나라 문화에 부합하는 행정 관리 방식을 중심으로 하되, 부분적으로 다른 문화와 행정 관리 방식들을 적절하게 더해 행정 관리에서 효율성과 공정성을 높일 수 있는 방안을 모색해야 한다.

3

무사안일, 철밥통을 깨라

국민 참여 기회를 배분하다

이제 우리나라 행정에서 제기되는 주요 쟁점 가운데 몇 가지를 골라 공정성의 구현 방법을 논의해 보자. 크게 정책 결정 과정에 관한 사안과 공직자 인사 및 행동 규범에 관한 사안으로 나눌 수 있다.

서구 선진 국가들은 근대화 과정에서 국정 운영을 이원화하는 방식을 제도화했다. 정책 결정은 대의 민주제 방식에 따라, 정책 집행은 관료제 방식에 따라 각각 이루어지도록 한 것이다. 이른바 '정치행정이원론'의 원리에 따른 것이다.

역사 발전 단계가 서로 다른 유럽 대륙과 북미 대륙 모두에서 공통적으로 이 방식이 적용되었다. 독일은 관료제형 행정이 먼저 발전했으나 그것이 민주주의를 저해할 우려가 있다고 보아 대의 민주제 정치에 행정이 통제되도록 했다. 미국은 절대 군주제를 거치지 않고 건국과 더불어 곧바로 대의 민주제가 발전했다. 그러나 19세기 말에 이르러 복잡해진 공공 문제들을 더 이상 대의 민주제 방식으로만 해결하기 어려워지자, 관료제형 행정을 구축하기 시작했다. 이렇게 정립된 정치(정책 결정)와 행정(정책 집행)의 분업 체계는 20세기 중반 이후 거의 모든 민주주의 국가들로 확산되었다.

그런데 이 방식을 운영하는 과정에서 이론적으로나 실제적으로 적지 않은 문제가 제기되었다. 이론적으로는 다수결에 의한 대의 민주제가 과연 진정한 민주주의인가라는 문제 제기가 애초부터 있었다. 현실적으로도 산업화와 도시화 그리고 최근에 이르러 전지구화 등이 심화되면서 공공 문제들이 한층 복잡해지자, 정책의 집행은 물론 결정 과정에까지 행정의 영향력이 점차 확대되었다.

행정 과정에 국민들이 직접 참여해야 한다는 주장이 대두되어, '정책공동체', '정책연결망' 등 다양한 형태의 시민 참여나 심의 방식들이 제도화되고 있다. 우리나라에서도 1987년 민주화 이후 시민 참여가 활성화되고 있다. 노동자, 경영자, 정부의 '삼자협상체계tripartite system'인 노사정위원회가 있고, 최근에는 각 부처별로 공공 갈등 해소를 촉진하기 위해 이해 당사들이 참여하는 '갈등관리심의위원회'와 '사안별 갈등조정협의회'를 설치한 것이 좋은 예이다. 이처럼 행정 의사 결정에 시민들이 참여할 경우에 그 참여 기회의 배분에 관해 다음과 같은 공정성 문제가 제기될 수 있다.

첫째, 공적 심의 과정에서 그 결정에 영향을 받게 될 개인이나 집단을 고르게 참여시키는 것이 공정하다고 주장할 수 있다. 동등한 투표권을 부여하는 대의 민주주의 원리를 행정에도 적용해야 한다는 논리이다. 우리나라에서도 직능, 연령, 지역, 성별 대표성이나 장애인 등 '소수자 집단'에 참여 기회를 주는 경향이 늘고 있다.

둘째, 공동선의 본질을 추구하기 위한 참여 기회를 제공해야 한다는 주장도 있을 수 있다. 이해관계에 있는 개인이나 집단에게 행정 과정에 참여할 기회를 줄 경우, 다양한 개인과 집단의 선호가 행정에 고르게 반영되어 다원주의의 순기능을 기대할 수 있다. 그런데 한 걸음 더 나아가, 공동체 전체의 이익을 모색하고 그것을 정책에 반영하려고 노력하는 개인이나 집단의 대표들 또한 참여시켜야 한다는 주장이 있을 수 있다. 행정이 높은 국민적 신뢰를 쌓아 왔다면 이 역할을 해당 행정 조직이나 관리자가 직접 수행할 수 있을 것이다. 그렇지 않으면, 개인이나 집단의 사적 이익이나 파당적인 이데올로기를 초월하면서 해당 사안에 관한 전문성을 갖춘 제3의 양식 있는 인물이나 집단의 대표에게 참여 기회를 줄 수도 있다.

공정의 뿌리를 흔드는 '부패'

공정한 행정을 구현하는 데 갖추어야 할 기본 요건 가운데 하나가 행정 부패 근절이다. 나라마다 차이는 있지만, 거의 모든 나라에서 여간해서는 근절되지 않는 문제가 행정 부패다. 스포츠에서 모든 선수들이 지켜야 할 '경기 규칙game rule'을 어기는 '반칙'이나 마찬가지인 부패는 공정성의 근본인 기회균등을 뿌리부터 흔드는 것이다.

행정 부패를 방지하려면 먼저 국회의 행정 감독 기능이 활성화되어야 한다. 국정 감사는 우리나라에만 있는 행정 감독 방식으로, 폐지해야 한다는 주장도 있다. 그러나 대부분 나라에서 의회 산하 또는 제4부 형태로 설치되어 있는 것과는 달리, 감사원은 대통령 직속이면서 대통령의 행정 리더십을 보좌하는 기능도 수행하는 것을 감안하면, 국정 감사 제도를 유지할 명분이 있는 셈이다.

민주화 이후 행정의 투명성을 제고하기 위한 다양한 제도적 장치들이 지속적으로 마련되었다. 금융 실명제(1993년), 행정절차법(1996년),

한국에서의 행정 부패에 대한 인식

국민의 약 30%가 "부정부패로 피해를 본적이 있다"고 응답했다는 설문 조사 결과가 있다(조선일보, 2011.1.4.).

"업무 처리 시에 금품을 제공했는가"라는 질문에 응답자의 47%가 "보편적인 현상"이라고 답했다. 부정부패로 인한 사회 문제의 심각성에 대해 42%가 "심각하다"고 응답했다. 직업 유형별로는 "공직 분야"(37%)가 가장 심각하고, 공직 유형별로는 "정치인"(79%), "고위 공직자"(66%) 순으로 심각하다고 응답했다. 다만, 전년도(2008년)에 비해 대다수(82%)의 응답자가 "나아졌다"고 답변했다(한국 행정연구원 연구보고서, 2009-15).

국제투명성기구의 부패인식지수CPI 평가 결과에 따르면, 우리나라는 절대치 면에서 10점 만점에 4점대에서, 2000년대 후반부터는 5점대 수준으로 향상되었다. 그러나 다른 나라와 비교해 보면, 100여 개국 가운데 40위 수준에 머물러 국민 경제 규모(약 13위)에 비해 상대적으로 낙후된 상태이다(국제투명성기구 (Transparency International, 2010. Global Corruption Report, www.transparency.org)).

정보공개법(1996년)을 제도화한 것이다. 2001년에 제정된 '공직자윤리법'에 따라 공직자의 재산 등록 제도가 뿌리 내렸고, 퇴직 후 '이익 충돌conflict of interest'의 여지가 있는 자리에는 취업을 제한하는 제도도 실시되고 있다. 최근 세계 최고 수준의 전자 정부 시스템을 갖춘 것도 행정의 투명성을 높이는 데 크게 기여하고 있다. 더 나아가 공직자들이 책임 있는 정책 수행을 하도록 유도하기 위해 '정책실명제'를 도입해야 한다는 주장도 꾸준히 제기되고 있다. 근본적으로는 근대 관료제의 '탈사인성impersonality' 원리가 자리 잡히기 위한 의식 개혁이 필요하다.

관료제형의 접근 방법에 따라 행정 부패를 좀 더 효과적으로 해소하려면 법 규정을 보다 명확하게 설정하고 법 집행을 보다 엄격하게 할 필요가 있다. 여기에 다른 문화 유형의 행정 관리 방식들을 혼합 적용하여 시너지 효과를 창출하는 것도 가능하다.

우선, 관료제형과 참여형 행정 관리 방식을 혼합하여, 계서제 원리에 따른 조직에서 구성원의 하의상달을 격려하는 리더십을 들 수 있다. 문제의식을 지닌 구성원의 '내부고발whistle-blowing'이 발생할 경우, 이른바 '동료 집단 감독'의 일환으로 조직 발전에 활용하려는 적극적인 리더십도 필요하다.

관료제형과 시장형을 혼합하여, 조직별 감사 결과 순위를 공개하고 보상 체계를 만들어 경쟁을 유도할 수 있다. 감독자와 피감독자의 책임 범위를 엄격하게 정립하여 계약을 체결하고, 그 성과에 따라 책임을 묻는 성과주의 방식의 적용도 필요하다.

관료제형과 무작위형 행정을 혼합하여 무작위로 불시에 단속하는 방법도 있다. 인력과 예산이 부족하여 '감사의 사각지대'가 있다는 감사원의 오래된 애로 사항도 이 방식을 적용하면 해결 가능성이 커진다. 무작위로 선정한 행정 기관을 철저히 감사하고 '일벌백계' 식으로 처벌하여 효과를 극대화하는 것이다. 반면 이 방식을 그릇되게 적용하면 행정의 공정성을 크게 해칠 수도 있다.

누구를 어떻게 뽑을까?

근대적인 국정 운영 방식은 정치와 행정의 이원화를 근간으로 하고 있다. 정치는 가치 판단을 요하는 정책 결정을 담당하고, 행정은 객관성과 합리성을 바탕으로 정책 집행을 수행한다. 각 기능을 담당하는 인력의 채용 방식도 서로 다른 방식으로 제도화되었다. 정치를 담당할 인사들은 국민이 직접 선출하여 유권자들이 지향하는 가치를 정책 결정에 반영하도록 하고, 행정을 담당할 인사들은 행정 업무를 수행하는 데 필요한 기본 능력을 갖추었는지 여부를 객관적으로 평가하여 채용한다. 논리적으로 합당해 보이는 이 원칙을 실제로 적용하는 과정에서 공정성과 관련하여 다양한 논란이 야기될 수 있다.

행정 업무 수행에 필요한 기본 능력이 무엇인가에 대해서는 나라별로 차이가 있다. 영국에서는 문학, 역사, 철학 등 인문적 소양을 중시한다. 미국에서는 구체적으로 세분화된 전문 지식을 중시한다. 독일 등의 유럽 대륙 국가들은 법률을 전공한 사람들을 중시하는 전통이 있다.

우리나라의 경우, 일제 강점기에 유럽식 법률 중심 사고방식을 적용한 고시 제도가 도입되어 1950년대 말까지 이어졌다. 1960년대 초에 법률 과목의 비중을 줄이고 경제학과 행정학을 비롯한 사회과학 및 관리과학을 가미한 고시 제도 개편이 이루어졌다. 1970년대 초부터는 법학, 사회과학, 관리과학 중심의 고시 제도에 의한 공개 채용('공채')을 본격적으로 확대하기 시작했다. 고시 제도를 바탕으로 한 실적제와 직업공무원제는 현재까지 이어지면서 우리나라 공무원 제도의 기본 틀을 형성해 왔다. 그러나 이 제도의 한계에 대한 논란이 끊임없이 제기되어 온 것 또한 사실이다.

먼저, 필기시험을 통한 선별이 과연 공직 수행에 필요한 능력을 올바르게 평가할 수 있는 것인가 하는 문제 제기다. '고시촌'에서 수년씩 원론 수준의 교과서를 암기하느라 애쓰는 젊은 인재들을 좀 더 유익하게 활용해야 한다는 지적도 있다. 이런 한계를 해소하기 위해 특별 채용('특채') 제도가 병행되고 있는데, 2009년에는 일반직 공무원 3명 가운데 1명이 이 방식으로 채용되었다.

과거 제도의 전통이 있는 우리나라와 일본 등을 제외한 선진국에서는 공무원 채용 시 대개 전문 교육 과정 이수 여부와 실무 경험에 비중을 둔다. 우리나라에서 이 방법을 확대 적용하려면 공정성의 논란을 완벽하게 극복할 수 있어야 한다. 우선, 전문 교육을 받고 실무 경험을 쌓는 과정에서 기회균등의 원리가 적용된다는 국민적 신뢰가 있어야 한다. 선정 과정에서도 공정성 문제가 제기될 수 있다. 최근 몇몇 부처의 특채 과정에서 드러난 것처럼, 후보자의 '연줄'이 결과에 영향을 미칠 수 있는 상황이라면 더욱 그러하다. 반대로 전·현직 공직자의 가족이라고 해서 특채에서 제외된다면 '역차별' 논란이 야기될 수도 있다(Zembaty, 1987).

대표 관료제와 적극적 조치의 적용

공직자 채용 방식과 관련하여 서구에서 지속적으로 논란이 제기되어 온 것이 '적극적 조치affirmative action'이다. 미국은 공무원 채용에서 유색 인종이나 여성 등 '소수자minority'를 우대하고 있다. 우리나라는 국가 유공자, 장애인, 여성 등을 공직 채용에 우대하는 제도를 실시하고 있다. 저소득층, 지방 출신, 과학 기술 인력 등을 우대하는 조치도 부분적으로 실시하고 있다.

이런 조치의 명분 중 하나가 '보상'이다. 국가 유공자나 그 자손에게 보상해 주는 제도가 전형적인 예다. 유공자에게 보상하는 데 반대할 사람은 없겠지만, 공직 채용에서 우대해야 하는지에 대해서는 이론이 있을 수 있다. 유공자는 다른 방법으로 보상하고, 공직자는 능력 위주로 채용하는 것이 바람직하다는 것이다.

병역 의무 이행자를 공직 채용에 우대할 것인지 여부도 마찬가지 이유에서 논란이 될 수 있다. 더 나아가 병역은 남자라면 마땅히 수행해야 할 국민의 기본 의무에 해당한다는 공동체주의의 주장도 있을 수 있다(Sandel, 2009: 76-91). 여기서 기본 전제는 모든 남성들에게 병역 의무가 공정하게 부여되고 있다는 국민적 믿음이다.

장애인, 여성, 과학 기술자, 지방 출신 등에 대한 적극적 조치에 대해서는 좀 더 복잡한 논의가 필요하다. 이들이 사회에 기여했거나 피해를 받았는지 여부가 분명하지 않다면, 보상 개념을 적용할 수 없다. 대신 두 가지 명분을 고려해 볼 수 있다.

우선, 위의 사람들이 공직 채용 시험 등에서 불리한 사회적 여건에 처해 있는가 하는 점이다. 장애인은 교육 과정 이수와 시험 준비에서 비장애인보다 불리할 것이므로 이들을 우대해 격차를 시정하는 것이 공정하다고 주장할 수 있다. 다만, 그로 인해 행정 능력을 저해하게 되면 그 당사자를 포함한 국민 모두의 이익에 해가 될 수 있다는 점에서 반대가 있을 수 있다.

또한, 공직 채용에서 소수자에 대한 우대 조치는 행정과 사회 모두의 '다양성' 증진에 기여할 수 있다는 점에서 명분을 찾을 수 있다. 공직에 다양한 계층과 정체성을 지닌 사람들을 안배하면 나라 전체의 이익, 즉 공동선 증진에 도움이 될 수 있다는 주장이다. 이 주장을 소극적 및 적극적 의미의 '대표 관료제representative bureaucracy' 이론을 적용하여 좀 더 구체적으로 살펴보자.

먼저, 소극적 대표 관료제의 시각에서는 다양한 사회 계층에 고른 취업 기회를 줄 수 있다는 점에서 적극적 조치를 지지할 것이다. 공직은 훌륭한 취업 기회이며 이를 국민들에게 균등하게 배분하는 것이 바람직하다는 논리이다. 특히 사회적으로 불리한 위치에 있는 소수자 집단에 취업 기회를 배려하려면 영리 목적의 시장보다는 '국가'가 그 기능을 담당해야 한다는 주장이 힘을 보탠다.

그러나 이것은 공직을 취업 기회로만 간주한다는 점에서 반론에 부딪칠 수 있다. 공직은 공익 추구라는 본연의 기능(샌델의 용어로는 '사명mission')을 수행하는 것이므로 그 일에 적합한 능력을 지닌 사람들을 채용해야 한다는 주장이 가능하다. 행정의 수월성을 확보하여 (논란의 대상인 소수자 자신을 포함한) 모든 국민의 편익 증진에 공헌할 수 있도록 하는 것이 더 바람직하다는 것이다.

적극적 의미의 대표 관료제는 공직자들이 행정을 수행할 때 자신이 속한 사회 계층이나 집단의 가치관을 반영한다고 가정한다. 그러므로 공직에 다양한 사회 계층과 집단을 채용하여 행정과 사회의 다양성 증진에 적극 기여할 수 있도록 하자는 것이다. 행정과 사회의 다양성을 증진하는 것이 바람직하다는 데 동의하는 사람이라면 이 제안에 찬성할 것이다.

현재 우리나라 대법원과 헌법 재판소가 특정 대학 출신 남성으로 구성되어 있다는 언론의 비판은 이 논리에 근거한다(조선일보, 2011. 1. 19.; 한겨레신문, 2011. 1. 19.).

그러나 대법관이나 헌법 재판관이야말로 탈사인성을 바탕으로 모든 국민을 평등하고 보편적으로 대해야 하는 공직자의 전형으로, 선정 시 고려할 가장 중요한 기준은 법관으로서 법률 지식과 공평한 양식이어야 한다는 주장도 가능하다. 출신 성분 등에 따른 대표성은 본래 대의 민주주의를 반영하도록 되어 있는 의회에서 고려될 사항이라는 것이다.

개방형 인사, 정치적 중립의 중요성

공직자들은 인사이동, 처우, 행동 규범 등과 관련하여 여러 가지 공정성 문제가 제기될 수 있다. 공무원의 처우와 관련하여 관료제형과 시장형 행정 관리 사이에 시각 차이가 있다(Peters, 1996).

관료제형 행정에서는 직급과 근무 기간이 동일한 공직자에게 동일한 대우를 해 주는 것을 공정하다고 여긴다. '같은 것은 같게, 다른 것은 다르게' 대우한다는 보편성과 실적주의 원리를 적용하기 때문이다. 반면 시장형 행정에서 보면, 직급이나 연공서열에 따른 대우는 형식적인 실적주의에 지나지 않는다. 진정한 실적주의라면 업무의 난이도와 업적 등을 고려하여 성과급으로 지급해야 한다는 것이다.

근무 경력 10년째인 서기관급 공무원 두 사람 가운데 한 사람은 하루 8시간 동안 반복적이고 안정적인 업무를 하는 데 반해, 다른 사람은 거의 매일 12시간씩 그것도 긴급 상황에 대비해야 하거나 위험이 따르는 업무를 한다고 가정해 보자. 관료제형 실적주의에 따르면 두 사람에게 동일한 급료가 지급될 것이다. 그러나 시장형 성과주의에서 보면 이것은 불공정한 대우이다.

공무원의 신분 보장에 관해서도 서로 다른 시각이 적용된다. 관료제형 행정에서는 법률적 잘못을 저지르지 않는 한 정년까지 신분을 보장해 주는 직업공무원제도를 바람직하게 여긴다.

정권 교체 등에 따른 정치적 영향으로부터 중립을 지키면서 행정에 필요한 객관성, 일관성, 지속성, 합리성 등을 소신 있게 유지할 수 있다는 것이다. 한편, 시장형 행정에서는 신분 보장으로 인해 공무원들의 '무사안일' 식 업무 수행이 초래된다고 본다. 따라서 '철밥통'을 깨고, '개방형'이나 '임시직' 인사의 범위를 확대하는 것이 바람직하다고 한다.

공무원의 신분을 보장하여 정치적 중립을 증진한다는 명분은 공무원의 행동 규범에 관한 논의로 이어진다. 관료제형 행정에서, 공무원은 신분을 보장받는 대신 정치적 활동은 하지 않는 것을 원칙으로 한다. 이 원칙은 정치행정이원론에 따른 것이기도 하다. 그러나 공무원도 국민의 한 사람이므로, 많은 나라에서 공직자는 투표권 행사 등 정치적 의사 표명에 제약을 받지는 않되, 정당 가입이나 선출직 출마 등에서는 일정한 제약을 받는 선에서 절충이 이루어지고 있다.

4
갈등을 줄이고,
맥락 지성을 살려라

철학적이고 이론적인 담론에 비해 현실 행정에서 공정성을 구현하는 문제는 훨씬 더 복잡하다. 따라서 어느 한 시점을 뚝 잘라 공정성의 잣대를 들이대고 급속한 변화를 꾀하기란 결코 쉽지 않다. 이 때문에 공정한 행정을 구현하려면 점증주의적 개혁 방식을 적용하는 것이 합리적인 경우가 많다. 또한 여러 가지 시각과 방식을 절충하고 종합하여 적용할 필요도 있다. 내적인 모순과 갈등은 줄이되, 공동체 전체에 순기능적으로 작동하도록 시너지 효과를 창출하는 일종의 '맥락 지성 contextual intelligency' 을 살리는 것이 관건이다(Nye, 2008).

종합과 절충을 통해 효율성과 공정성을 모두 구현하는 방식은 최근 주목받고 있는 자유주의 대 공동체주의의 담론에도 적용될 수 있다. 개인이 자유로운 선택에 따라 공정성 기준에 합의하는 것으로 보는 시각과 공동선의 본질에 대한 보다 실체적인 모색에 의해 공정성 기준이 발견되는 것으로 보는 시각의 절충이 그것이다. 철학적이고 이론적인 수준에서의 절충 가능성은 차치하고라도, 실제 행정에서는 이 둘을 절충해서 동시에 추구할 필요가 있다.

우리나라의 산업화와 민주화 과정에서 개인의 자유와 권리는 의식에서나 실제에서나 크게 신장되었다. 우리나라가 서구에 비해 빠른 속도로 사회 변동이 이루어진 만큼 공정성을 둘러싼 논쟁도 빠른 속도로 전개될 것으로 보인다. 미국에서 한 세기 동안 전성기를 누린 개인 중심의 담론에서 공동체 복원을 강조하는 담론으로 이행하는 과정을 우리는 불과 십여 년에 거쳐 나아가게 될 수도 있다.

우려되는 점은 그 압축된 논쟁 과정에서 겪게 될 엄청난 사회 갈등이다. 지난날 압축 발전 과정에서 발생한 가치 충돌과 그로 인한 상처들이 아직 채 아물지 않았다. 개인의 자유와 권리를 중심으로 접근하되, 공동체와 공동선을 중심으로 하는 공정성이 아울러 논의되고 실제 행정에도 적용되어야 하는 이유가 여기에 있다.

이 글에서도 공정한 행정의 구현은 다양한 사유 방식과 접근 방법을 절충하여 적용함으로써 시너지 효과를 극대화하는 실용 정신에 따르고자 했다. 우리나라 행정에 배태된 문화와 관리 방식을 전제하되, 대안적 방법들을 절충하여 적용하는 접근 방법을 시도해 보았다. 이처럼 실용과 절충을 적용하는 것이 우리 사회에 만연한 공공 갈등을 해소하고 국가 경쟁력을 증진하는 지름길일 것이다.

Law

"'나라와 가정을 이끄는 자는 백성이 적음을 걱정할 게 아니라 균등하지 못함을 걱정
해야 한다(공자)' 법질서가 공정하지 못하면 삶의 질이 훼손된다."

6장

유전무죄 무전유죄?

우리나라에서 최근 비차별 평등 대우의 원리와 관련하여 다양한 법적 논의들이 진행되고 있다. 채용 시 연령에 따라 취업 시험 응시 기회를 제한하는 제도, 제대 군인의 군대 경력 기간에 대하여 채용 시험에서 가산점을 부여하는 문제, 그리고 여성에게 종중원으로서 동등한 자격을 인정하는 문제 등 연령, 신분, 성별 등에 의한 불평등과 차별 대우의 문제는 법의 공정성 여부를 측정하는 대표적인 사례들이다. 동성애자의 혼인에 관한 권리를 이성애자와 동등하게 인정해 달라는 주장은 전통적 결혼 제도와 충돌을 일으킨다. 사회적 소외 계층인 장애인의 생존권 보장을 위한 특별한 배려 정책이 실질적 평등을 실현하는 방법으로 논의된다. 우리나라에서 현재 법 앞에 평등한 대우와 관련하여 논란의 소지가 큰 것은 양성 평등, 장애인과 비장애인의 평등, 그리고 내국인과 외국인 사이의 평등의 문제들이다.

관련 사례를 살펴보자.

2008년 시각 장애인에게만 안마사 자격을 부여한 의료법 조항이 헌법에 보장된 직업 선택의 자유를 침해하여 위헌이라며 스포츠 마사지사 등이 헌법 재판소에 헌법 소원을 제기하였다. 이에 대해 안마사협회는 헌법 제34조 5항에 "신체장애자 및 생활능력이 없는 국민은 국가의 보호를 받는다"고 명시돼 있는 점을 근거로 생존권이 직업선택권보다 우선시된다고 반박하였다. 마사지협회는 시각 장애인들이 신체조건상 안마사 외에 다른 직업은 가질 수 없다는 주장에 대해 속기사, 전화 교환원, 피아노 조율사 등의 직업이 가능하기 때문에 안마사만이 유일한 직업이라는 것은 부당하다고 주장했다.

또 최근 법제도상 양성 평등 대우의 정책 시행과 관련하여 군복무경력 가산점제의 재도입 문제를 둘러싸고 공평성 시비가 크게 일어나고 있다. 군복무가산점제도는 공무원 임용 시험에서 제대 군인에게 각 과목별 득점에 각 과목별 만점의 5% 또는 3%를 더해 주는 것이다. 이 제도는 1999년 헌법 재판소의 '제대군인지원에관한법률' 제8조 1항의 위헌 결정(1999. 12. 23. 98.헌마363 헌재전원재판부)으로 폐지되었다. 그런데 지난 2011년 1월 10일 국방부는 군 사기 문제 및 병역 의무 이행자에 대한 보상을 위하여 군필자에 대해 공무원 시험에서 군복무 가산점제도를 재도입하겠다는 계획을 발표한 것이다. 이에 대해 여성부, 보건복지가족부 등에서 여성 및 장애인의 헌법상 평등권과 공무담임권을 침해한다는 이유로 반대를 제기하고 있다.

1
같은 것은 같게
다른 것은 다르게

법은 국가 정책을 수행하고 사회 질서를 유지하는 데 지켜야 할 틀과 척도이다. 또한 사회생활을 질서 있게 이끄는 신호등 구실을 하기도 한다. 때로는 권익을 보호하는 무기로 활용되고 분쟁 해결의 도구로도 쓰인다. 법은 권위를 발휘하고 강제력을 행사하기 때문에 사회 질서를 유지하는 다른 규범인 도덕이나 관행과 구별된다.

이처럼 국민 생활에서 신호등이나 도량형 역할을 하는 법이 어떤 사람에게 차별적인 신호나 잣대로 작용한다면 그 사람은 불공평함이나 억울함을 느낄 것이다. 만일 법이 잘못된 신호나 잣대로 어떤 사람에게 강제력을 행사하여 고통을 가한다면 그 사람은 심한 불공정이나 부정의를 느낄 것이다.

법은 권위와 강제력이 따르기 때문에 특히 공정성이나 정의의 기준에서 그것을 통제할 필요가 있다. 법의 작용은 사회 질서의 안정, 정책 수행 목적에 부합한 효율성, 사회 정의 실현을 이념으로 한다. 이 세 가지 이념은 법체계 안에서 서로 조화되어야 하며 최종적으로는 사회 내 공동선 실현을 목표로 한다.

법이 추구하는 정의는 이제까지 "같은 것은 같게, 다른 것은 다르게 취급하라" 또는 "각자에게 그의 몫을 주려는 항구적이고 부단한 의지의 실현"으로 표현되어 왔다. 현대 사회에서 법이 추구하는 정의는 공정성의 기준에 따라 평가해야 하는 것으로 인식되고 있다.

법 제도의 공정성을 이루는 요체는 무엇일까? 개인의 창의가 자유롭게 발휘되고 이것을 모든 사람이 차별 없이 동등하게 누리며 각자 노력의 결과에 승복하며 책임을 지는 시스템을 공정하다고 한다. 또한 불운이나 사회 구조적 모순이 낳은 실패자와 낙오자, 장애인 등 사회적 약자에게는 보상적 불평등을 제도적으로 시행하여 공평성을 제고한다. 자유, 평등, 연대가 법 제도에서 조화롭게 어우러져 사람들이 평화롭게 행복을 추구할 수 있을 때 그 법질서는 공정한 사회를 구현하게 된다.

그런데 2008년 한국법제연구원이 수행한 우리나라의 국민법의식조사 연구에 따르면 법 제도와 법질서에 대한 불신과 경시의 정도가 심각한 수준인 것으로 나타난다. 법이라는 단어에서 연상되는 것이나 느낌을 묻는 말에, 응답자의 2/3 정도가 "권위적이거나 불공평하다"고 대답하였다. 우리 사회에서 '유전무죄 무전유죄'가 통용되느냐는 질문에는 65.2%가 그렇다고 응답했다.

왜 법 제도의 공정성을 제고해야 하는가? 사회 구성원이 신뢰하여 생활관계를 규율하도록 맡겨 놓은 법질서가 공정하지 않으면 국민 사이에서 불만이 일어난다. 우리의 전통 윤리 규범에서는 '나라와 가정을 이끄는 자는 백성이 적음을 걱정할 게 아니라 균등하지 못함을 걱정해야 한다(공자, 논어 16장 계씨)'고 가르쳐 왔다. 법질서가 공정하지 못하면 생활 설계에서 예측 가능성과 신뢰성이 떨어지고 국민의 삶의 질이 훼손된다. 법질서를 공정하게 하여 신뢰성을 회복하는 것은 국가 경쟁력 제고의 필수 요건이다.

2

우리는 법 앞에 평등한가?

우리나라의 법 제도는 산업화와 민주화를 뒷받침하며 선진화를 지향하고 있다. 그런데 민주성, 투명성, 공정성의 측면에서 선진국 수준에 미치지 못한다고 지적받고 있다. 법 제도의 공정성은 정립된 법의 내용과 그 법의 운영의 공정성으로 나누어 생각할 수 있다.

　법 제도의 운영은 주체와 과정, 수범자의 승인 행위로 구분할 수 있다. 운영 주체인 사법부, 검찰, 경찰이 자의적으로 법 집행을 하거나, 운영 과정과 절차가 불투명하고 편파적일 때 공정성 시비가 일어난다. 또한 수범자인 개인이나 기업이 위법 행위를 하면서도 적발되지 않을 때 법질서의 공정성은 훼손된다. 우리나라 법 제도의 후진성으로 자주 거론되는 것은 법 앞에 평등하지 않은 대우와 형사 사법에서 전관예우, 고무줄 양형, 특혜성 사면과 같은 불공정한 관행들이다.

억울함은 차별에서 온다

국가인권위원회법 제2조에서는 "합리적인 이유 없이 성별, 종교, 장애, 나이, 사회적 신분, 출신 지역, 출신 국가, 출신 민족, 용모 등 신체 조건, 혼인 여부, 임신 또는 출산, 가족 상황, 인종, 피부색, 사상 또는 정치적 의견, 형의 효력이 실효된 전과, 성적 지향, 병력을 이유로 한" 차별을 금하고 있다. 헌법 제11조 1항의 "모든 국민은 법 앞에 평등하다. 누구든지 성별·종교, 또는 사회적 신분에 의하여 정치적·경제적·사회적·문화적 생활의 모든 영역에 있어서 차별을 받지 아니한다"와 비교할 때 획기적인 확대 발전이다.

이것은 복잡하고 다양해진 사회 구조를 반영한 것이다. 점점 늘어나는 탈북자를 포용하는 사회 통합, 다문화 가정에서 출신 국가와 피부색 차이에 기인한 차별 금지, 장애인과 성적 소수자에 대한 존중과 배려가 사회 문제로 더욱 크게 부각될 것이다. 평등한 자유의 보장과 사회 복지 배려 정책 사이의 갈등 조정을 둘러싸고 법의 공정성 문제가 제기되는 중요한 최근 사례를 살펴볼 필요가 있다.

직업 선택의 자유와 실질적 평등의 충돌

2008년 시각 장애인에게만 안마사 자격을 부여한 의료법 조항이 위헌이라며 스포츠 마사지사 등이 헌법 재판소에 헌법 소원을 제기하였다. 비장애인 마사지사들은 시각 장애인에게만 안마사 자격을 주는 것은 헌법에 보장된 직업 선택의 자유를 침해한다고 주장하였다. 이에 대해 안마사협회는 헌법 제34조 5항에 "신체장애자 및 생활 능력이 없는 국민은 국가의 보호를 받는다"고 명시돼 있는 점을 근거로 생존권이 직업 선택권보다 우선시된다고 반박하였다. 마사지협회는 시각 장애인들이 신체 조건상 안마사 외에 다른 직업은 가질 수 없다는 주장에 대해 속기사, 전화 교환원, 피아노 조율사 등의 직업을 가질 수 있기 때문에 안마사만이 유일한 직업이라는 것은 부당하다고 주장했고, 안마사협회는 일반인들에게 안마업 자격을 주면 시각 장애인들이 시장 경쟁에서 도태될 수밖에 없는 현실을 우려했다. 안마 실력이 아닌 영업력, 광고 능력, 이용객들의 선호도 등 외부 요인 때문에 자유로운 경쟁이 될 수 없다는 것이다.

헌법 재판소는 시각 장애인에게 안마업을 독점시킨 의료법 조항의 위헌 여부 사건(헌법 재판소 결정, 2008. 10. 30., 2006 헌마 1098)에서 직업의 자유 추구가 평등권을 침해하는지 여부를 심의하였다. 이 사건에서 소수자의 사회적 차별을 보상하고 실질적 평등을 구현하기 위한 우대 조치가 필요한 점, 시각 장애인의 직업의식을 고양하고 소외감을 방지하는 등 사회적 배려가 필요한 점 등을 고려하여 위헌이 아니라고 판결하였다. 소수인 시각 장애인의 실질적 평등과 다수인 비장애인의 직업 선택의 자유 사이의 충돌에서 실질적 평등권의 손을 들어 준 것이다.

군복무가산점제도를 둘러싼 논란

군복무가산점제도는 공무원 임용 시험에서 제대 군인에게 각 과목별 득점에 각 과목별 만점의 5% 또는 3%를 더해 주는 것이다. 이 제도는 1999년 헌법 재판소의 '제대군인지원에관한법률' 제8조 1항의 위헌 결정(1999. 12. 23. 98.헌마 363 헌재전원재판부)으로 폐지되었다. 헌법 재판소는 "가산점 제도는 제대 군인에 비하여, 여성 및 제대 군인이 아닌 남성을 부당한 방법으로 지나치게 차별하는 것으로서 헌법 제11조 평등권의 보장에 위배된다"고 하였다. 이 제도는 능력주의에 배치되고 가산점을 받지 못하는 수많은 여성들을 실질적으로 배제하는 결과를 초래하는 불공정한 제도라는 것이다.

국방부는 '제대군인가산점제도' 위헌 결정 이후 제대 군인에 대한 지원 제도를 개선할 방안을 모색해 왔다. 많은 젊은이들이 군 복무 동안 잃어버린 시간과 놓친 기회에 피해 의식을 크게 느끼고 있으며, 국가는 이들의 희생에 보답해야 할 의무가 있다고 지적했다. 그들의 희생을 보상하고 제대 후 사회생활로 원활히 복귀하도록 지원하려면 제대 군인에 대한 가산점제가 재도입되어야 한다고 주장한다. 최근 재도입하려는 가산점 제도는 가산점의 비율과 횟수를 줄여 위헌 요소를 제거했기 때문에 문제가 없다는 입장이다.

병역 의무 이행자에 대한 보상 체계의 필요성에 대해서는 이미 사회적 공감대가 형성된 듯하다. 그러나 그 방법과 형태를 두고 무엇이 합리적이고 정당한가 하는 논란이 지속되고 있다. 국가가 별다른 재원을 마련하지도 않고 7~9급 공무원 시험에만 적용되는 이 제도가 병역 의무 이행자에 대한 정당한 보상인지 검토해야 한다. 사병 급여를 현실화하고, 연금 가입 같은 보편적이고 합당한 보상 체계를 고민할 때라는 목소리가 높다. 그러나 보상 방법의 도입 여부, 보상 수준과 같은 정책적 결정보다 더 근본적인 문제가 남아 있다. 모든 국민이 법 앞에 평등한 대우를 받고 균등한 기회가 보장되어야 한다는 평등 원리와의 충돌을 해결해야 한다.

군복무가산점제도의 재도입과 법 앞에 평등 대우의 문제

최근 한반도를 둘러싼 안보 위기가 고조되고 젊은 장병들이 군 복무 중에 사망하는 일이 자주 발생하여 군 장병들의 안전 태세와 사기 문제에 국민들의 관심이 집중되었다. 군 복무로 학업이나 취업 기회를 잃고 자율적 발전을 저해하는 데에 따른 보상이 필요하다는 사회적 공감대가 형성되고 있다. 지난 2011년 1월 10일 국방부는 군의 사기를 높이고 병역 의무 이행을 보상하기 위해 공무원 시험에서 군복무가산점제도를 재도입하겠다는 계획을 발표하였다.

새로 마련된 제대군인가산점제도의 주요 내용은 다음과 같다. 첫째, 병역 의무를 마친 사람이 공무원 채용 시험에 응시할 경우 필기시험의 각 과목별 득점에 만점의 2.5% 범위 안에서 가산한다. 둘째, 가산점을 받아 합격하는 사람 수는 선발 예정 인원의 20%를 넘지 않는다. 셋째, 가산점 부여는 일정 횟수 또는 기간(3회 또는 5년간)을 초과할 수 없다.

이에 대해 여성 가족부, 보건 복지부 등에서는 여성 및 장애인의 헌법상 평등권과 공무 담임권을 침해한다는 이유로 반대를 제기하고 있다.

전관예우와 고무줄 양형

법 제도 운영의 공정성은 법의 해석과 적용에서 드러난다. 법 운영의 공정성 심사는 적어도 3단계 요건을 충족해야 한다.

1단계는 실정법 규범의 충실한 적용이라는 형식적 요건이다. 실정법 규범은 국회에서 제정한 법률로서 그것이 악법으로 비판받는 경우 외에는 법의 공정성이 형식적으로 추정된다. 2단계로 특정 실정법 규범을 적용하는 데 실질적 공정성을 담보하기 위해, 전체 법체계에 맞게 목적적, 가치 지향적으로 법을 해석할 필요가 있다. 3단계에서 법관은 법과 양심에 따라 독립적 추론을 거쳐 판결에 이르지만, 이 추론 과정은 법 규범의 이성적 논증뿐만 아니라 사건 당사자인 구체적 인간과 사실관계에 대한 이해와 공감을 필요로 한다. 오랜 권위주의 시대를 거치면서 우리나라 사법부의 재판은 국민의 신뢰를 얻지 못했다. 국민들이 사법 재판의 공정성을 불신하는 중요한 원인으로 전관예우와 고무줄 양형이 지적돼 왔다.

판사나 검사가 정년퇴직 후에 연금으로 생활한다면 전관예우는 아예 발생하지도 않을 것이다. 전관예우는 판사나 검사에서 퇴직한 사람이 예전에 근무하던 지역 법원이나 검찰청 앞에서 변호사로 개업하여 사건을 수임하고 소송 업무를 할 때 발생한다. 대다수 국민들은 어제까지 같이 근무했던 동료나 선후배 판·검사가 이 전관 변호사들의 편의를 봐주지 않을까 생각한다. 최근 어느 국회의원이 현직 판사, 검사와 변호사 378명을 대상으로 설문 조사를 실시한 결과, 형사 재판에서 판·검사직 퇴직 직후 개업한 변호사가 그렇지 않은 변호사보다 더 유리한 판결을 이끌어 낼 것이라는 문항에 응답자의 76%가 "그렇다"고 대답했다. 전관예우의 존재를 인정한 셈이다.

한 사회에서 형벌로 범죄를 통제하는 데 궁극적인 운영 원리는 공정성 원리이다. 법원이 범죄자의 자유나 재산, 생명을 박탈할 때, 그것이 정당한 형벌로 받아들여지느냐의 문제이다. 피고인의 책임에 걸맞은 형벌이면서 형벌 목적이 추구하는 형사 정책적인 목표에 부합한 형벌이어야만 형사 사법적 정의를 실현할 수 있다. 이것을 양적으로 구체화하고 개별 사례에서 형사 정책의 목적을 실현하고자 하는 것이 바로 형사 재판의 양형 과정이다.

사법 불신을 초래하는 불공정 양형의 내용은 다음과 같다.

첫째, 양형의 통일된 지침이 정비되지 않아 법원별로 편차가 있을 수 있고, 법관 개인의 인생관이나 가치관에 따라 비슷한 사건에서 양형 격차가 발생하기도 한다.

둘째, 법원의 온정주의적 태도로 양형의 하향 평준화 경향이 나타난다는 지적이 있다. 이러한 문제의식에서 형사범을 가중 처벌하도록 규정하는 형사 특별법이 제정되었는데, 이 법의 법정형이 과도하게 상향 조정되어 일반 형법범과 균형이 깨지자 법원이 법정 최저형을 기준으로 양형하는 사례가 많이 나타난다.

셋째, 뇌물죄, 성범죄, 선거 범죄, 경제 범죄 등에서 일반 국민의 법 감정과 다른 가벼운 양형이 이루어지고 있다. 특히 기업 범죄, 뇌물 범죄, 불법 정치 자금 관련 범죄 등 화이트칼라 범죄에 대해서는 비슷한 불법 행위를 한 일반 범죄자에 비해 관대한 처벌이 내려진다. 이런 양형 관행은 일반인의 정의 감정과 충돌하여 양형에 대한 불신을 불러오고 사법 재판이 유전무죄 무전유죄의 이중 잣대로 움직인다는 비난을 초래하기도 한다.

양형 기준 시행상의 공정성

양형 기준 시행에서는 공정성 확보가 관건이다. 우리나라 현행 형법은 양형에 관한 원칙적인 규정으로서 형법 제51조만을 두고 있다. 그런데 이 규정은 형을 정하는 데 참작해야 할 사항으로 범인의 연령, 성행, 지능과 환경, 피해자와 관계, 범행 동기, 수단과 결과, 범행 후 정황 등만을 들고 있어 공정한 양형 기준으로서 제구실을 하기 어렵다. 형량을 정하는 데는 그 밖에 더 다양하고 구체적인 사정을 참작할 필요가 있다. 불법 및 책임 요소 외에 범행 이후 양형 판단에 이르기까지 변화된 사정과 함께 형사 정책적 필요도 고려해야 한다. 이때 법관이 고려해야 할 다양한 양형 사유들을 어떤 원리에 따라, 어떤 방법으로 참작할 것인가에 대한 구체적 지침이 필요하다.

형법 제53조의 작량 감경 규정은 양형을 법관의 재량으로 인식하게 만들어 양형 불균형의 주된 비판 대상이 되어 왔다. 형사 특별법상 과중한 법정형을 법관이 현실적으로 조정하는 것이 작량 감경이다. 법관이 재량이라는 이름으로 개인의 정의관이나 사법 이념 같은 주관적 요소를 앞세울 경우 같은 범죄를 두고 법관 사이에 양형 편차를 가져올 수 있다. 이런 양형 불균형 문제는 평등 원칙에 위배될 뿐만 아니라 규범에 대한 국민의 신뢰와 복종을 저해하는 부정적 결과를 초래한다. 형벌의 적정성과 균형성을 보장할 수 있을 만큼 예측과 통제가 가능한 양형 기준을 마련해야 양형에 대한 신뢰와 공감을 얻을 수 있다.

2009년 4월에 발족한 대법원 양형위원회는 살인, 수뢰, 성범죄, 강도, 횡령·배임, 위증, 무고죄 등 7개 범죄 유형에 대한 양형 기준을 의결하여 같은 해 7월 1일부터 시행하였다. 양형 기준은 법적 구속력이 없어 양형 기준 범위 외의 판결을 내릴 수 있지만 그 경우 판결문에 양형 이유를 명시해야 한다. 양형기준제는 법원별, 법관별 양형 편차를 해소하여 개별 사건에서 적정하고 공평한 양형이라는 형사 사법적 정의를 실현하기 위해 체계적이고 절차적인 합리성을 지향하기 때문에 사법의 공정성을 추구할 수 있다.

양형기준제의 구조적 문제

양형기준제의 도입에도 불구하고 형법 총칙에 의한 양형 규정과 양형 기준이 불일치할 가능성이 여전히 문제로 제기된다. 형법 총칙의 규정에 따르면 양형 과정은 법정형을 기초로 하여, 법정형에 선택할 형종이 있는 경우 먼저 형종을 선택하고, 그 형에 필요한 법률상·재판상 가중·감경을 하여 처단 가능한 범위로 구체화한다. 이어 그 처단형의 범위 내에서 법관이 피고인에게 선고할 형을 결정하는 절차로 이루어진다. 이 규정은 규범적 판단의 구체화를 위한 절차적 지침이다. 이것은 관련된 양형 사정의 유무에 대한 사실적 판단에 근거하여 추출한 양형 인자가 많고 적음에 따라 권고 형량의 범위를 산출해 내는 양형 기준과는 차이가 있다.

이처럼 형법상 처단형 산출 방식과 양형 기준의 권고 형량 범위 산출 방식이 다르기 때문에, 개별 사건에서 형법 총칙상 처단형의 범위와 양형 기준상 권고 형량 범위가 불일치할 수 있다. 이 점을 우려하여 양형 기준은 '양형 기준에서 권고하는 형량 범위가 법률상 가중·감경에 의한 처단형의 범위와 불일치하는 경우에는 법률에 의한 처단형의 상한 또는 하한에 따른다'는 적용 원칙을 제시하고 있다. 이러한 원칙을 제시할 수밖에 없는 이유는, 형법 총칙상 처단형의 범위 산정은 법관이 양형에서 의무적으로 준수해야 하는 사항인 반면 양형 기준은 권고 사항에 불과하기 때문이다.

형법 총칙은 당초 양형 기준을 상정하지 않았고, 새로 도입된 양형 기준은 형법 총칙의 전면 개정 없이 독자적인 권고 형량 범위를 설정하는 방식을 취하였다. 결국 법관은 형법상 처단형의 범위를 산정하고 양형 기준의 권고 형량 범위를 정하는 두 가지 과정을 모두 거쳐야 하고, 둘의 범위가 불일치하면 양형 기준의 권고 형량 범위 내에 있더라도 형법상 처단형의 범위를 벗어나는 선고형을 정할 수는 없다. 따라서 법률상 처단형의 산출 과정은 계속되고, 양형 기준을 적용하여 권고 형량 범위를 정한 다음 두 형량 범위 내에서 선고형을 정하게 된다. 이렇게 보면 양형 기준은 처단형의 세분화 과정에 해당한다고 할 수 있다.

형법의 개정 추진

2010년 8월 법무부는 '형법총칙개정공청회'를 열어 법무부 장관 자문 기구인 형사법개정특별분과위원회에서 마련한 형법 총칙 개정 시안의 세부 내용을 발표하였다. 정부가 형법 총칙 개정에 나선 것은 1953년 형법 제정 이후 처음이다. 이번 개정은 공범 규정의 개정, 작량 감경 규정의 개선, 형벌 제도의 정비, 보호수용제도 도입 등 보안처분제도의 형법 편입과 같은 주제들을 다루고 있다. 개정 시안은 기존 형법에서 구체적으로 규정하지 않았던 작량 감경 요건을 명문화해 판사가 형을 줄여 줄 수 있는 대상을 엄격하게 제한하고 있다.

개정 시안에 따르면 참작할 만한 일정한 사유가 있는 경우에만 형을 감경할 수 있도록 하고 있다. 즉 범행 동기에 참작할 만한 사유가 있는 경우, 피해자가 처벌을 원하지 않는 경우, 피고인의 노력에 의해 피해자 피해의 전부 또는 상당 부분이 회복된 경우, 피고인이 자백한 경우, 범행 수단과 방법, 결과에 있어 특히 참작할 만한 사유가 있는 경우에만 형을 감경할 수 있다.

그동안 법원은 '국가 경제 발전에 기여', '신체 질병이나 우울증', '재범 가능성이 낮음', '음주' 등의 다양한 이유를 들어 실형이 마땅한 피고인에게 집행 유예를 선고하거나 법정형의 하한을 낮춰 선고하는 사례가 많다는 지적을 받았다. 개정 시안은 "형벌의 범위가 판사 재량에 좌우돼 법률 효과가 불명확해지고 유력 변호사의 선임으로 규정의 적용이 달라지는 등 '전관예우'를 부추긴다는 비판에 대한 개선 방안"이라는 평가를 받고 있다.

국민참여재판의 도입

우리나라 사법 제도는 전통적으로 헌법상 신분과 독립이 보장되는 직업 법관이 소송을 심리하고 종결하는 것이 특징이다. 그러다가 배심제나 참심제 등 국민이 재판 절차에 참여하는 세계적 추세에 발맞추어, 2008년 1월 '국민의형사재판참여에관한법률'에 따라 살인, 강도, 강간 등 법정형이 무거운 범죄의 형사 재판에 국민이 배심원으로 참여하는 국민참여재판제도를 새로 도입하였다.

국민참여재판에서는 배심원이 피고인의 유·무죄를 평결하고 적정한 형을 토의하면 재판부가 이를 참고하여 판결을 선고한다. 이 제도에서 주권자인 국민이 직·간접적으로 사법 절차에 참여하여 국민의 의사를 반영시킴으로써 '사법의 민주적 정당성'을 이루고, 배심원이 형사 재판의 모든 절차를 지켜볼 수 있어 공정성과 투명성이 보장되므로 '국민의 신뢰'를 확보할 수 있다.

그런데 이제까지 국민참여재판의 시행 실적이 썩 만족스럽지는 않다. 시행 첫해에 국민참여재판으로 진행된 사건은 총 64건으로 그해 대상 사건 3,460건 가운데 1.7%에 불과하다. 2009년 95건에 이어 2010년에도 조금 늘어났지만 여전히 저조한 수준이다.

국민의형사재판참여에관한법률은 피고인의 신청에 따라 국민참여재판을 하도록 하고 있다. 담당 재판부의 성향이 더 유리하다고 판단하거나 전관 변호사를 선임하려고 한다면 피고인은 국민참여재판을 신청하지 않을 것이다. 일반 국민인 배심원들 앞에서 공개적으로 재판받는 것을 꺼릴 수도 있다.

국민참여재판을 활성화하려면 대상 사건은 국민참여재판으로 진행하는 것을 원칙으로 하도록 법 개정을 검토할 필요가 있다. 헌법 제27조는 피고인이 법관에 의한 재판을 받을 권리를 보장하고 있다. 입법 시 피고인 신청주의를 선택한 것은 피고인의 의사와 상관없이 국민참여재판을 실시할 경우 이 조항을 위배할 수 있다는 논란 때문이었다.

그러나 지금의 국민참여재판제도는 직업 법관에 의한 재판으로 헌법 제27조에 위배될 소지가 없다는 의견이 지배적이다. 국민참여재판제도를 도입한 주된 취지는 형사 재판에 주권자인 국민이 참여하여 공정하고 투명한 재판이 이루어지도록 보장하기 위한 것이다. 이러한 취지를 살리기 위해서라도 대상 사건은 원칙적으로 국민참여재판으로 진행하는 것이 바람직하다.

국민참여재판제도의 근간은 영미식의 배심 제도를 모방한 것이라는 의견이 많다. 그런데 일반 배심원의 평결에 기속력을 인정하는 것은 위헌이라는 논란이 있었다. 그래서 과도기에는 배심원 평결에 권고적 효력만 인정하기로 하였고 재판부가 평결과 다른 선고를 할 경우 판결문에 그 이유를 기재하도록 하였다.

한편 시민 배심원의 평결을 직업 법관의 의사 아래에 놓는 현행 국민참여재판제도가 헌법의 국민 주권주의에 반하여 오히려 위헌이라는 의견도 제시되었다. 주권자인 국민의 의사가 형사 재판에 직접 반영되어 사법의 민주화가 이루어지려면 평결은 당연히 기속력이 있어야 한다는 이 제안을 신중하게 검토할 필요가 있다.

법치주의의 기준이 필요하다

법체계 안에서 일어날 수 있는 오류와 불공정을 바로잡기 위한 것으로 대통령의 사면권이 있다. 또 자유 민주 국가에서는 법체계의 경직성이나 현실과의 괴리를 교정하기 위해 초법적인 시민 불복종 운동이 벌어질 수 있다. 그러나 사면권과 시민 불복종 운동은 기존 사법 질서와 충돌할 수 있기 때문에 법의 공정성의 측면에서 헌정주의 또는 법치주의 기준에 따른 심사가 필요하다.

특혜성 사면의 남용 방지

역대 대통령의 사면권 행사는 정치적 시비와 갈등의 대상이 되어 왔다. 국회동의가 필요 없는 특별 사면은 대통령의 고유 권한이지만 그동안 시혜성으로 남용된 측면이 강하다. 과거 청산, 국민 화합, 경제 살리기를 내세운 역대 정부의 사면 조치는 무려 90여 차례나 된다. 지난 2007년 12월 21일, 60년 만에 사면권 남용 통제 방안의 일부가 반영된 사면법 개정이 이루어지고 법무부 산하에 사면심사위원회가 설치되었다. 그러나 대통령의 사면권 행사에서 정당성과 형평성을 제고하려면 추가 장치가 필요하다는 지적이다.

헌법상 보장된 사면권은 법체계의 긴장을 늦추고 법률과 정의 사이에 있을 수 있는 대립을 제거하여 정당한 법을 회복하는 '교정적 은사' 또는 '법치 국가적 은사'를 의미한다. 사법부의 판단을 바꾸는 것이므로 적정하고 공평하게 행사되어야 하고, 법치주의를 훼손하지 않은 범위 안에서 행사되어야 한다. 권력 분립의 원리에 비추어 사법권을 침해할 정도의 사면권 행사는 허용되지 않는다.

사면권 행사의 개선 방향으로 다음 제안들을 검토해 볼 필요가 있다.

첫째, 대통령이 특별 사면을 하거나 특정인에 대한 감형과 복권을 하고자 할 때는 대법원장의 의견을 들어 실시하는 것이 바람직하다.

둘째, 집단 살해 범죄, 헌정 질서 파괴 범죄, 공직 선거 및 선거부정

방지법의 규정에 따라 공무 담임권이 제한되는 범죄, 정치자금에관한 법률에서 이르는 무거운 정치 질서 파괴 및 부패 범죄, 특정경제범죄 가중처벌등에관한법률에서 이르는 파렴치한 경제 질서 교란 범죄 등에 대해서는 특별 사면을 할 수 없도록 한다.

셋째, 사형이나 무기 징역, 무기 금고의 확정 판결을 받고 10년이 경과하지 않은 사람은 당사자의 신청과 사면심사위원회 위원의 3/4의 찬성을 얻어 법무부 장관이 특별 사면을 상신할 수 있도록 한다.

넷째, 사면법을 재개정하여 사면심사위원회 외부 심사 위원을 지금의 4인 이상에서 5인 이상으로 상향 조정하자는 제안도 검토해 볼 만하다. 또한 사면심사위원회 위원 가운데 1~2인은 대법원장이 추천하는 법관으로 위촉하는 것도 고려할 만하다. 사면심사위원회 위원 명부는 물론이고 심의서도 즉시 공개하여 사면권의 행사가 객관적이고 공정하게 이루어지게 할 필요가 있다.

시민 불복종

2008년 국민법의식조사 연구에서 이른바 악법도 지켜야 한다고 생각하는 응답자가 전체의 57.3%를 차지하는 것으로 나타났다. 이것은 정당한 법과 법 집행을 전제로 하는 준법정신을 북돋우고 실질적 법치주의를 확립하는 데 대한 국민의 열망을 나타내는 것이다.

민주 국가에서 시민들은 악법 제정이나 집행에 의한 부정의를 몰아내기 위해 시민 불복종 운동을 벌일 수 있다. 이 운동은 실정법을 위반하여 처벌의 대상이 되지만 성숙한 민주 사회에서는 소수자 의견 존중의 차원에서 정치적 관용의 대상이 될 수 있다. 현재 법체계의 문제를 점검하고 앞으로 법 제도를 개선하는 데 기회로 활용할 수 있기 때문이다.

우리나라에서는 지난 2000년 제16대 총선에 즈음하여 본격적인 시민 불복종 운동이 일어났다. 시민운동 단체들이 연합한 '2000년총선시민연대'가 선거 관련법을 위반해서라도 자질이 없는 국회의원 후보를 낙천·낙선시키기 위한 운동을 전개한 것이다. 국민의 법 감정에 어긋나고 정의감에 합치되지 않는 법은 지킬 필요가 없다는 것이 이 낙천·낙선 운동의 요지이다.

그러나 이 운동은 그 동기의 타당성에도 불구하고, 헌법 질서를 스스로 부정하는 문제를 남겼다고 평가되고 있다. 헌법은 이미 악법을 인정하지 않을 방법을 갖추고 있으며, 헌법 질서를 파괴하는 어떤 불법적 힘도 저지할 수 있는 제도적 장치가 마련되어 있기 때문이다. 헌법 재판소에서 합헌이라는 판결을 받은 법률은 입법권을 통해 개정하는 수밖에 없다.

법의 공정성을 평가하는 기준

법의 공정성을 평가하는 기준으로 제시되는 국민의 법 감정 또는 정의 의식의 척도를 이해하는 것이 필요하다. 법 감정은 법에 대해 가지고 있는 인간의 직관적인 가치 감정 또는 인간이 법적인 문제에 접한 경우에 직관적인 결정을 하게 하는 법적 근본 감정이라 할 수 있다. 법 감정은 어떤 것이 법이어야 한다는 것에 대한 이상적 법 감정으로 나타날 때 정의 감정과 공통되는 부분이 있다.

시민 불복종 운동은 현대 시민운동의 대표적 유형으로, 혁명이나 국가 권력에 대항하는 저항권 등과 비교된다. 불복종이란 법이 금지하는 것을 행하거나 법이 명령하는 바를 거부하여 법을 위반하는 일체의 작위와 부작위를 모두 포함하는 것이다. 이 운동은 비폭력적 방법으로 기존 법질서를 위반하여 부정한 법을 개선하려고 하는 공적이고 윤리적인 집단적 항의 행위라고 할 수 있다. 오늘날 대부분의 국가에는 헌법이 있으므로, 시민 불복종 운동은 헌법 질서의 테두리 안에서 이루어져야 한다.

소통의 필요성

법 규범이 요청하는 법률 요건과 지침의 명확성과 실증성 추구는 제도적 안정성을 지향한다. 이는 급변하는 시대 환경과 현실적 삶의 조건, 수범자인 국민들의 욕구와 괴리될 수 있다. 또한 사법 판결은 시간적, 공간적 제약 속에서 이루어지고 최고 재판 기구인 대법원이나 헌법 재판소의 판결은 사법 제도 안에서 마지막 판결이기 때문에 법적 정의는 법 제도적 한계를 안을 수밖에 없다.

과거에 유죄 판결을 받은 피고인이 세월이 한참 흐른 후 재심에서 번복되어 무죄로 선고되는 경우가 있다. '인민혁명당재건위원회' 사건에 연루되어 1975년 사형이 집행된 사람들에게 32년 후인 2007년 대법원 재심에서 무죄 선고가 내려졌다. 간첩죄 등으로 기소돼 1959년 사형당한 전 진보당 당수 조봉암 씨에 대한 재심 사건에서 대법원은 52년 만인 2011년 1월 20일 무죄 판결을 내렸다. 이 사례는 군 당국의 불법 수사와 입증되지 않은 공소 사실에 근거해 사형을 선고한 과거의 잘못을 바로잡겠다는 의지의 표현으로 보인다.

사법 판결이 실현하려는 법적 정의는 사회 조직의 더 넓은 생활 규범과 가치를 반영하는 도덕규범이나 이상적 정치 이념에 따라 추구되는 사회 정의와 불일치할 수 있다. 그렇기 때문에 사법부와 법조인들은 늘 깨어 있는 정신과 열린 자세로 전체 사회와 국민들의 여망이 무엇인지 알려고 노력하고 이 간극을 좁히기 위하여 소통해야 한다.

3

지속적인 사법 개혁이 답이다

법의 공정성을 제고하기 위해 먼저 관심을 두어야 할 문제는 법 앞에 불평등 대우, 전관예우와 고무줄 양형으로 표현되는 사법 운영의 불공정 관행의 퇴치이다. 또한 삼권 분립 아래 독립성이 존중되는 사법권에 대해 교정적 기능을 하는 대통령의 사면권 행사도 검토되어야 할 사안이다. 법적 구제에 좌절을 느낀 시민들이 벌이는 시민 불복종 운동도 법치주의 측면에서 심사해야 한다.

또한 국민들이 법 제도 안에서 자유의 박탈, 차별 대우, 사회적 소외에 따른 억울함을 해소할 수 있도록 법의 운영과 집행이 공정하게 이루어져야 한다. 법의 공정성 실현의 요체는 모든 국민의 인권을 고루 보장하는 것과 법치주의의 구현이다.

인간의 존엄과 가치, 생명권, 자유와 평등의 원리, 연대와 배려의 원리들이 조화롭게 구현되어야 하고, 국민의 권익 보호, 사회 질서의 안정적 유지, 평화로운 분쟁 해결을 위하여 국민들의 일반 의지가 반영된 법에 따른 통치, 즉 법치주의를 발전시키는 것이 중요하다. 법치주의 구현에서는 무엇보다 사회 지도층의 솔선수범이 필요하다. 사회 지도층이 준법 의무를 다하지 않으면 법질서의 공정성 제고에 기반이 되는 사회적 신뢰 기반이 깨질 우려가 크다.

사법 재판의 공정한 운영으로 국민들의 신뢰를 회복하고 법적 정의를 실현하기 위한 사법 개혁을 지속적으로 추진해야 한다.

첫째, 양형기준제를 안정적으로 정착시키도록 노력해야 한다. 법원 내부에서 각급 법원 단위로 양형실무위원회가 개최되고 양형 기준 시행에 따른 문제점과 양형 실무 개선 방향이 논의되는 등 긍정적인 변화가 관찰되고 있다.

둘째, 국민참여재판제도를 안정적으로 정착시키도록 노력해야 한다. 완성된 국민참여재판제도가 설계되어 시행될 2012년까지 미비점을 보완하고 그동안 나타난 장점을 살려야 한다.

끝으로 법의 공정성을 유지하려면 수범자인 일반 국민들의 준법 의무 이행이 반드시 전제되어야 한다. 국민들이 준법 의무를 생활화할 때 법질서에 대한 신뢰가 되살아나고 사회적 효용이 증대된다. 법의 공정성을 제고하는 일은 국민의 사회적 신뢰를 증진시키고 사회 통합 기능을 수행하는 데 필수적으로 요청되는 국가의 중대사이다.

Welfare

"'보편'과 '선별'의 맞춤형으로 '차이를 인정하는 평등'을 염두에 두고 개성 있는 인간
욕구의 다양성에 부응하는 방향으로 나아가야 한다."

7장

차별 없는
맞춤형 복지

복　지
WELFARE

일찍이 영국 시인 윌리엄 블레이크는 "사자와 소를 위한 하나의 법은 억압이다"라고 일갈하였다. 사자와 소를 한 울타리에 넣어 놓고 자유롭게 경쟁하라고 하는 것은 사자에게 밥 주는 것밖에 안 된다는 얘기다. 그래서 칸막이를 만드는 복지 국가의 역할이 필요하다. 어떻게 하면 좋은 칸막이를 만들 수 있을까? 여러 나라에서 시행하고 있는 다양한 복지 전략을 공정 사회의 잣대에 견주어 보자.

에스핑 안데르센은 복지 전략을 세 가지 유형으로 구분하였다. 자유주의, 보수주의, 사민주의 이념에 따른 각각의 복지 체제는 여러 가지 차원에서 매우 상이한 특성을 지니면서 구분이 가능하다.

먼저, 북유럽형 보편주의 복지 전략인 사민주의 체제는 보편주의를 기조로 시민권에 기초한 사회 보장을 실시하는 것으로 유명하다. 이 체제는 현금뿐만 아니라 다양한 기본적 욕구에 대한 포괄적 사회 서비스도 제공한다. 동시에 성 평등적이며 노동 운동의 전통이 강한 특징이 있다.

대륙 유럽형 보편주의 복지 전략인 보수주의 체제는 사회 보장 체계가 산업 부문별로 분절되어 있으며, 고용을 중심으로 하여 포괄적 현금 이전의 형태로 사회 보장이 이루어진다. 이 체제는 전통적으로 가부장제가 강하여 남성 부양자 모형이라는 특징을 지닌다.

영미형 선별주의 복지 전략인 자유주의 체제는 부정적 의미의 선별주의적인 특징을 갖고 있는데, 매우 부분적인 욕구만을 공공 부조 중심의 복지를 통해 해결하며 사회 보험이나 사회적 서비스는 크게 발달하지 않았다. 충족하지 못한 복지 욕구는 시장에서 사적 보험이나 사적 서비스를 구매하여 해결하는 시장 중심 체제이다.

자유지상주의로 갈수록 차이에 입각한 대우를 강조하고, 집합주의로 갈수록 동일성에 입각한 대우를 강조한다는 것을 살펴보았다. 하지만, 실제 수용 가능한 공정 복지의 모습은 둘의 중간 지점에 있을 가능성 크다. 문제는 개인과 집단의 동일성과 차이를 동시에 고려하여 가장 효과적으로 복지를 제공하는 방식을 찾는 것이다. 어떤 사람은 사과를 원하고 어떤 사람은 오렌지를 원하는데 평등의 이름으로 사과나 오렌지를 획일적으로 제공하는 것은 개별적인 욕구needs에 부합하지 않을 뿐만 아니라 윤리적으로도 옳지 않은 일이기 때문이다.

1
권리와 보상만으로
문제가 해결될까?

밀러에 따르면, 사회 정의의 세 요소인 '권리rights', '보상deserts', '필요 needs'가 어떠한 방식으로든 삼박자를 갖추고 있어야 비로소 온전한 의미의 공정한 사회라고 할 수 있다(Miller, 1976; Barr, 2004에서 재인용). 권리는 주로 헌법에서 보장하는 것으로, 정치적 자유나 법 앞에서의 평등 같은 시민으로서 권리를 뜻한다. 보상이란 일을 더 많이 한 사람이 임금을 더 많이 받아야 한다는 것이다. 이 두 요소는 자본주의 시장 경제를 유지하는 근간이다. 그러나 이 두 가지가 충족된다고 해서 완전히 공정한 사회는 아니다. 경쟁에서 뒤쳐져 인간다운 삶을 영위할 수 없는 사람이 많다면 '공정한 사회'라고 하기 어려울 것이다. 세 번째 요소인 필요가 그래서 중요한데, 경쟁에서 실패한 사람도 삶의 기본적인 욕구가 충족되어야 한다는 뜻이다.

권리, 보상, 필요의 관계

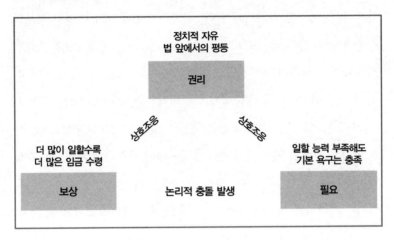

정치적 자유
법 앞에서의 평등

권리

상호조응   상호조응

더 많이 일할수록
더 많은 임금 수령

보상   논리적 충돌 발생   필요

일할 능력 부족해도
기본 욕구는 충족

그림에서 보듯이, 권리와 보상, 권리와 필요는 각각 서로 조응한다. 그런데, 보상과 필요 사이에는 논리적 충돌이 발생할 수 있어 공정한 사회의 원칙을 정하기가 어려워진다. 이런 충돌 때문에 공정성에 대한 지향은 그 사회의 문화적 전통에 기대게 된다. 예컨대, 순수한 시장 경제를 추구하는 자유주의 문화에서는 권리와 보상이 강조될 가능성이 높다. 반면, 공동체와 집단을 중시하는 문화에서는 권리와 필요가 강조될 것이다. 즉, 정의나 공정은 그 바탕에 이념적 지향을 포함하며 결국은 정치적 선택의 문제가 된다.

그렇다면, 자본주의 시장 경제에 관한 국민적 합의가 이루어진 경우에는 권리와 보상만으로 문제가 해결될까? 이야기는 그리 간단하지 않다. 자본주의 자체가 이미 다양한 수정을 겪어 왔고, 그에 따라 어떤 자본주의를 선택할 것인가 하는 문제가 남기 때문이다. 시간이 지나면서 현실에서의 자본주의는 '수정된' 자본주의를 표방하게 되었고 대부분 선진국들이 수정 자본주의의 주요 기제로서 필요의 원칙을 강조하는 복지 국가를 발전시켜 왔다. 따라서 자본주의가 수정된 정도와 방향에 따라 복지 국가도 다른 모습을 띠게 되며, 권리, 보상, 필요의 조합도 매우 다양하게 전개되고 있다.

이러한 까닭에 특정 복지 국가의 구체적인 문제 해결 방식은 상반되는 가치관들의 타협 속에서 진행된다(김상균 · 오정수 · 유채영, 2002). 복지 국가와 관련된 여러 결정 과정에 참여하는 사람들의 가치관이 항상 일치할 수는 없기 때문이다. 특히 한 사회에서 새로운 가치가 받아들여지기 시작하는 시점에 기존의 사회 규범을 일방적으로 적용할 경우, 실행 가능성의 문제가 발생하거나 심한 경우에는 국민적 저항에 부딪히기도 한다. 최근 우리 사회에서 복지 국가와 관련하여 수많은 논쟁이 벌어지고 있는 것도 권리와 보상을 강조한 기존 원칙을 수정하는 타협의 과정으로 볼 수 있다. 이제는 권리와 보상에 더하여 필요의 원칙을 어떻게 보완할지 고민할 때다. 현란한 말잔치에 그치는 것이 아닌, 현실에 뿌리 내리고 우리 몸에 맞는 공정한 복지 국가의 원칙을 새롭게 만들어 가는 일이 중요하다.

2
보편 vs. 선별,
또 하나의 흑백 논리

최근 보편 복지냐 선별 복지냐 하는 논쟁이 우리 사회를 뜨겁게 달구었다. 그런데 이런 논쟁에서 보편주의나 선별주의를 단순화하는 경향이 있다. 정치적 선전 차원에서는 모르겠지만, 실제 보편적 정의가 무엇인지 정의하는 것은 쉽지 않다. 우선, 보편주의와 선별주의를 누가 지지하고 왜 지지하며 현실적으로 의미 있는 논쟁을 위해 필요한 것이 무엇인지 따져 보자.

본래 보편주의란 말은 신학에서 먼저 나왔는데, 모든 영혼에 대한 구원을 뜻하는 말이었다. 윤리철학에서는 보편적 타당성과 관련하여, 사회학에서는 시민의 의미를 보편화하는 것과 관련하여 사용하였다. 이런 보편주의 개념은 이제 상식적으로도 그리 낯설지 않다. 하지만, 복지 정책과 관련해서는 학술적 합의 없이 모호하게 쓰이고 있다. 대개 윌렌스키와 르보의 고전적 대구對句인 '제도적 복지'와 '잔여적 복지'의 현대적 해석으로서 보편주의와 선별주의라는 말을 쓰고 있는데, 자세히 들여다보면 이 개념들은 그다지 단순 명쾌하지 않다. 특히 실제 복지 제도들을 살펴보면 더욱 그렇다. 결국 모든 복지는 결국 보편적 복지와 선별적 복지가 어지럽게 섞여 있는 상태로 존재하기 때문이다. 그렇다면 그 의미와 관련된 철학적 배경부터 알아볼 필요가 있다.

보편주의란 무엇인가?

공정성을 어떻게 규정하는가에 따라 복지 국가가 필요하다고 볼 수도 있고 필요 없다고 볼 수도 있다. 복지 국가에 관한 입장은 크게 자유지상주의, 자유주의, 집합주의의 관점으로 나뉜다(Barr, 2008). 자유지상주의는 보편 복지를 반대하고, 집합주의는 찬성하며, 자유주의는 중간 입장이다.

자유지상주의libertarian 관점에서는 극심한 빈곤을 구제하는 일 같은 아주 제한된 경우에만 정부가 개입해야 한다고 본다. 노직에 따르면, 국가 개입은 도덕적으로 부당하므로 국가의 활동은 야경 국가로 제한해야 한다고 한다. 더 나아가 그는 조세를 국가에 의한 도둑질이자 국민을 노예로 만드는 행위라고 규탄하기도 했다. 하이예크도 거의 같은 생각이다. 개인의 자유를 침해하고 시장을 제약하는 과도한 국가 개입은 국민의 복지 수준을 감소시킨다고 여긴다. 그는 또 국가가 정의를 실현하려고 하면 할수록 개인의 이해는 통제되어야 하며, 결국 전체주의로 빠지게 될 것이라고 한다.

자유주의liberal에서는 복지 국가를 어느 정도 인정한다. 전후 영국의 보편 복지를 기초한 베버리지나 케인스가 대표적 인물이다. 이 관점은 세 가지 특징을 지닌다. 첫째, 개인의 복지 극대화를 중요시한다. 둘째, 사적 재산권은 목표가 아닌 수단에 불과하다는 관점에 어느 정도 동의한다. 셋째, 적절한 수준의 분배를 수용한다. 예컨대, 롤스는 가장 불우한 사람에게 가장 큰 이득이 돌아가도록 하는 것이 공정하며, 이를 위해 복지 국가가 필요하다고 주장한다.

공리주의적 자유주의에서도 보편주의를 주장할 수 있다. 에지워스Edgeworth는 공리주의적 총효용을 극대화하려면 보편적 복지 국가가 필요하며, 소득의 완전 균등 분배를 통해서만 총복지를 극대화할 수 있다고 한다. 그러나 소득만 가지고 효용을 이야기하는 것은 인간 생활을 지나치게 단순화한 것이고, 개인의 효용이 서로 다르거나 효용을 정확히 측정할 수 없을 때에는 무의미하다.

집합주의collectivism에서는 본격적으로 보편주의를 옹호한다. 마르크스Karl Marx 사상에 뿌리를 둔 집합주의의 궁극적 목표는 평등이며, 이를 위해 국가가 적극적으로 역할을 해야 한다고 주장한다. 이러한 철학에서, 자본주의는 악덕惡德. vice이자 변혁의 대상이 된다. 자본주의를 혁명의 대상으로 보는가 개혁의 대상으로 보는가에 따라 집합주의는 다시 마르크스주의와 사회민주주의로 나뉜다.

본래 마르크스주의는 국가란 자본주의적 착취를 위해 봉사하는 시녀에 불과하다며 국가 자체를 부정한다. 그러나 양차 세계 대전 후 복지 국가는 실제로 노동 계급의 삶을 개선하였고, 이후 복지 국가를 긍정적으로 바라보기 시작한 것이 신마르크스주의의 관점이다. 하지만 신마르크스주의도 복지 국가 역시 불공정을 양산하는 근본적인 모순이 있으며, 궁극적으로는 사회주의만이 공정한 사회의 기반이 된다고 역설하였다.

한편, 사회민주주의에서는 복지 국가에서 광범위한 자유와 평등의 구현이 가능하다고 본다. 자본주의 시대는 민주주의 시대와 겹쳐, 혁명이 아닌 의회 개혁으로 공정 사회를 구현할 수 있다는 것이다. 노동 계급이 계급적인 투표를 할 수 있게 되면, 의회 진출을 통해 정치권력을 확보할 수 있게 되기 때문이다.

최근 사회민주주의도 정책상 변화를 겪고 있다. 효율성과 형평성이 충돌할 경우 종종 자유주의적 정책을 우선 수용한다. 다니엘에 의하면, 화폐 소득, 부, 생활수준 같은 영역에서 전통적인 결과적 평등 개념이 점차 옅어지고 있다고 한다. 북유럽 사회민주주의 정당들도 차츰 소득의 평등보다는 기회의 재분배, 시간의 재분배 같은 탈산업 시대의 조류에 편승하고 있다(안상훈, 2007).

보편 복지 찬반론

보편주의 복지 국가는 지역적으로는 유럽에서, 정치적으로는 사회민주주의 정당을 통해 발전하였다. 역사적으로 볼 때, 보편주의 복지 국가가 필요한 근거로는 흔히 네 가지 이유가 제시되는데, 그 내용과 관련된 찬반론을 살펴보도록 하자.

첫째, 찬성론자들은 보편주의 복지 국가가 사회 통합을 이루는 유일한 방법이라고 주장한다. 사회 통합이 이루어지지 않아 극렬한 사회 갈등이 일어나면 그것을 조정하는 데 사회적 비용이 만만치 않게 들 것이라고 한다. 반대론에서는 보편 복지 자체에 드는 비용을 이야기한다. 모두가 동일한 복지 혜택을 받는 것이 사회 통합을 이루는 가장 쉬운 길일 수도 있지만, 정말 '비용'이 문제라면 보편 복지 자체가 비싼 프로그램이라는 것이다. 두 비용을 견주는 것이 쉽지 않아 이 논쟁은 끝이 없다.

둘째, 찬성론에서는 모든 사람들이 비슷한 여러 위험에 노출되기 때문에 보편적인 프로그램이 필요하다고 한다. 그러나 그 위험이 누구에게나 똑같이 일어나는 것은 아니라는 점에서 반대론이 출발한다. 또한 특정 위험에 관한 복지 프로그램이 보편주의적 방식으로 사회권화될 경우, 그보다 더 큰 위험이 새로이 등장해도 그에 대처할 재정적 여력이 없을 수 있다는 비판도 가능하다.

셋째, 찬성론에서는 인간은 존엄한 존재이며 사회적 권리도 보편적으로 적용되어야 한다고 주장한다. 반대론에서는 인간의 존엄성에는 논쟁의 여지가 없지만, 그 존엄성을 유지하기 위해 구체적으로 어떤 사회적 권리가 가능한지를 정하는 것은 쉽지 않다고 비판한다. 법 앞에서의 평등이나 정치적 참여와 관련된 헌법적 권리와 복지로 표현되는 사회적 권리는 사회적 합의에서 차이가 난다는 것이다.

넷째, 찬성론에서는 보편주의가 복지 대상자를 골라내는 데 드는 행정 비용을 줄이기 때문에 매우 효율적이라고 주장한다. 한편 반대론에서는, 소득 파악률이 높아지거나 조세 정의가 구현되면 얘기가 달라질 수 있다고 한다. 또, 보편 복지에 드는 비용이 절감되는 행정 비용보다 훨씬 클 것이기 때문에 비용 절감만으로 보편주의를 주장하는 것은 근거가 빈약하다고 비판한다. 가능한 또 다른 비판은, 보편주의에서 급여 제공을 일부 포기하여 비용 문제를 해결하려 할 경우 복지의 질적 저하를 막을 수 없다는 것이다.

두 입장 가운데 어느 한쪽을 선택해야 하는 것은 아니다. 사회 통합 방안이 반드시 강한 보편주의나 강한 선별주의일 필요는 없다. 최근 유럽 복지 국가 개혁에서 개인과 집단의 차이를 반영하는 '분별주의'가 대세라고 한다. 실제로 정책화되는 모습을 보면, 분별주의는 완화된 보편주의일 수도 있고, 표적이 넓어진 선별주의일 수도 있다.

보편주의 vs. 선별주의

보편주의와 선별주의의 가장 일반적인 구분은 국민 모두를 대상으로 하는지 여부이다. 그런데 전 세계 어떤 복지 국가도 모든 프로그램에 보편주의를 적용하지는 않는다. 교육과 같이 주로 기회의 평등에 관련된 것은 보편주의적으로, 빈곤 등 결과의 평등에 관련된 것은 대개 잔여주의적으로 해결해 왔다.

북유럽 복지 국가의 특징으로 보편주의가 거론되기도 하지만, 실제 정책을 보면 완전한 보편주의 방식과 거리가 먼 경우가 많다. '보편주의'라 하더라도 대개 보편적 수혜를 지향하되, 구체적 정책 내용에서는 다분히 선별적 요소들을 담을 수밖에 없는 것이다.

선별주의나 보편주의라는 개념은 다음과 같이 여러 가지 의미로 해석될 여지가 있기 때문에, 보편 복지에 관한 논쟁은 비생산적인 허위 논쟁으로 흐를 여지가 다분하다.

첫째, 보편주의가 기여와 급여의 측면에서 완전히 보편적일 수는 없으므로, 선별주의가 보편주의를 어느 정도 포함하면서 긍정적인 차별을 추가하는 것이 가능하다. 이 경우 보편주의나 선별주의는 전 국민을 대상으로 복지를 제공하면서 빈곤층에 '보충적'인 급여를 더해 주는 이른바 보충주의를 의미할 수 있다.

둘째, 개인과 집단의 개성을 존중하거나 현실 상황을 고려하여 '분별적'으로 보편주의가 완화될 수도 있다. 전 국민에게 최저 수준의 욕구를 동일하게 보장하면서 부담 능력에 따라 기여율을 달리 설정할 경우, 무상 급여는 아니면서 공정한 방식의 부담 체계를 만들 수 있다.

전 국민에게 보육 서비스를 제공하는 과정을 생각해 보자. 한편으로는 공공 부문의 보육 인프라로 직접 서비스를 제공하면서 다른 한편으로는 보육료를 지원하여 기존 민간 서비스를 선택하게 할 수도 있다. 전 국민에게 일정 수준의 보육을 약속하므로 완화된 보편주의인 동시에, 개인의 개성에 따른 선택을 존중하여 분별적으로 제공하는 긍정적인 선별주의인 것이다.

한편, 선별주의와 보편주의가 완벽하게 구분되는 경우가 있다. 복지를 취약 계층에 대한 일방적 배려로 인식하는 '잔여적' 복지의 의미로 선별주의라는 용어를 사용할 때이다. 잔여주의적 복지는 빈민을 대상으로 하면서 안 줘도 될 복지를 준다는 의미를 지닌다.

하지만, 앞에서 말한 두 가지 맥락에서의 선별주의는 어느 계층에도 적용될 수 있고, 완전한 보편주의보다 더 사려 깊은 맞춤형의 복지를 의미할 수 있게 된다. 실제 복지 정책의 적용 과정에서는 보편주의와 선별주의를 긍정적으로 조화해야 국민의 복지에 더 도움이 되고, 공정한 복지에 더욱 가까워질 수 있다.

보충적 접근과 잔여적 접근

보충적 접근은 기본 욕구에 대해서는 보편적 방식으로 제공되는 복지 급여를 바탕으로 하고 추가적인 욕구 충족을 위해 여러 가지 부가 급여를 더하는 방식이다. 초기에는 기본적인 것만 보편적으로 제공하고 나머지 욕구에 대해서는 소득 하층에 대한 선별적 급여 제공에서 시작해서 사회의 부담 능력이 올라감에 따라 소득 상층으로 급여 대상을 넓혀가는 점진적 보편주의 전략이 여기에 해당한다.

이해 비해, 잔여적 접근은 기본 욕구에 대한 공동 대응 없이 욕구가 긴급한 취약 계층에만 제공하는 방식이다.

3

세상에 공짜란 없다

흔히 보편 복지가 무상 복지와 동일시되면서, 보편 복지란 공짜로 제공되는 것이라고 생각하기 쉽다. 그런데 복지는 궁극적으로 '무상'으로 제공되기 힘든 것이며, '무상'으로 제공되는 복지가 있다고 해도 본격적인 권리가 될 수 없거나 지속하기 어렵다. '의무 없이 권리 없다'라는 말은 바로 공정 사회의 기본 윤리이다.

지난 세기 유럽의 좌파 정치인들은 노동 계급의 강력한 지지에 힘입어 복지에 관한 권리를 다질 수 있었다. 이들 역시 복지가 권리가 되기위해서는 대중적 부담 배분이 선행되어야 함을 잊지 않았다. 복지를제공하는 데 드는 비용을 많든 적든 모두 공정하게 분담해야 복지에대한 권리 주장이 타당성을 얻을 수 있다.

요컨대, 공정한 복지의 기본 요건은 '권리와 의무가 공정하게 조합되는가' 여부라고 할 수 있다. 이제 복지에 관한 권리와 의무의 조합 문제를 보편주의와 선별주의 논의에 연결시켜 좀 더 자세히 들여다보자. 권리 측면인 복지 급여의 수혜 대상과 급여 할당, 그리고 의무 측면인 기여 조건으로 나누어 어떠한 조합이 있는지 살펴보자.

누구에게 복지를 줄 것인가?

일반적으로 보편주의의 의미는 '전체 인구'를 급여 대상coverage으로 하는 것이다. 그런데, 전체 인구가 무엇인지 정하는 것은 쉽지 않다. 이민이나 노동 이동이 증가하는 최근의 현실에서, 시민권만으로 수혜 대상을 한정하는 것은 보편주의가 아니라고 할 수도 있다. 스웨덴 등 일부 국가에서는 유럽 연합 국민이 아니어도 1년 이상 거주한 사람을 복지의 수혜 대상에 포함하기도 한다.

급여 대상에 따라 보편주의와 선별주의의 스펙트럼은 그림과 같은 구분이 가능하다. 이 분류는 상황에 따라 순서가 바뀔 수도 있지만, 현

보편주의와 선별주의의 스펙트럼

존하는 복지 제도를 구분하는 데에는 대체로 유용하다. 급여 대상이 보편적일수록 권리로 인식되기 쉽고, 그 반대의 경우에는 시혜나 배려 차원의 복지에 가까워진다.

첫째, 급여 대상에 '거주자'를 모두 포함하는 경우이다. 거주 기간 요건만 채우면 의료 혜택을 누릴 수 있게 하고 있어, '전 국민'을 넘어서 '전체 거주자'로까지 급여 대상이 확장된 사례이다. 현재 가장 보편적인 복지 제도에 해당한다.

둘째, '전 국민'을 대상으로 하는 경우이다. 여기서는 고전적인 시민권을 복지 급여 대상을 정하는 기준으로 한다.

셋째, '특정 연령층'이 급여 대상이 되는 것으로, '데모그란트 demogrant'라고 하는 제도들이 여기에 해당한다. 데모그란트란 아동이나 노인처럼 특정한 인구학적 범위에 있는 사람에게 국가가 아무런 조건 없이 복지를 주는 것이다. 대개의 경우 해당하는 사람들에게 정액 flat rate의 복지 급여가 제공된다.

넷째, 노동 시장 참여자를 급여 대상으로 하여 강제적으로 제공되는 경우가 있다. 사회 보험 형태로 제공되는 복지들이 이러한 방식으로 급여 대상을 설정하고 있는데, 노동 시장이 균질하고 완전 고용에 가까울수록 보편적 급여가 된다.

다섯째, 소득 최상위 계층을 제외한 국민 대부분을 대상으로 하는 경우이다. 우리 사회 일각에서 제안하고 있는 '70% 복지'가 이에 해당한다.

여섯째, 빈곤선 아래 최하위 계층만 급여 대상으로 하는 공공 부조 또는 사회 부조 제도가 여기에 해당한다. 누구라도 빈곤해지면 공공 부조라는 사회 안전망의 대상이 될 수 있어 이를 보편주의라고 말하기도 하지만, 제도만 놓고 보면 급여 대상의 범위가 가장 좁고 부정적인 의미의 선별주의나 잔여주의에 가장 가까운 제도라고 할 수 있다.

똑같이 줄 것인가, 다르게 줄 것인가?

이제 급여 할당allocation과 관련한 권리적 차원을 살펴보자. 제공하는 급여의 수준adequacy이나 질quality이 유사할수록 보편적이며, 차이가 나면 선별적이다. 선별주의적으로 급여 대상을 정할수록 급여의 질은 차이가 나게 된다. 급여 대상에 포함되는 것을 전제하면, 크게 다음 두 가지 할당 방식이 있을 수 있다.

첫째, 급여 수준이 동일한 '균등 급여'를 제공하는 경우가 있다. 국민이면서 몇 살 이하인 아동에게 월정액 30만 원을 현금 급여로 지급하는 아동 수당이나, 소득과 부의 수준을 고려하지 않고 대상자에게 균질한 사회 서비스를 제공하는 것이 균등 급여의 예이다. 국민 통합 차원에서 정액 급여를 강조한 베버리지에 따르면, 복지 국가는 반드시 모든 시민에게 최소한의 복지를 균등하게 분배해야 한다. 하지만 세금을 엄청나게 걷지 않는 한, 국민 생활 최저선national minimum의 수준이 낮아지게 되고, 적절한 최저 생계 보장마저 힘들게 된다는 딜레마에 빠진다. 전면적 '무상 의료'를 실시하려면, 세금이나 건강 보험료를 급격히 올리든지 제공되는 의료의 질을 포기하는 수밖에 없다.

둘째, 사람이나 집단의 특성에 따라 급여의 질에 차등을 두는 경우가 있다. 소득 수준에 따라 보험료 부담을 달리하고 그에 맞추어 보험 급여 수준을 달리하는 소득 비례 보험이 대표적인 사례이다. 교육을 보편적으로 제공하면서도, 장애 여부에 따라 특수 교육이라는 차등적 교육 서비스를 제공하는 경우도 이에 해당한다. 스카치폴은 이러한 방식의 긍정적 차별 조치를 '보편주의 아래서의 표적화targeting within universalism'라고 하였다. 급여가 소득과 관계없는 정액 할당에서는 욕구가 반영되지 못하는 데 반해 이 방식에서는 개성과 욕구가 매우 적극적으로 반영된다.

전 국민을 대상으로 하되, 정액 할당을 고집하지 않고 긍정적으로 차별positive differentiation하는 방식은 매우 다양하다. 기회 평등과 관련해서 가장 대표적인 것이 서울대가 주도한 지역균형선발제도, 미국 대학교들의 흑인장학생제도, 몇몇 나라에서 비공식적으로 시행 중인 여성의원할당제와 같은 '적극적 조치affirmative action' 정책이다. 이러한 조치들은 사회의 공정성을 제고하고 생산성을 높이는 데 기여할 수 있다.

공공 부조에서도 이런 긍정적 선별주의를 표방하여 욕구의 다양성에 따라 급여 내용을 차별화할 수 있다. 우리의 국민기초생활보장제도는 모든 사람을 동일하게 파악하는 일반 급여에 해당하는데, 개인이나 집단의 특성에 맞춘 범주 급여나 개별 급여로 전환하면 공공 부조 내의 긍정적 차등 급여를 실시할 수 있게 된다.

누가 얼마나 부담하게 할 것인가?

사회적 권리가 제대로 자리 잡게 하려면 사회적 의무를 공정하게 배분할 필요가 있다. 복지를 제공하는 데 필요한 자원을 어떻게 확보할 것인가, 국민들로 하여금 복지 재정에 어떻게 기여하게 할 것인가가 중요한 이슈이다.

복지 급여에 어떻게 기여contribution하도록 하는가에 따라 크게 둘로 나눌 수 있다.

첫째, 기여를 하지 않고도 급여를 무상으로 받는 경우이다. 하지만 아무 기여 없이 급여가 있을 수는 없으니, 누군가 간접적으로 부담하는 것이다. 어쩌면 자기도 모르게 세금을 더 내고 있을지도 모른다. 의무와 권리를 공정한 방식으로 조화해야 복지에 대한 권리가 진작된다는 말을 되새겨 보자. 중산층 이상에게만 부담을 전가할 경우 실제 수혜를 받는 취약 계층의 복지에 대한 권리성 자체가 취약해질 수 있다는 점에서 이 방식은 문제가 있다.

둘째, 기여를 차등적으로 직접 분담하는 유상 방식이 가능하다. 소득에 따라 사회 보험료를 달리 부과하는 경우가 대표적인 사례이다. 이용료를 차등 부과하여 빈곤층의 서비스 이용료를 '0'으로 하면 부분적으로 무상 서비스가 제공될 수도 있다. 그러면 수혜자 부담 원칙이 지켜지면서 동시에 부담 능력에 따라 동일 급여에 대한 부담을 달리하여 전체적인 공정성도 높아질 수 있다.

다른 차원에서도 복지 급여에 대한 부담 방식을 논할 수 있는데, 세대 간 의무 배분의 공정성 문제가 그것이다. 다음 세대를 예측하기 힘든 상황에서 그들이 동의할 것이라 가정하고 세대를 넘어서는 방식으로 의무 배분 방식을 확정하는 것은 공정하다고 할 수 없다. 아직 태어나지 않은 아이들에게 우리 세대의 부담을 지우는 방식으로 복지 국가를 설계하는 것은 '동의의 환상'이라 할 수 있다.

복지 급여에서 세대 간 의무 재분배 문제는 불공정의 온상이 될 수 있다. 후대의 상당한 생산성을 미리 준비할 수 없다면, 세대 내 재분배로 그 세대가 스스로 책임지도록 해야 할 것이다.

4

사자와 소를 위한
칸막이 만들기

보편과 선별을 어떻게 조화할지, 또는 권리와 의무를 어떻게 조합할지 정하는 것은 문화적이면서 동시에 대단히 정치적인 문제이다. 그럼에도 불구하고 문화적 상대주의를 넘어 공유할 수 있는 복지 국가의 가치를 따져 볼 수는 있을 것이다. 지금까지 공정 사회를 이루기 위한 복지 국가의 의미와 형태를 살펴보았다면, 이제 서로 다른 복지 국가 전략의 공과를 총체적으로 살펴보기로 하자.

실천적 공정 복지의 의미와 세 가지 복지 전략

영국 시인 윌리엄 블레이크는 "사자와 소를 위한 하나의 법은 억압이다"라고 일갈하였다. 사자와 소를 한 울타리에 넣어 놓고 자유롭게 경쟁하라고 하는 것은 사자에게 밥 주는 것밖에 안 된다는 얘기다. 그래서 칸막이를 만드는 복지 국가의 역할이 필요하다. 어떻게 하면 좋은 칸막이를 만들 수 있을까? 여러 나라에서 시행하고 있는 다양한 복지 전략을 공정 사회의 잣대로 견주어 보자.

에스핑 안데르센은 복지 전략을 세 가지 유형으로 구분하였다. 자유주의, 보수주의, 사민주의에 따른 각각의 복지 체제는 매우 상이한 특성을 지니면서 구분이 가능하다(Esping-Andersen, 1990).

먼저, 북유럽형 보편주의 복지 전략인 사민주의 체제는 시민권에 기초한 사회 보장을 실시하는 것으로 유명하다. 이 체제는 현금뿐만 아니라 다양한 기본적 욕구에 대한 포괄적 사회 서비스도 제공한다. 동시에 성 평등적이며 노동 운동의 전통이 강한 특징이 있다.

대륙 유럽형 보편주의 복지 전략인 보수주의 체제는 사회 보장 체계가 산업 부문별로 분절되어 있으며, 고용을 중심으로 하여 포괄적 현금 이전의 형태로 사회 보장이 이루어진다. 이 체제는 전통적으로 가부장제가 강하여 남성 부양자 모형이라는 특징을 지닌다.

영미형 선별주의 복지 전략인 자유주의 체제는 부정적 의미의 선별주의적인 특징을 갖고 있는데, 매우 부분적인 욕구만을 공공 부조 중심의 복지를 통해 해결하며 사회 보험이나 사회적 서비스는 크게 발달하지 않았다. 충족하지 못한 복지 욕구는 시장에서 사적 보험이나 사적 서비스를 구매하여 해결하는 시장 중심 체제이다.

이와 같이 복지 전략이 다양한 것은 어떤 면을 똑같이 대우하고 어떤 면을 다르게 대우하느냐 하는 복지 제공에서의 선택들이 이념적이고 정치적이라는 것을 뜻한다(김기덕, 2002).

앞에서 자유지상주의로 갈수록 차이에 입각한 대우를 강조하고, 집합주의로 갈수록 동일성에 입각한 대우를 강조한다는 것을 살펴보았다. 하지만, 실제 공정 복지의 모습은 둘의 중간 지점에 있을 가능성이 크다. 문제는 개인과 집단의 동일성과 차이를 동시에 고려하여 가장 효과적으로 복지를 제공하는 방식을 찾는 것이다. 실천적인 공정 복지의 준거는 모든 사람을 평등하게 대우하도록 노력하는 것뿐만 아니라 특별히 불평등한 처우가 요구될 경우 그것을 적극적으로 반영하는 것도 포함해야 하는 것이다(Frankena, 1973; 김기덕, 2002에서 재인용).

실용주의나 중도적인 입장을 전제로 한다면, 공정한 사회의 복지는 다음과 같은 특성을 지녀야 할 것이라 기대된다.

첫째, 기본적으로는 기회의 평등이 확고하게 담보되어야 하며, 결과적으로도 사회적 약자에게 좀 더 분배되어야 한다. 반드시 기억해야 할 것은 중산층을 지켜 내고 이들을 중심으로 사회의 공정성이 지속되어야 한다는 점이다. 이는 앞에서 말한 '필요'의 요소와 관련된다.

둘째, 모든 사람의 기본적인 자유를 충족하거나 한 사회의 총복지를 높이기 위해 필요한 자원을 되도록 풍족하게 확보하고 이를 지속적으로 증가시켜야 한다. 즉, '보상'과 관련된 측면이다.

셋째, 국가는 정의로운 수준의 조세를 통해 재분배를 시행하는 등 적절한 역할을 수행하여 사회 정의를 고양해야 한다. 무엇보다 권리와 의무가 조화롭게 대응하는 방식으로 사회 보장을 설계하여 정치적으로 수용되는 재원을 마련해야 한다. 이는 법 규범에 대한 동의의 정도를 의미하며, 개인의 자유권을 재정적으로 제한한다는 면에서 부분적이나마 '권리'의 측면과 연결된다고 할 수 있다.

이제 이러한 공정 복지의 몇 가지 준거를 바탕으로 해서 현존하는 세 가지 복지 전략들의 성공과 실패를 종합적으로 따져 보자.

다양한 복지 전략의 성공과 실패

북유럽과 대륙 유럽형은 보편주의를 표방하고, 영미형은 선별주의에 가깝다고 할 수 있다. 아래 표에서 확인할 수 있는 것처럼, 보편주의는 선별주의보다 복지 지출 규모가 두 배 가까이 크고 따라서 국민 부담도 훨씬 크다. 현실적으로 지속 가능한 복지 전략은 크건 작건 그 규모에 맞는 국민 부담을 전제로 한다.

먼저, 한 사회의 불평등과 양극화를 얼마나 감소시키고 있는지 따져 보자. 사회의 약자에 대한 추가 지원이 공정하다는 점에 관해서는 큰 이견이 없을 테고, 따라서 이것은 공정한 복지의 주요 항목이 될 수 있다. 표에서 볼 수 있는 것처럼, 불평등은 선별주의에서 더 높게 나타난다. 신자유주의에서 주장하는 것처럼 복지 제공을 빈곤한 계층에 집중할 경우 대상 효율이 증대되어 불평등이 효과적으로 감소할 것이라는

세 가지 복지 전략의 공정 복지 성적표

유형	사회지출	국민부담	불평등	양극화	성장률	실업률	조세저항
북유럽형	높음	높음	낮음	낮음	중간	낮음	낮음
대륙유럽형	높음	높음	중간	중간	낮음	높음	중간
영미형	낮음	낮음	높음	높음	중간	중간	높음

재분배의 역설

불평등을 없애기 위한 복지 정책을 시행할 때, 표적 집단을 빈곤층에게만 잔여적으로 한정하고 복지 지출을 집중하면 대상 효율target efficiency이 높아진다는 주장이 실제로는 이루어지지 못하는 것을 이른다. 재분배 정도는 국민 부담 수준의 정도 또는 총사회 지출의 정도에 비례하는 경향이 있는데, 재미있는 사실은 조세 저항이 높은 나라에서 재분배가 잘 안 된다는 것이다. 재분배의 역설이 발생하는 이유는 잔여주의가 납세자의 동의를 얻기 힘들어, 공공 부조의 급여 수준이 낮아지기 때문이다.

정책 지향은, 적어도 현실에서는 실현되지 못하고 있다. 중산층을 살리려면 복지를 되도록 작게 하면서 시장을 활성화해야 한다는 주장 역시 타당하지 않다. 불평등 제거나 양극화 감소를 위해서는 복지 지출이 상당히 이루어져야 한다는 것이다.

복지 국가를 지속하기 위해 전제되어야 할 경제적 성과를 비교해 보자. 복지 국가를 반대하는 논거 가운데 가장 유명한 것은 복지가 사람들을 나태하게 만들어 생산의 발목을 잡는다는 주장일 것이다. 이것이 사실이라면 사회 지출과 국민 부담 수준이 높을수록 경제적 성과는 낮아져야 한다(단, 표의 나라들이 서구 선진국들이기 때문에 성장률 지표는 개도국보다 낮을 수밖에 없음을 기억하자). 복지 지출이 적은 영미형의 성장률이 더 높기는 하지만, 북유럽의 성장률도 만만치 않다. 복지에 돈을 많이 쓰는 보편주의를 택한다고 해서 반드시 성장률이 낮아지는 것은 아니다. 실업률 지표를 비교해 보아도 마찬가지다.

위의 두 가지와 관련되면서도 따로 이야기해야 할 중요한 잣대가 있다. 국민들이 복지를 공정하다고 느껴 복지에 필요한 돈을 흔쾌히 낼 것인가 하는 문제이다. 사회 지출 수준이 높으면 국민 부담이 커지고, 국민 부담이 커지면 조세 저항이 커질 것이라 예상할 수 있다.

하지만 결과를 보면 국민 부담이 큰 북유럽형보다 영미형에서 조세 저항이 높게 나타난다. 여기서 복지를 잔여주의적으로 실시할 경우의 정치 사회적 결과에 주목할 필요가 있다. 빈곤층에만 무상으로 복지를 제공하는 잔여주의는 사회를 1:9로 양분한다. 세금은 내지 않고 복지만 누리는 10%와 세금만 내고 복지는 전혀 누리지 못하는 90%로 사회가 분열된다는 것이다.

그렇다면 북유럽과 대륙 유럽의 차이는 어디서 발생하는가? 대륙 유럽형은 주로 연금이나 실업 보험 등 현금 급여를 중심으로 하는데, 대부분 복지 급여를 받기까지 보험료만 내면서 오래 기다려야 한다. 반면, 북유럽형에서는 현금뿐만 아니라 보육, 교육, 건강, 주거, 고용 등에서 전 국민을 대상으로 다양한 사회 서비스를 발전시켜 왔다. 이러한 서비스를 이용하려면 돈을 부담해야 하지만 일상적으로 급여를 받는다는 면에서 대륙 유럽의 현금 급여와 차이가 있다. 부담과 동시에 혜택이 주어지는 일상적 급여 위주로 복지 국가를 발전시켜 조세 저항이 낮아진 것이다.

결국, 복지 국가의 조세 저항은 총복지 지출이나 국민 부담률의 절대적 크기만으로 정해지는 것이 아니다. 그것은 국민들이 권리와 의무의 견지에서 그 나라 복지를 공정하다고 보는가와 관련된다. 이러한 국민적 인식은 그 사회의 문화와 제도적 전통, 사회의 분위기 등에 의해 상당 부분 규정될 수밖에 없다.

이제 다음과 같은 결론이 가능하다. 첫째, 복지 국가를 크게 가져갈수록 '필요' 또는 욕구에 부응하는 정도는 커진다. 단, 이 경우 국민 부담 수준이 함께 높아진다는 점에 주목해야 한다. 둘째, 현금보다는 사회 서비스 위주로 복지를 확대하거나 양자 간의 균형을 이루었을 때 경제 성과가 좋다. 즉, 적절한 '보상'과 동기 부여를 위한 경제 성장이 가능하다. 셋째, 조세에 의해 개인의 자유로운 '권리'가 제한될 경우 개인이 그것에 동의하는 정도는 부담의 절대량이 아닌 권리와 의무가 얼마나 조화를 이루는가에 따라 달라진다.

5

요구를 분별하고,
맞춤형 조합을 찾아라

지금까지 논의에서, 우리나라의 복지 전략을 새로이 가다듬기 위한 몇 가지 교훈을 얻을 수 있다. 첫째, 북유럽형 보편주의가 가장 성공적인 것처럼 보이지만, 기존 복지 국가의 배경이 되었던 거의 모든 것들이 변화하고 있는 상황에서 완전한 해답은 될 수 없다(Ahn, 2000). 둘째, 공정한 복지의 여러 측면 가운데 어떠한 것을 강조하는가에 따라 보편주의가 답일 수도 있고 선별주의가 답일 수도 있다. 이러한 흑백 논리를 뛰어넘어야만 한국형 전략을 창출할 수 있을 것이다.

한국형 복지 전략은 어떻게 구성되어야 할까? 기본적으로는 '소득 보장'에서 '생활 보장'으로 정책 패러다임을 전환하여야 한다. 전통적인 복지 국가의 수단인 소득 보장은 최근 정치·경제적 지속 가능성이 떨어지고 있다. 소득 보장에 아울러 사회 서비스를 강화한 생활 보장을 새로운 한국형 복지 국가의 전략으로 활용해야 한다.

보다 구체적인 복지 개혁 전략은 사회 서비스 중심의 다층적 생활 보장 안전망 구축으로 정리할 수 있다. 현재의 분절적 안전망은 사각 지대와 중복 지원 가능성이 있어 개선이 시급하다. 생애 주기적인 기본 욕구global needs에 대한 '일반적 생활 보장'과 특수한 욕구specific needs에 대한 '범주적 생활 보장'을 동시에 고려한 다층 안전망으로의 구조 조정을 제안할 수 있다.

예컨대, 1차 안전망은 생애 주기적 기본 생활 욕구에 대한 보편적 사회 서비스를 지향하되, 초기에는 취약 계층에서 출발하여 중산층까지 적용 대상을 점진적으로 확대하는 전략이 필요하다. 급여 측면에서는 보편주의 방식이라 하더라도 소득 수준별 '차등 이용료'를 부과하면, 공정성을 담보하고 낙인을 방지하며 무엇보다 국가 재정을 절감할 수 있다.

2차 안전망은 생애 주기적 기본 생활 욕구에 대한 소득 보장으로, 사회 보험형 공적 현금 급여로 구성한다. 기본 욕구는 1차 안전망이 상당 부분 소화할 것이므로, 정책적 사각지대를 줄이면서도 재정 부담은 크게 늘리지 않는 선에서 합리적 조정이 가능할 것이다.

3차 안전망은 생애 주기적 기본 생활 욕구에 대해 일정 부분 민영화된 소득 보장, 예를 들면 퇴직 연금과 민간 연금 보험으로 구성한다. 공정한 부담과 적절한 급여라는 면에서 중산층 이상의 욕구를 수용하고, 시장 활성화를 꾀하는 데 필요한 부문이다.

4차 안전망은 3차 안전망에서도 해결되지 못한 채 남겨질, 취약 계층의 잔여 욕구에 대한 범주형 공공 부조이다. 이것은 대표적인 사회적 취약 그룹들, 저소득층 아동, 노인, 장애인, 여성, 실업자 가구 등에 대한 특수한 사회 서비스에 더하여 보충적으로 제공되는 현금 급여로 구성한다. 무엇보다, '자격 없는 빈자undeserving poor' 논쟁에 휘말리기 쉬운 근로 빈곤층에 대해서는 고용 서비스와 결합된 '실업 부조' 등의 형태로 분리할 필요가 있다.

요컨대, 개인이나 집단이 가지고 있는 욕구의 종류에 따라 보편적 복지를 보완하는 다양한 분별적discretionary 조치가 가능하다는 사실을 기억해야 한다. 보충적인 방식으로 완화된 보편주의 또는 보편주의와 선별주의의 맞춤형 조합으로, '차이를 인정하는 평등differential equality'을 염두에 두고 개성 있는 인간 욕구의 다양성에 부응하는 방향으로 나아가야 하는 것이다.

복지를 공공재라고 한다면, 공공재의 대상이 되는 욕구에 따라 분별 있는 맞춤형 조합을 찾는 것이 중요하다. 첫째는 빈민을 대상으로 하는 공공재이며, 둘째는 노동 시장 참여자를 기반으로 하는 공공재, 그리고 셋째는 모든 시민을 대상으로 하는 공공재가 그것이다. 이러한 방식으로 기본 욕구와 특수 욕구를 잘 구분하는 것이 매우 중요하며, 소득 수준만으로 복지의 대상을 정하는 경제적 욕구 평가에서 벗어나 개인과 집단의 욕구 차이를 진단하는 전문적 욕구 평가로의 정책 전환이 필요하다.

Education

"교육을 어떻게 분배하는 것이 합당한가, 또는 교육 분배에 있어 차등이 정당한 것인가 하는 문제가 사회적 관심사다. 그것은 곧 공정성, 정의의 문제다."

8장

함께 누리는
인간성장의 기회

공정한 교육에서 자주 거론되는 것이 '교육의 기회'다. 그런데 교육 기회를 취학의 기회만으로, 단순하고 형식적인 시각으로 보는 경우가 많다. 아동이 학교를 다녔는지 여부로 그의 교육 기회 수혜 여부를 판단하는 것이다. 이런 시각에서는 두 사람이 같은 단계(초등학교, 중학교, 고등학교 등의 등급)의 학교를 졸업했다면, 그들은 평등한 교육 기회를 누렸다고 본다. 그러나 교육의 가치와 기능을 조금만 신중하게 생각해 보아도 이 판단이 옳지 않다는 것을 알 수 있을 것이다.

같은 학교에 다니고 있는 정희와 광호를 생각해 보자. 둘은 같은 건물, 같은 교육 프로그램, 같은 선생님, 같은 동료들이 있는 학교에 다니고 있다. 정희는 자신의 적성과 재능을 살리는 공부를 하면서 선생님의 적극적이고 따뜻한 배려 속에 친구들과도 좋은 관계를 유지하고 있다. 정희는 자신의 성장에 유익한 경험들을 하면서 행복한 학교생활을 하고 있다. 그런데 광호에게 있어서 학교생활은 그리 유익하지도 행복하지도 않다. 학교에서 가르치는 내용과 방법은 광호의 잠재력과 개성에 별로 잘 맞지 않으며, 광호를 대하는 선생님들의 태도도 그리 따뜻하거나 열성적이지 않다. 더구나 동료 학생들로부터 왕따까지 당하고 있다.

학교에서 정희와 광호의 처지가 이렇다면, 둘은 평등한 교육 기회를 누린다고 말할 수 있을까? 두 학생이 아무리 똑같은 학교를 똑같은 기간 동안 다녀 졸업을 한다 해도, 학교에서 그들이 처한 처지가 이렇다면 그들은 동등한 교육 기회를 누린 것이 아니다.

교육의 이름으로 학생에게 제공되는 것과 학생이 경험하는 것은 그 학생에게 '의미 있는 것'이 될 때 비로소 교육 기회로서 가치를 갖게 된다. 학교를 통해 제공된 배움과 성장의 기회가 정희에게는 의미 있는 것이었으나 광호에게는 그렇지 않았다. 학교에서 제공된 것들 중 광호의 성장에 의미 없는 것은 그가 누린 교육 기회가 아니다.

교육에서 결과도 중요하지만, 과정 역시 중요하다. 교육에서 눈에 보이는 것도 중요하지만, 진정 중요한 것은 눈에 보이지 않는 것 중에 많다. 또 신속하고 분명하게 나타나는 효과도 있지만, 느리고 불분명하게 나타나는 효과도 많다.

학생은 학교라는 교육의 장에서 수많은 계기를 통해 수많은 것을 보고, 느끼고, 반응한다. 그리고 그 모든 것들이, 이를테면 의식과 무의식 속에서 느끼고 반응한 학교 건물의 조형적 특징과 건축 자재의 질감 같은 것까지도, 한 인간으로서의 성장에 영향을 미친다.

1

공정한 교육, 왜 중요한가

사람은 누구나 더 나은 삶을 살고자 한다. 좋은 수입과 지위를 누리며 세련된 지성과 정서를 가진 인격체로 살고자 한다. 사람들은 원하는 삶을 가능하게 해 주는 조건들을 갖추려고 노력한다.

좋은 삶에 요구되는 조건들은 크게 내적 조건과 외적 조건으로 나누어 볼 수 있다. 내적 조건이란 인간의 존재 자체를 이루는 것으로, 이를테면 지적 수준이나 정서 상태, 도덕성, 미적 감각 같은 것이 여기에 해당한다. 외적 조건이란 인간의 물질적, 사회적 생활 여건에 해당하는 것으로, 재산이나 지위, 명예 같은 것이다. 교육은 삶의 내적 조건이나 외적 조건을 구비하는 데 불가결한 요건이다. 사람들은 교육을 통해 훌륭한 인격체로서 지녀야 할 지적·정서적 면모와 품성을 갖출 수 있으며, 교육을 통해 사회경제적 이득과 지위를 얻을 수 있는 능력을 확보할 수 있다. 이러한 이유로 사람들은 양질의 교육을 더 많이 받고자 한다.

그런데 이것이 한정된 자원이라 사회 구성원 모두의 욕구를 충족시켜 줄 만큼 충분하지 않는다는 것이 문제다. 롤스Rawls의 표현을 빌리자면, 하나의 '사회적 가치social goods'인 셈이다. 그러므로 교육은 경쟁과의 대상이 될 수밖에 없다. 제도와 원칙에 의해 분배될 수밖에 없고, 항상 차등이나 불평등이 발생할 가능성이 존재한다.

교육을 어떻게 분배하는 것이 합당한가, 또는 교육 분배상의 차등이 정당한 것으로서 받아들일 만한 것인가 하는 문제가 사회적 관심사가 된다. 그것은 곧 공정성의 문제이고, 정의의 문제이다.

사회 구성원이 수용할 수 있는 원칙에 따라 교육의 기회가 분배될 때, 공정한 교육이 실현되고 있다고 볼 수 있다. 필수적인 기본 교육이 누구에게나 제공되고, 교육 기회에 있어 차등이 필요한 경우 정당한 차등이 발생하며, 교육적 약자에 대한 최대한의 배려가 이루어질 때, 공정한 교육이 실현되고 있는 것이다.

어느 사회에서나 교육의 공정성 문제에는 관심과 논란이 뒤따른다. 우리 국민들은 교육에 강한 열망을 가지고 있고 교육의 불평등에 대해 매우 민감한 반응을 보이기 때문에 우리 사회에서는 그 관심과 논란의 강도가 한층 커질 수밖에 없다. 이는 우리 교육 분야에 있어 공정성의 문제가 매우 진지하고 신중하게 다루어져야 함을 말해 준다.

우리 사회에서 공정한 교육의 실현은 중대한 과제가 아닐 수 없다. 공정한 교육을 실현하는 데 적합한 제도와 정책이 특별한 노력 속에 구상되어야 할 것이다. 공정한 교육은 그 자체만으로도 큰 가치를 갖는 것이지만, 더 큰 맥락에서 보면 공정한 사회의 실현을 가능케 하는 매우 중요한 토대가 된다는 점에도 유의할 필요가 있다.

우리는 왜 교육을 원하는가

사람은 누구나 배울 권리가 있다

모든 인간은 존엄하다. 인간이 갖는 존엄성은 천부적인 것으로, 다른 것과 비교되거나 다른 것을 위한 수단이 될 수 없다. 인간은 누구나 자신을 더 나은 존재로 성장시키면서 가치로운 삶을 살 권리를 갖는다. 모든 인간에게는 자아를 계발하고 행복한 삶을 추구할 양보할 수 없는 권리가 있다. 그것은 한마디로 인간답게 살 권리라 할 수 있다.

이 권리의 구체적 실현은 별도의 의지와 노력을 통해 가능해진다. 인간은 학습을 통해 자신의 잠재된 가능성을 일깨워 더 나은 인간으로 성장할 수 있고, 자신이 원하는 삶을 준비할 수 있게 된다. 사람이 사람다운 면모를 갖춰 품격 있는 삶을 살기 위해서는 학습을 통한 자기 계발과 자기 형성의 과정을 거쳐야 한다.

인간의 존엄함은 그로 하여금 배울 기회를 갖게 함으로써 현실화되어야 한다. 사람은 누구나 배울 권리, 즉 학습권을 갖는다. 그 권리는 인간의 존엄성과 직결되는 숭고한 권리이다.

문명화된 사회에서는 사람의 배울 권리를 기본권 차원의 권리로서 중시한다. 일반적으로 기본권을 말할 때, 그것은 인간답게 사는 데 필요한 최소 필수 조건을 누릴 권리로 이해된다. 배울 권리 곧 학습권이 이러한 기본권으로 간주된다고 할 때, 누군가의 학습권을 박탈하거나 거기에 손상을 가하는 것은 곧 그의 인간다운 삶의 가능성을 빼앗거나 거기에 장애를 일으키는 것이 된다.

당연히, 배울 권리는 '사람이라면 누구나' 향유해야 할 권리다. 배울 권리를 요구할 수 있는 조건은 간단명료하다. '사람'이라는 사실은 배울 권리를 요구하는 데 필요한 '유일하고 완전한' 조건이다.

이런 까닭에 사회 구성원의 학습 기회 요구에 대한 대응은 일반적으로 공적 제도 마련과 공공 자원의 투입을 통해 이루어진다. 대부분의 국가에서 사학私學 체제가 존재한다고 해도, 기본적으로는 국민의 교육을 국가가 책임지는 방식을 취하고 있다. 물론 이 권리를 실질적으로 보장하는 수준과 방식은 나라마다 차이가 있다. 한 예로 무상 의무교육이 어느 연령, 어느 단계까지 이루어지느냐는 각 나라가 처한 상황에 따라 다르다. 그러나 어떤 경우든, 국민의 배울 권리가 해당 국가의 역량이 허용하는 범위 내에서 최대한 충족되어야 한다는 점은 분명하다. 우리 사회가 공정한 교육을 추구함에 있어서도 그 기본 지향은 국민 각자가 지닌 배울 권리를 보다 충분하게, 그리고 보다 효과적으로 충족시켜 주는 데 두어야 할 것이다.

교육이 갖는 기능들

교육의 기능을 설명하기에 앞서 교육의 목적과 가치에 대해 이야기해 보자. 교육의 목적이나 가치를 이야기할 때 내재적인 것과 외재적인 것으로 나누어 설명하는 경우가 많다.

교육은 일차적으로 인간의 존재 자체를 형성하는 데 그 가치를 둔다. 앎, 생각, 신념, 감각, 기능과 같은 한 인격체를 이루는 속성을 바람직한 방향과 수준으로 이끄는 것이 교육이 본질적으로 지향하는 바이다. 교육이 갖는 본연의 취지와 성질 안에 이미 존재하는 것이라는 점에서, 이것을 교육 '안'에 있는 목적, 즉 '내재적' 목적이라 할 수 있다.

교육의 외재적 목적은 교육 그 자체와는 직접적 관련이 없는 다른 것을 얻기 위해 교육이 도구적 구실을 하는 데 있다. 가령, 교육을 통해 얻은 지식을 이용하여 사회적 지위나 부를 얻고자 할 경우, 이때 교육의 목적은 교육 '밖'에 있는 것, 즉 '외재적'인 것이 된다.

교육의 기능은 교육의 목적이나 가치가 갖는 이러한 두 가지 차원과 연결 지어 설명할 수 있다. 교육의 내재적 목적과 관련된 기능을 본질적 기능이라 하고, 교육의 외재적 목적과 관련된 기능을 비본질적 기능이라 할 수 있다. 이를 다시 인간의 삶에 필요한 조건들과 관련지어 말하면, 교육의 본질적 기능은 삶에 필요한 내적 조건과 관련되며, 교육의 비본질적 기능은 삶에 필요한 외적 조건과 관련된다.

사람은 누구나 더 나은 삶을 살고자 하는데, 거기에는 내적 조건과 외적 조건이 모두 요구된다. 교육을 받음으로써 더 높은 지성과 감성을 지니고 더 고상한 심미안을 갖게 되었다면, 이때 교육이 작용한 바를 가리켜 교육의 본질적 기능이라 할 수 있다. 한편, 교육의 결과로 얻은 무엇인가를 이용하여 좋은 일자리를 얻게 되고, 더 많은 돈을 벌게 되고, 더 높은 사회적 지위를 누리게 되었다면, 이때 교육이 작용한 것을 일러 교육의 비본질적 기능이라 할 수 있다.

　교육은 이렇게 본질적 기능과 비본질적 기능을 통해 우리로 하여금 더 나은 삶을 살 수 있게 한다. 여기에서 본질적 기능은 교육이 갖는 일차적 기능 또는 본연의 기능이라 할 수 있고, 비본질적 기능은 교육의 이차적 기능 또는 부수적 기능이라 할 수 있다. 교육이 갖는 이러한 기능에 비추어 볼 때, 교육의 공정성 문제가 사회적 주요 관심사가 되고 정책적 핵심 과제가 되는 것은 당연한 일이다.

3

정의로운 교육분배의 원칙

교육 기회에 대한 올바른 시각

공정한 교육에서 자주 거론되는 것이 '교육의 기회' 이다. 공정한 교육에 관해 논의하거나 공정한 교육을 위한 정책을 입안하는 사람들에게 있어 교육 기회에 대한 올바른 관점을 갖는 것은 매우 중요하다. 교육의 기회에 대한 관점과 안목이 협소하거나 왜곡되어 있을 경우, 공정한 교육에 관한 모든 논의와 실천적 노력들은 근본적인 한계를 드러낼 수밖에 없다.

교육 기회를 단순하고 형식적인 시각으로 보는 경우가 있다. 교육 기회를 취학의 기회로 보는 것이 대표적인 예이다. 학습자가 학교를 다녔는지 여부를 그의 교육 기회 수혜 여부로 판단하는 것이다. 이런 시각에서는 두 사람이 같은 단계(초등학교, 중학교, 고등학교 등의 등급)의 학교를 다녔거나 졸업했다면, 그들은 평등한 교육 기회를 누렸다고 본다. 그러나 교육의 가치와 기능을 조금만 신중하게 생각해 보아도 이 판단이 옳지 않다는 것을 알 수 있을 것이다.

같은 학교에 다니고 있는 정희와 광호를 생각해 보자. 둘은 같은 건물, 같은 교육 프로그램, 같은 선생님, 같은 동료들이 있는 학교에 다니고 있다. 정희는 자신의 적성과 재능을 살리는 공부를 하면서 선생님의 적극적이고 따뜻한 배려 속에 친구들과도 좋은 관계를 유지하고 있다. 정희는 자신의 성장에 유익한 경험들을 하면서 행복한 학교생활을 하고 있다. 그런데 광호에게 있어서 학교생활은 그리 유익하지도 행복하지도 않다. 학교에서 가르치는 내용과 방법은 광호의 잠재력과 개성에 별로 잘 맞지 않으며, 광호를 대하는 선생님들의 태도도 그리 따뜻하거나 열성적이지 않다. 더구나 동료 학생들로부터 왕따까지 당하고 있다.

학교에서 정희와 광호의 처지가 이렇다면, 둘은 평등한 교육 기회를 누린다고 말할 수 있는가? 두 학생이 아무리 똑같은 학교를 똑같은 기간 동안 다녀 졸업을 한다 해도, 학교에서 그들이 처한 처지가 이렇다면 그들은 동등한 교육 기회를 누린 것이 아니다.

교육의 이름으로 학생에게 제공되는 것과 학생이 경험하는 것은 그 학생에게 '의미 있는 것'이 될 때 비로소 교육 기회로서 가치를 갖게 된다. 학교를 통해 제공된 배움과 성장의 기회가 정희에게는 의미 있는 것이었으나 광호에게는 그렇지 않았다. 학교에서 제공된 것들 중 광호의 성장에 의미 없는 것은 그가 누린 교육 기회가 아니다.

교육 기회는 배움의 기회일 텐데, 우리가 어떤 경험의 과정을 거쳤을 때, 또는 우리에게 어떤 일이 일어났을 때, 우리는 배웠다고(또는 더 잘 배웠다고) 할 수 있는가? 그 판단 기준은 무엇인가?

교육에서 결과도 중요하지만, 과정 역시 중요하다. 교육에서 눈에 보이는 것도 중요하지만, 진정 중요한 것은 눈에 보이지 않는 것 중에 많다. 또 신속하고 분명하게 나타나는 효과도 있지만, 느리고 불분명하게 나타나는 효과도 많다.

학생은 학교라는 교육의 장에서 수많은 계기를 통해 수많은 것을 보고, 느끼고, 반응한다. 의식 중에 그런 일이 일어나기도 하지만 무의식 중에도 일어난다. 그리고 그 모든 것들이, 이를테면 의식과 무의식 속에서 느끼고 반응한 학교 건물의 조형적 특징과 건축 자재의 질감 같은 것까지도, 한 인간으로서의 성장에 영향을 미친다. 그 경험들은 학교가 의도한 공식적 교육 활동에 의해 일어나기도 하지만, 공식적 의도와는 직접적 관련이 없는 것들에 의해서도 일어난다. 교육에 대한 깊고 맑은 안목을 가진 부버(Buber, 1967: 102)의 말처럼, 교육은 가르치는 사람의 직접적인 행위가 아닌 "그가 쉬고 있는 시간 속에서"도, 그리고 "그가 그냥 있음으로 해서"도 일어날 수 있는 것이다.

이런 경험의 과정을 통해 학생은 한 인간으로서 자신의 존재를 변화시켜 간다. 그 안에는 객관적으로 측정하여 나타낼 수 있는 것도 있지만, 그럴 수 없는 것도 무수히 많다. '암묵지暗默知'라는 개념으로 잘 알려진 폴라니(Polanyi, 1967: 4)는 "우리는 우리가 말할 수 있는 것보다 더 많은 것을 알고 있다"고 말한 바 있다. 우리가 알 수 있고 또 알고 있는 것들 중에는 일일이 분별하거나 떠올려 언급할 수 없는 것들이 많다는 것이다. 이렇듯 한 학생이 교육을 통해 얻은 결과 중 많은 부분은 그 자신마저도 인식할 수 없는 것들이다. 그러나 분명한 것은 그 모든 것들이 그의 새로운 존재를 이루게 된다는 것이다. 그리고 그것들은 그의 생애에 걸쳐 면면히 작용하게 된다는 것이다.

학생의 성장에 의미 있는 영향을 미치게 되는 요소들은 모두 그의 '교육 기회'를 이루게 된다. 그렇게 볼 때, 교육 기회는 참으로 복잡한 것이다. 그 구성 요소들을 쉽게 규정하기 어렵고, 그것이 교육의 장에 어떻게 분포하여 어떻게 작용하는지 가늠하기가 쉽지 않다. 그러나 그것들이 제도와 공적인 노력을 통해 직·간접적으로 만들어지고 제공될 수 있는 것이라면, 그것들은 어떤 식으로든 교육의 공정성과 관련된 담론과 실천의 대상이 되어야 한다. 교육 기회에 대한 이러한 시각은 교육을 '분배'함에 있어서, 혹은 교육의 '공정성'을 모색함에 있어서, 얼마나 섬세하고 신중한 고려가 뒤따라야 하는지를 잘 말해 준다.

공정한 교육 분배를 위한 원칙

앞에서 말한 바와 같이, 공정한 교육이란 교육을 필요로 하는 사람들에게 교육의 기회가 공정하게 배분된 상태이다. 교육정의教育正義의 문제가 어떻게 하면 성장에 유의미한 학습의 장을 각 교육 대상에게 적절하게 배분해 줄 것인가로 요약될 수 있다고 할 때(이돈희, 1999: 514), 공정한 교육이란 곧 교육정의가 잘 실현된 상태라 할 수 있다.

공정한 교육을 위해서는 교육 기회를 공정하게 분배하는 원칙이 확립되어야 한다. 교육 기회가 각 대상에게 제공되는 구체적인 상황에서는 섬세하고, 신축적인 해석과 판단이 이루어져야 하겠지만, 모든 교육적 구상과 실천에 총괄적으로 적용될 원칙은 일관되게 확립될 필요가 있다.

현대의 정의론에 심대한 영향을 미친 롤스Rawls는 그의 저서 《정의론》(1971)에서 사회 제도의 구상과 운영의 지침이 될 정의의 원칙을 제시한 바 있다. 그의 정의의 원칙은 기본적 권리와 자유의 향유를 우선시하면서도 자유지상주의나 능력주의가 초래할 수 있는 불평등의 문제를 극복하고자 하는 평등 지향성을 담고 있는 것으로 평가된다(Sandel, 2009). 필자는 그의 정의의 원칙을 교육이라는 사회적 가치의 분배에 적용하여 교육정의의 원칙을 구상한 바 있다(허병기, 1998: 44-54). 그것을 토대로 하여 공정한 교육 분배를 위한 원칙을 이야기해 보기로 한다.

공정한 교육 분배의 원칙이라 할 수 있는 교육정의의 원칙은 다음과 같다.

제1원칙은 평등한 교육권의 원칙으로, 모든 사람은 최소한의 기본적 교육을 받을 수 있어야 하며, 학습자의 교육 선택권이 존중되어야 한다는 것이다. 제2원칙은 교육의 차등이 필요할 경우, 그것은 다음의 두 가지 조건을 만족시키도록 이루어져야 한다는 것이다. 첫째, 차등을 위한 기준의 정당성이 확보되는 가운데(교육 차등 기준의 정당성 원칙), 둘째 차등이 교육적 약자의 이익을 최대화하는 방식으로 이루어져야 한다(교육적 약자의 이익 보장 원칙).

제1원칙인 '평등한 교육권의 원칙'은 교육에 대한 기본적인 필요 충족과 권리의 행사가 누구에게나 평등하게 보장되어야 함을 말한다.

사람은 누구나 인간다운 삶을 살 권리가 있는데, 이를 위한 최소한의 자아 형성과 생활 조건의 확보를 위해서는 거기에 필요한 기본적인 교육을 받을 기회를 가져야 한다. 또한, 사람은 누구나 자신의 삶의 방식을 자유롭게 정하여 준비할 권리가 있는 만큼, 다양한 교육의 기회가 모두에게 개방되어 각자 자신에게 필요한 교육을 자유롭게 선택할 수 있는 권리가 보장되어야 한다.

교육의 차등을 전제한 제2원칙은 '교육 차등 기준의 정당성 원칙'과 '교육적 약자의 이익 보장 원칙'으로 이루어진다. 전자는 교육 기회를 차등적으로 분배할 경우 차등을 짓는 데 정당한 기준이 적용되어야 한다는 원칙이다. 존엄한 인간의 가치에 비추어, 인간이 갖는 배울 권리에 비추어, 그리고 교육이 삶에 대해 갖는 의미와 기능에 비추어, 도덕적으로 정당화될 수 없는 이유나 기준을 가지고 교육을 불평등하게 분배하는 일은 허용되지 않는다.

한편, 후자는 교육을 차등적으로 분배함으로써 더 나은 교육 기회를 누리게 된 사람들은 장차 그에 따른 추가적인(차등 없이 누구에게나 똑같은 교육 기회를 제공했을 경우에 비해) 이익을 만들어 낼 텐데, 그중 가능한 한 많은 부분이 교육적 차등으로 인해 열악한 교육 기회를 갖게 된 약자들을 위해 사용되어야 한다는 것이다. 이것은 롤스의 '차등의 원칙'에 담긴 정의관이 교육 분배에 적용된 것으로서, 평등과 복지 지향의 정책과 상통한다.

그런데, 여기에서 중요한 문제는 교육적 약자에게 보상되는 이익이 어떤 성격의 것이어야 하느냐이다. 이에 대해, 추후의 물질적 보상으로 족하다는 견해와 교육적 이익으로 변환되어 이루어져야 한다는 견해가 대립할 수 있다. 이는 복잡한 논의이므로 여기에서 자세한 이야기를 전개하기는 곤란하다. 다만, '강자'에 의해 산출될 장래의 이익이 현 시점으로 미리 차용되어 현재 '약자'의 위치에 있는 학습자들에게 보상적 교육 기회로 전환되어 제공될 수 있다는 논리가 설득력을 가질 수 있다는 점만을 밝혀 둔다(이에 대한 자세한 설명은 허병기, 1998: 50-53을 참조).

4

무엇이 공정한 교육일까?

공정한 교육을 실현하고자 하는 구체적인 구상과 실천은 서로 다른 관점과 주장을 그 배경으로 할 수 있다. 그리고 그 배경에 따라 정책적 지향과 접근 방법이 달라질 수 있다. 그 가운데 어떤 것이 공정한 교육 또는 교육정의를 더 만족스럽게 실현시켜 주는 것이냐 하는 것은 판단하기 어려운 문제다. 엄밀히 말해, 공정성이나 정의의 문제에는 확고한 정답이 있을 수 없기 때문이다.

여기서는 공정한 교육과 관련된 몇 가지 주요 관점과 접근 방법들을 제시하고 각각이 갖는 정당성과 한계를 살펴보기로 한다. 공정한 교육의 실현을 위한 구체적 정책 설계와 실천적 문제 해결은 해당 관계자들의 별도의 숙고와 논의를 통해 이루어질 일이다.

기회 개방과 선택의 자유

교육도 기본적으로 시장 메커니즘에 기초하여 분배되어야 한다는 전통적 자유주의 입장이 있을 수 있다. 여기서는 기회의 개방과 선택의 자유가 강조될 수밖에 없다. 내용, 방법, 집단을 달리 하는 교육 기관이나 교육 프로그램이 사회 안에 다양하게 마련되어 있어야 하고, 그것을 선택하여 취할 자유가 누구에게나 차별 없이 보장되어야 한다는 것이다. 기회의 개방 속에 이루어지는 자유로운 선택과 경쟁이 교육을 분배하는 데 '공정한 게임'이 된다는 것이다.

이러한 기회 개방과 자유 선택의 방식은 흔히 교육 공급자가 교육 수요자를 선택할 수 있는 자유를 더불어 중시하게 된다. 이를테면, 학생이 학교를 자유롭게 선택할 수 있는 만큼, 학교도 나름대로 기준을 정하여 학생을 선택할 자유를 갖는 것이다. 예전에 대학은 물론이고 중학교나 고등학교에서도 자체 전형 방법으로 학생을 선발하던 적이 있었는데, 그것은 이러한 접근 방법의 예가 될 수 있다. 자율형 사립고 등학교의 도입도 이러한 방식을 어느 정도 반영한 조치라 할 수 있고, 아직 상당한 제한이 가해지고 있기는 하지만, 대학의 입시 자율화 요구도 이런 관점을 반영한 것이라 할 수 있다.

이러한 관점과 접근 방법은 나름대로 정당성을 내세울 수 있다. 무엇보다도, 자유 사회의 기본 정신에 부합한다고 할 수 있다.

자유 사회의 시민은 삶을 스스로 선택하고 책임질 자유를 갖는다. 어떤 인간상을 좇아 자기 형성을 해 나갈지, 자신의 직업을 비롯한 장래 계획을 어떻게 정하여 준비할지, 한 생애를 통해 어떤 형태의 삶을 살아갈지 등을 스스로 결정하고 실행할 자유를 갖는다.

교육은 이러한 삶의 자유와 밀접히 관련된다. 교육받는 것은 그 자체로서 삶의 한 과정일 뿐만 아니라 장래의 삶을 위한 준비이기도 하다. 그러면 삶을 선택할 자유가 있듯이 교육을 선택할 자유도 있다는 논리가 설득력을 갖는다. 이런 관점과 접근 방법은, 자유의 원리에 따라 누구나 자신이 원하는 교육을 제한 없이 선택하게 하고, 경쟁에 참여하게 하고, 그 결과를 스스로 책임지게 한다는 점에서 나름대로 공정하다는 주장을 펼 수 있다.

그러나 이에 대해 상당한 반론이 가능하다. 기회 개방과 자유 선택에 의한 교육 기회 분배에는 도덕적으로 용인하기 힘든 요소가 개입하여 결과적으로 받아들이기 힘든 불평등을 초래한다는 것이다. 누구나 가고 싶어 하는 특정 고등학교에 입학하려면 다른 학생보다 더 높은 '성적'이 요구될 텐데 그 '성적'이 더 좋은 교육 기회를 분배받기 위한 '정당한 기준'이 될 수 있느냐 하는 문제이다. 학업 성적이 학생의 좋은 가정환경(이를테면, 높은 학력의 부모나 부유한 가정 형편)이나 지리적 여건(이를테면, 좋은 학군) 같은 것에 연유하고 있다면 그것은 차등적 교육 분배의 기준으로 정당하지 않다는 주장이다. 개인의 타고난 재능도 운처럼 임의적인 것으로 정당성을 갖기 어렵다고 보는 롤스_{Rawls}(1971)의 관점에서는, 자유 선택과 자유 경쟁 방식에 의한 교육 분배는 공정성 측면에서 큰 결함을 갖는다고 볼 수 있다. 더구나 우월한 교육 기회를 누리는 데 학업 성적이 아닌 경제력이 직접적인 영향을 미치게 된다면(이를테면, 비싼 학비를 내는 '좋은' 학교에 다니는 경우), 분배 기준이 갖는 부당성의 정도는 더욱 커지게 된다. 그리고 이런 방식이 누구나 평등하게 누려야 할 기본적 교육 수준에까지 확대될 경우, 그 불공정성은 한층 심각해지게 된다.

시장 원리에 의한 교육 분배는 한편에서는 자유를 앞세우면서 다른 한편에서는 자유를 제약하는 모순된 결과를 가져올 수 있다. 자유로운 선택과 경쟁을 통해 더 좋은 교육 기회를 누리게 된 사람들은 자유를 구가하며 풍요로운 삶을 살 수 있지만, 경쟁에서 밀린 사람들은 열악한 삶의 조건 속에서 자유롭지 못한 삶을 살 수 있다. 교육이 갖는 가치와 기능에 비추어볼 때, 자유 선택과 자유 경쟁에 의한 교육 분배 방식은 공정성 측면에서 한계를 드러낼 수 있다.

기회 개방과 자유 선택에 의한 교육 분배 방식에 대해 일괄적으로 좋다거나 나쁘다고 할 수는 없다. 대상에 따라 판단은 달라질 수밖에 없다. 대학 교육 수준에서 이 접근 방법이 적용될 경우, 상대적으로 한계점에 대한 지적은 약할 것이다. 그러나 누구에게나 동등하게 제공되어야 할 기본적이고 공통적인 교육 단계에 이 접근 방법이 적용될 경우, 그 부당성은 심각하게 제기될 수 있다.

자족적 삶을 위한 평등한 기회

평등한 교육 기회를 강조하는 입장은 누구의 삶이든 더 크고 작음이 없이 똑같이 소중한 것이기에, 삶에 중요한 영향을 미치게 되는 교육의 기회가 평등하게 제공되어야 한다고 주장한다. 교육에 있어서 차등 그 자체가 개인의 자존심이나 사회적 체면 같은 부분에 민감한 영향을 미치는 사회일 경우, 평등 지향은 더욱 강하게 표출된다.

교육 분배에 있어서 평등 지향성은 두 가지 배경에 의해 나타날 수 있다. 하나는 이성적 배경이라 할 수 있는 것이고, 다른 하나는 감정적 배경이라 할 수 있는 것이다.

사회 구성원들은 어떤 것이 공정하고 정의로운가에 대한 이성적 판단 체계를 가지고 있을 수 있다. 인간의 삶이나 교육의 가치에 관한 인식과 가치관 등이 교육의 평등 지향성을 유발할 때, 그것을 평등 지향성의 이성적 배경이라고 할 수 있다.

한편, 사람들은 논리나 철학적 근거가 아닌 감정적 성향에 의해 어떤 일을 불편해 하고 못마땅해 하면서 불공정한 것으로 받아들일 수 있다. 만약 교육적 차등(예를 들어, 일류 학교에 다니지 못하게 된 처지)에 대해 이러한 감정적 반응을 강하게 나타내는 사회가 있다면, 그 사회는 교육에 있어 평등 지향성을 보일 가능성이 크다. 교육의 평등 지향성에 감정적 배경이 작용하는 것이다. 그런 감정적 성향도 자족적 삶을 결정하는 데 있어서 중요한 요소로 작용함에 틀림없다.

자기 형성의 차원에서든, 생활상 편익 확보를 위한 준비의 차원에서든, 자존심 유지 차원에서든, 각자에게 자족적인 삶을 위해 평등한 교육 기회가 요구된다는 주장은 나름대로 정당성을 갖는다. 특히 초·중등학교와 같은 보통 교육 수준을 두고 말할 때에는 그 주장의 타당성을 강하게 인정하지 않을 수 없다. 그 단계에서의 불평등은 자칫 교육을 통한 삶의 기본 조건의 구비에 장애를 초래할 수 있고, 차등으로 인한 자존감 손상을 훨씬 심하게 유발할 수 있기 때문이다. 삶의 기본 조건의 구비에서 누군가의 이익을 위해 다른 누군가의 손실을 초래하는 일이 정당화되기 어렵다. 그것은 누구나 갖고 있는 인간답게 살 권리를 보다 강하게, 직접적으로 침해하는 것이 되기 때문이다.

평등 지향적 관점과 접근 방법 역시 한계점을 갖는다. 우선, 평등 지향성으로 인한 자유와 개성의 제약을 들 수 있다. 평등 지향적 접근 방법을 취하게 되면 서로 다른 필요와 개성을 충분히 고려하기 힘들어진다. 각 학습자가 자신의 교육적 취향과 개성적 삶을 추구할 수 있는 자유가 제약받을 수 있다.

교육의 평등 지향성은 교육의 형식적 동일화를 초래하기 쉽다는 점도 한계점 가운데 하나다. 각자에게 평등한 교육 기회를 제공하고자 한다면 원칙적으로 그들에게 '의미 있는 교육 기회'를 평등하게 제공해야 한다. 그런데 평등한 교육 기회 제공이 형식적 동일성으로 끝나는 경우가 많다. 고교 평준화가 도입될 때 평등한 교육 기회를 강조했으나, 같은 시설, 같은 교사, 같은 교육 과정 등 형식적 차원의 같음만 부각될 뿐 실질적으로 의미 있는 교육 기회의 같음은 간과된 사례가 있다.

교육의 평등 지향성이 갖는 한계를 교육 외적 차원에서 초래되는 결과와 관련해서도 지적할 수 있다. 교육의 평등 지향성이 사회적 비효율성을 초래할 수 있다는 것이다. 평등 지향성은 자칫 필요한 차등까지도 막을 수 있다. 재능 있는 사람에게 더 나은 기회를 제공함으로써 더 큰 사회적 이익을 창출할 수 있음에도 불구하고 그 가능성을 봉쇄하는 결과를 가져올 수 있다. 그것은 결국 재분배를 통해 나누어 누리게 될 '약자'들의 이익까지도 감소시키는 결과를 가져오게 된다. 이는 교육정의의 정신과 원칙에도 어긋나는 것이라 할 수 있다(교육정의의 제2원칙 참조).

소외된 사람을 향한 교육 복지

사회 안에는 마땅히 누려야 할 교육 기회를 제대로 누리지 못하는 사람이 있다는 점에 주목하면서 이들에게도 정상적인 교육 기회를 제공해야 한다는 주장이 있다. 이러한 복지적 관점에서는 사람은 누구나 정상적인 삶을 살아가는 데 필요한 조건을 누릴 수 있어야 하고, 교육 기회 역시 일정 수준까지는 사회 구성원 누구나 누릴 수 있도록 사회가 보장해야 한다고 주장한다.

모든 사람의 필요를 충분하게 충족시켜 줄 교육 기회가 존재하지 않는 한, 더 나은 교육 기회를 얻기 위한 경쟁은 불가피하고 경쟁은 당연히 차등을 전제한다. 교육의 차등을 피하기 어려운 상황에서는 불리한 사람은 정상적인 교육 기회를 누리지 못할 가능성이 크다. 이는 교육에 있어 일종의 소외 현상이 일어나는 것이라 할 수 있는데, 복지적 관점은 이런 소외 현상을 극복하기 위한 공적 지원을 강조한다.

교육 복지의 문제에 대해 남다른 관심과 안목을 지닌 안병영과 김인희(2009: 27)에 의하면, 교육 복지란 "교육 소외를 극복하여 정상적인 교육과 학습이 이루어지는 상태 또는 교육 소외를 극복하기 위한 의도된 노력"을 의미한다. 교육 복지의 개념이 구체적으로 어떻게 규정되든, 교육 복지적 관점은 기본적으로 인간답게 살 권리와 배울 권리가 갖는 보편적 가치와 그 중대성에 깊은 관심을 보인다. 그래서 사회 구성원 모두가 인간다운 삶을 살기 위해서는 정상적인 교육 기회로부터 소외되지 말아야 하고 만약 소외 현상이 발생할 경우 이에 대한 적극적인 조치가 이루어져야 한다는 입장을 지지한다.

교육 복지적 노력은 빈곤층 자녀에 대한 학자금 보조, 농어촌 지역 학교에 대한 재정 지원, 장애아를 위한 특수 학급 설치, 다문화 가정 학생을 위한 특별 프로그램 제공, 학습 부진아 학력 향상을 위한 대책 등 여러 가지로 나타날 수 있다. 교육 복지적 관점은 교육 소외를 극복하기 위한 노력들이 이루어질 때 비로소 공정한 교육이 이루어지고 교육정의가 실현된다고 본다. 교육정의의 원칙 중 '교육적 약자의 이익 보장 원칙'에 특별한 주의를 기울이고 있는 셈이다.

교육 복지적 관점은 모든 사회 구성원이 정상적인 성장과 삶에 필요한 교육 기회를 예외 없이 누리도록 해야 한다고 믿는다. 이 점에서 교육 복지적 관점은 적극적으로 옹호될 만하다. 특히 사회 전반에 걸쳐 복지의 가치가 중시되고 있는 현실에서는 그 당위성이 크게 부각될 수 있다. 그러나 이 접근 방법에 대해서도 그 기본 관점에 있어, 또는 구체적 사안에 따라, 반론이 제기될 수 있다.

교육 기회 수혜상의 약자 혹은 교육 소외자에게 공공 자원을 별도로 사용한다고 할 때, 이에 대한 이의가 제기될 수 있다. 그들이 '불리한 처지'에 놓이게 된 책임은 그들 자신에게 있으므로 그들을 위해 별도의 배려를 할 필요가 없다는 생각이다. 이것은 기회의 개방과 공정한 경쟁의 조건만 확보되었다면 결과에 대해서는 각자 수긍하고 받아들여야 한다는 입장으로, 전통적 자유주의자, 또는 전형적 시장론자나 능력주의자들의 관점이다. 여기에는 개방과 경쟁의 공정성이 완전했느냐, 능력 있는 자의 능력과 그가 거둔 결과를 사회의 '공동 자산'으로 보아야 하는 것 아니냐 등의 재반론이 있을 수 있다.

교육 복지 차원에서 교육 소외자들에게 보상적 배려를 하는 데 동의가 이루어졌다 해도, 그 보상의 수준에 대해 또다시 논란이 뒤따를 수 있다. 교육 소외자들이 당면한 어려운 처지의 어디까지가 공동체가 책임져야 할 부분인지는 사실 쉽게 판단하기 어렵다. 그것은 사회 구성원들이 공감하고 받아들이는 철학과 신념 체계가 해결해 줄 문제다. 그러나 사회 구성원 간에 완전히 일치하는 철학과 신념 체계는 존재하기 어려우므로, 어느 수준의 교육 복지가 합당한가에 대해서는 늘 논란이 있을 수밖에 없다. 학교 무상 급식의 수혜자가 지나치게 많다고 반발하는 경우나 국가의 교육 복지성 예산이 적정 규모를 넘는다고 항의하는 경우 등은 교육 복지의 수준을 놓고 생기는 논란과 갈등의 예라 할 수 있다. '나 또는 우리가 거둔 이익' 중 부당하게 많은 양이 '특정인의 이익'으로 무상 양도 된다는 불만은 교육 복지의 확대에 이의를 제기하는 입장의 핵심이다.

5

인간적 사회의 실현이 목표다

공정한 교육의 실현을 위한 교육정의의 원칙은 종합적으로 고려되어야 하고, 각 사안의 구체적 특수성과 관련지어 해석되고 적용되어야 한다. 교육 기회 분배에 있어서 자유의 강조나 평등의 주장이나 복지의 옹호 등은 각각 나름의 타당성과 한계를 동시에 지니고 있다. 교육정의 또는 공정한 교육을 위해서는 그런 모든 것들을 종합적으로 검토하는 가운데 최대한의 완결성을 갖는 원칙을 확립하여 이를 지혜롭게 적용해야 한다. 이를 위해서는 우선 우리 사회에 교육의 공정성에 관한 담론이 더 활발하게 형성되고, 토론이 더욱 활성화되어야 할 것이다.

우리가 궁극적으로 목표 삼아야 할 것은 인간적인 사회를 건설하는 것이다. 건조한 합리성에 의한 이해 조정 차원의 정의나 공정성 확립은 그러한 이상을 실현하는 데 한계가 있다. 인간의 가치와 그들의 삶에 대한 깊은 관심과 애정이 없는 공정성 추구는 지양해야 한다. 정의는 그저 정의 그 자체로 끝날 수 있다. 인간이 갖는 가치와 그들의 삶에 대한 따뜻한 관심이 없는 상태에서도 너와 나 사이에 '불공정'이나 '부정의'가 없는 '공정'과 '정의'가 있을 수 있다. 그러나 그런 식으로 공정이나 정의의 문제를 보고 나아갈 때, 참으로 인간적인 사회는 만들어지기 어렵다. 우리에게는 인간이 갖는 가치의 실현에 대한 열정이 필요하고, 보편적 차원의 인간애가 필요하고, 사람에 대한 진솔한 윤리적 고려가 필요하다. 교육정의도, 공정한 교육도, 그러한 신념과 태도 위에서 생각되고 추구되어야 한다. 그래서 공정한 교육의 실현이 인간적인 사회를 건설하는 일에 의미 있는 무엇이 되게 해야 한다.

뛰어난 인문학자인 김우창의 말은 인간적 사회를 지향하면서 공정한 교육이나 교육정의의 문제를 다루어야 하는 우리에게 시사하는 바가 크다. 우리가 어떤 자세로 무엇을 추구해야 할지 생각하면서 그의 다음 말(김우창, 2008 : 100)을 음미해 볼 필요가 있다. "정의의 질서도 참으로 인간적인 사회를 위한 원리가 되려면, 궁극적으로 사랑의 질서에 일치하는 것으로 자기 변용을 이루어야 한다."

Labor

"공정 노동의 기준을 법으로 규정하는 것은 노사의 집단적 충돌을 자극하여 법적으로
시시비비를 가리는 일로 전락시키거나 정치적인 이슈로 비화시켜 문제의 본질을 해결
하기 어렵게 만든다."

9장

갈등 없는 상생의 길

노 동
LABOR

우리나라의 노동은 1990년대 초반부터 본격화된 세계화라는 외부의 충격에 직면하고 있다. 지난 20년간 세계화는 시장의 확대와 신제품의 등장으로 일자리를 창출하고 있지만 동시에 시장 경쟁의 격화와 기술의 급변은 일자리 붕괴를 수반했다. 세계화는 고용 문제에 있어서 양면성을 가지고 있지만 우리나라에서 세계화는 일자리 창출 효과보다 일자리 소멸 효과가 크게 작용해 고용 악화라는 역풍을 초래했다.

1990년대 이후 우리나라는 큰 경제 위기를 두 차례 겪었다. 그때마다 대량 실업의 위기에 처했고 위기가 끝난 다음 노동 시장 사정은 악화되어 갔다. 1990년대 말 동남아발 외환 위기 당시 대기업 부문에는 대규모 고용 조정이 있었다. 외환 위기가 끝나고 경제가 성장세를 회복했음에도 불구하고 고용 문제는 양적으로 질적으로 악화되어 실업률이 올라가고 경제 활동 참가율이 떨어졌다.

외환 위기가 끝나고 10년이 지난 2008년 말 미국발 세계 금융 위기가 우리나라에도 닥쳤다. 외환 위기를 겪으면서 고용 조정을 이미 경험했던 대기업은 구조 조정의 충격을 임금 동결 등으로 어느 정도 피해갈 수 있었지만 중소기업이나 자영업 등은 내수 침체로 시련을 겪었고 이 부문에 종사하는 근로자들은 고용 불안에 시달리게 되었다. 금융 위기로 인한 고용 불안은 특히 세계화가 진행되면서 증가했던 비정규직에 집중되었다. 기업이 경기 침체에 따른 인력 조정을 비정규직 중심으로 하다 보니 비정규직의 고용 불안은 가중되었다.

이러한 문제는 세계화의 공정성에 대한 의문을 키웠다. '세계화의 역풍'은 다양한 형태로 그리고 미처 대비하지 못한 상태에서 불어 닥칠 가능성이 크다. 노동 시장의 구조가 지금 추세로 지속되어 일자리 창출 능력이 저하되면 '세계화의 역풍'이 불 때마다 고용 사정은 더 악화될 수밖에 없을 것이다. 따라서 '세계화의 역풍'을 공정하게 해결할 수 있는 방안이 마련되지 못하면 그 의문은 지속될 수밖에 없다.

갈등의 원인은 무엇인가

노동에서 공정성이란?

사람들은 노동력을 제공하고 그 대가를 받아 생활을 하기 때문에 노동의 문제를 통해 사회의 공정성을 피부로 느끼게 된다. 공정 사회 실현을 위한 노동의 역할은 그만큼 중요한 의미를 갖는다. 공정 사회에 대한 국민들의 호응도 세계화와 인구 구조의 변화 등에 따른 고용 불안과 소득 분배 문제의 악화 등이 배경이 되고 있다고 할 수 있다.

우리나라는 국토가 좁고 천연자원이 빈약한 반면, 우수한 인적 자원이 풍부하다. 이러한 특성 때문에 한정된 자원의 배분과 이에 대한 보상이 공정하지 못할 때 공정성에 대한 시비가 증폭될 소지가 크다. 우리나라는 빠른 속도로 경제 성장을 하면서 선진국 진입을 눈앞에 두고 있고, 뿌리 깊은 권위주의 체제를 극복하면서 민주주의도 완성 단계에 돌입해 있다. 그러나 국민들의 의식 수준도 함께 높아져 이러한 성과에 만족하기보다는 한 단계 더 높은 수준의 사회, 공정 사회를 원하고 있다.

노동 분야에서는 공정성의 제고에 대한 요구가 이미 나타나고 있었다. 민주화 운동 이후 노동 기본권의 보장 문제로 심각한 갈등을 겪은 후 근로자들의 권익 개선과 임금 상승이 이어졌다. 그런데 세계화가 진행되면서 비정규직 문제, 사내 하도급 문제 등 새로운 문제들이 등장하여 공정성이 다시 흔들린다고 느끼고 있다.

현재 노동 시장과 노사 관계 질서에 대해 근로자들은 근로자들대로 그리고 사용자는 사용자대로 불만을 느끼고 있다. 이것은 노사의 갈등일 뿐 아니라 근로자들 내부의 갈등이라고 할 수 있다. 대기업의 노사는 정부의 역할이 불공정하다고 느끼고 있는 반면, 중소기업과 비정규직 근로자들은 현재의 노동 시장과 노사 관계가 구조적으로 자신들에게 불리하게 작용한다고 느끼고 있다.

노동에서 공정성을 진단하고 해법을 찾기 위해서는 노동 갈등의 발생 측면에서 공정성, 노동 갈등 해결 과정 측면에서 공정성, 그리고 노동 갈등 해결 결과 측면에서 공정성으로 나누어 접근할 필요가 있다.

첫째, 갈등의 발생 측면에서 고용이나 임금 결정 등의 문제를 둘러싼 갈등에서 당사자의 요구나 주장에 대해 상대방이 '정당한' 것이라고 인정하면 갈등이 발생하기 어렵다. 그러나 '과도한' 요구나 주장은 갈등의 발생 원인 그 자체가 공정하지 못하다는 반발을 일으킨다. 갈등의 발생 측면에서 공정성의 문제는 요구나 주장의 '정당성'과 '과도

함' 에 대한 당사자들과 사회 구성원들의 공감대와 관련된다.

둘째, 갈등 해결 과정 측면에서 당사자들이 자신의 요구나 주장을 제기하고 설명할 수 있는 기회가 제한되어 있거나, 고용이나 임금 결정의 논리나 근거 등을 받아들이기 어려울 때 공정하지 못하다고 느끼게 된다. 자신의 요구나 주장이 관철되지 않아도 문제를 제기하고 설명할 수 있는 기회가 '충분' 하고 관철되지 못하는 '합리적인' 근거를 이해하면 불만을 줄일 수 있다. 따라서 갈등의 해결에 있어서 절차의 공정성은 문제를 제기하고 설명할 수 있는 기회의 '충분함' 과 갈등 해결의 논리나 근거의 '합리성' 에 대한 사회 구성원들의 공감대와 관련된다.

셋째, 갈등 해결 결과 측면에서 고용이나 임금 결정의 결과가 자신의 기대 수준에 미달하는 경우 갈등의 결과를 공정하지 못하다고 느낀다. 갈등 해결의 결과가 어느 한쪽에 일방적으로 유리한 경우에도 공정성이 떨어진다고 본다. 특히 갈등 해결의 결과가 강자의 이익을 뒷받침해 '형평성' 을 결여하면 불만은 더 커진다. 갈등 해결의 결과에 대한 공정성은 당사자들의 이해관계를 '균형' 있게 반영하는가를 보여 주는 '균형성' 과 당사자들의 사회경제적 지위와 갈등 해결 결과의 상관관계를 보여 주는 '형평성' 에 대한 사회 구성원들의 공감대와 관련된다.

공정성의 시비가 발생하는 이유

공정 사회를 실현하고 노동 분야에서 공정성을 제고하기 위해서는 공정성에 대한 시비가 어떻게 발생하는지 생각하고 동시에 모든 노동 문제를 공정성의 잣대로 판단하는 잘못을 피할 필요가 있다. 공정성에 대한 시비가 발생하는 근원을 다음과 같이 분류할 수 있다.

첫째, 노동에서 공정성 갈등은 사회 구성원들의 이해관계의 상충을 수반하기 때문에 발생한다. 공정성은 당사자들이 보편적으로 지켜야 할 가치관을 전제로 하는 도덕성과는 다른 개념이다. 공정성을 도덕성이나 윤리 문제로 확대하면 갈등 해결이 어렵지만, 현실적으로 이것을 구분하는 것이 쉬운 일이 아니기 때문에 공정성과 도덕성 등에 대한 기준을 미리 만들어 두는 것도 필요하다. 예를 들면, 해고는 노사의 이해관계 충돌을 일으키지만 해고의 정당성에 대한 현실적 기준이 확립되어 있는 경우 갈등이 줄어든다.

둘째, 노동에서 공정성 갈등은 당사자들끼리 경쟁의 영역뿐 아니라 정부의 보호와 지원의 문제 때문에도 발생한다. 공정 정책이 민간 부문의 경쟁을 규율하는 데 치우치고 정부의 규제와 보호 그리고 지원의 공정성을 간과하면 정책의 실효성은 떨어지게 된다. 이런 점에서 공정 사회는 공정 정부의 문제로 귀결될 수 있다는 점에 유념해야 할 것이다. 취약 계층에 대한 고용 지원 사업에서 정작 지원이 필요한 사람들은 도움을 받지 못하는 문제점이 정부의 부처 이기주의와 연결되어 지원 사업의 불공정성 시비로 이어진다.

셋째, 공정 정책은 경제 사회적 약자에 대한 배려를 목표로 하지만 거래 관계를 불확실하게 만들고 거래 비용을 키우면 갈등을 야기할 수 있다. 공정성은 갈등의 발생 요인이기도 하지만 갈등 해결의 중요한 원리가 된다. 공정성을 제고하는 공정 정책은 갈등의 비용을 줄이는 데 취지를 두어야 성공할 수 있다. 가시적인 결과를 조급하게 보여 주려고 하면 부작용만 키우게 될 것이다.

넷째, 공정성은 주관적이고 심리적인 문제이기 때문에 갈등을 유발할 수 있다. 가치관에 따라 공정성에 대한 기준과 평가가 달라지고 시대에 따라 바뀌기도 한다. 공정 정책이 이러한 문제를 간과하면 오히려 불공정성 시비를 부추길 수 있다.

다섯째, 공정성은 상대적인 개념이기 때문에 갈등을 유발할 수 있다. 사람들은 다른 사람이나 다른 사회와 비교해서 공정한지를 판단하게 된다. 그러므로 공정 정책은 비교의 대상이 되는 준거 기준을 객관적으로 만드는 것이 중요한다. 정부가 자의적인 자료나 통계를 가지고 공정 정책을 추진하면 불공정성 시비를 부추길 수 있다.

여섯째, 공정성에 대해 최대한의 국민이 동의할 수 있는 최소한의 기준이 존재하지만 이것을 찾는 과정에서 갈등이 발생할 수 있다. 이런 점에서 공정 정책은 사회적 공감대를 요구하고 궁극적으로 사회 통합을 지향하게 된다. 사회적 공감대 없는 공정 정책은 실패하고 불공정성 시비를 촉발하게 된다.

일곱째, 공정성을 판단하는 권위 있는 기구가 뒷받침되지 못해 갈등이 발생할 수 있다. 이러한 공정 기구는 공정 정책의 매우 중요한 인프라에 속한다. 공정 기구가 여론에 휘둘리지 않고 전문성을 발휘하여 공정성의 최소 기준, 즉 불공정성의 기준을 명료하게 제시하지 못하면 공정 기구 자체가 불공정성 시비를 촉발하게 된다.

여덟째, 공정성은 분야에 따라 그 기준이 상이하기 때문에 갈등이 발생할 수 있다. 기업들의 관계나 생산자와 소비자의 관계 등에서 공정 거래와 사용자와 근로자 및 노동조합의 관계에서 공정 노동의 원리는 다르다. 공정 정책이 분야별로 구체적인 기준을 만들지 못하면 실패하기 쉽다. 노동과 자본은 생산 요소이지만 노동은 자본과 달리 사람에게 체화되어 있기 때문에 노동의 가치를 자본과 같은 잣대로 평가하면 갈등이 발생한다.

2

일자리 창출과
고용 악화의 문제

우리나라의 노동은 지난 20여 년 동안 크게 두 가지 충격에 직면하고 있다. 한편으로는 1990년대 초반부터 본격화된 세계화라는 외부의 '역풍'에 휩싸였고, 다른 한편으로는 1980년대 말부터 진행된 투쟁적 노동 운동과 대립적 노사 관계라는 내부의 '혼란'을 경험하였다. 지난 20년간 세계화가 본격적으로 시작되는 와중에 내부적으로는 노사 관계 질서가 전면적으로 재편되면서 세계화는 노동 수요 측면에 그리고 노동 운동은 노동 공급 측면에서 큰 충격을 주었다.

시장의 확대와 신제품의 등장은 일자리를 창출하고 있지만 동시에 시장 경쟁의 격화와 기술의 급변은 일자리 붕괴를 수반했다. 세계화는 고용 문제에서 양면성을 가지고 있는데, 우리나라에서는 일자리 창출 효과보다 소멸 효과가 크게 작용해 고용 악화를 초래했다.

세계화의 역풍이 불다

1990년대 이후 우리나라는 큰 경제 위기를 두 차례 겪었다. 그때마다 대량 실업의 위기에 처했고 노동 시장 사정은 악화되어 갔다.

1990년대 말 동남아발 외환 위기 당시 대기업 부문에는 대규모 고용 조정이 있었다. 외환 위기가 끝나고 경제가 성장세를 회복했음에도 불구하고 고용 문제는 양적으로 질적으로 악화되어 실업률이 올라가고 경제 활동 참가율이 떨어졌다.

2008년 말에는 미국발 세계 금융 위기가 우리나라에도 닥쳤다. 외환 위기 때 고용 조정을 이미 경험했던 대기업은 임금 동결 등으로 충격을 어느 정도 피할 수 있었지만 중소기업이나 자영업 등은 내수 침체로 시련을 겪었고 이 부문에 종사하는 근로자들은 고용 불안에 시달리게 되었다. 금융 위기로 인한 고용 불안은 특히 세계화가 진행되면서 증가한 비정규직에 집중되었다. 이러한 문제는 세계화의 공정성에 대한 의문을 키웠다. '세계화의 역풍'은 다양한 형태로 그리고 미처 대비하지 못한 상태에서 불어 닥칠 가능성이 크다. 노동 시장의 구조가 지금 추세대로 지속되어 일자리 창출 능력이 저하되면 '세계화의 역풍'이 불 때마다 고용 사정은 더 악화될 수밖에 없다.

대립적 노사 관계의 혼란

우리나라의 고용 및 임금 문제가 다른 나라에 비해 악화되고 있는 원인은 노동 운동과 노사 관계의 문제에서 찾을 수 있다. 저임금 장시간 근로에 대한 근로자들의 불만을 배경으로 한 노동 운동이 1980년대 말 권위주의 체제 해체를 부르짖는 민주화 운동과 결합하면서 폭발적으로 일어나고 노사 분규가 급증했다. 이후 노동 운동이 정치 이념적인 투쟁 노선을 강화하면서 노사 관계의 불안은 지속되고 이것은 노동 시장의 정상적인 작동을 더 어렵게 만들었다.

대립적 노사 관계는 공정성을 훼손하고 있다. 노사 대립은 세계화에 대한 적응력을 떨어뜨리고 고용 없는 성장을 악화시키고 있다. 뿐만 아니라 노동 시장에 참가하려는 다양한 계층의 근로자들에게 필요한 새로운 고용 관행의 도입을 어렵게 만들어 이들이 일할 수 있는 기회를 줄이는 결과를 초래한다. 여기에 더하여 고용 문제 해결을 위한 노사정의 협력을 어렵게 만들고 노동 시장의 새로운 질서를 만드는 데 정부가 리더십을 발휘하기도 어렵게 만든다.

노사 관계 불안에 대해 대기업은 노동 절약적인 신기술 도입을 강화하고 중소기업으로 외주나 하청을 늘리며 생산 기지를 해외로 이전하는 식으로 대응하였다. 또한 대기업 노동조합의 임금 투쟁으로 인한 인건비의 상승은 협력 중소기업에 대한 비용 전가로 이어졌다. 이러한 방식의 노사 대응은 노동 시장의 분절화를 심화시키고 대기업 부문 근로자와 중소기업 부문 근로자들 사이의 임금 및 근로 조건 격차를 확대시키면서 공정성에 대한 의문을 키웠다.

노사 관계가 안정적이라고 해서 공정성을 확보하는 것은 아니다. 내용을 들여다보면 노사가 담합해 거래 관계를 맺고 있는 다른 경제 사회 주체들에게 피해를 주고 있는 경우가 있다. 대기업 사용자는 노사 관계

평화를 위해 노동조합의 과도한 요구를 들어주며 이에 따른 부담을 협력 중소기업에게 전가하고 정규직의 고용 보장을 위해 비정규직을 우선적으로 고용 조정하고 있다. 또한 공기업은 노동조합의 요구를 편법수용하고 이에 따른 인건비 부담을 일반 국민들에게 돌리고 있다.

고용 불안의 함정

세계화가 되면서 우리나라는 선진국과 마찬가지로 제조업의 고용비중이 감소하고 있지만 선진국에 비해 서비스 산업의 고용은 증가하지 못했다. 세계화가 경제의 해외 의존도를 높이고 고용 불안을 수반하기 때문에 서비스 산업의 취약성은 '고용 불안의 함정'을 가중시키고있다. 우리나라에서 서비스 산업은 공공성이 강하다는 논리 등으로 규제가 많아 민간 자본이 활발하게 투입되지 못해 고용 창출이 미미하다.

역대 정부마다 서비스 산업의 경쟁력을 높이기 위해 규제를 완화하겠다고 했지만 실제로는 그렇게 되지 못했다. 정부는 서비스 산업의 규제 완화를 고용 창출보다 경쟁력 제고 차원에서 접근했다. 서비스 산업의 고용 창출 능력을 키우려면 규제 완화가 필수적인데, 여기에 반발하는 이해관계 집단의 목소리 때문에 제대로 추진하지 못하고 있다.

우리나라 서비스 산업의 경쟁력 제고와 고용 창출 확대에 인사이더-아웃사이더 문제도 중요한 걸림돌이 되고 있다. 서비스 산업의 규제가 이미 취업하고 있는 인사이더의 이익을 유지하는 수단이 되고 결과적으로 새로 취업하려는 아웃사이더의 희생을 요구하는 것이다. 이러한 규제는 불공정성을 야기하게 된다.

우리나라는 자격증 취득 등을 요건으로 개업이나 취업에 제한을 두는 경우가 많다. 또한 자격증을 가진 사람들이 직능 단체를 만들어 이익 단체 기능에 치중하고 있다. 취업 요건은 기술이나 지식 및 경험의 축적을 유도하기보다는 한번 자격증을 받으면 그 지위가 평생 유지되어 사실상 노동 시장 진입 장벽의 수단으로 이용된다.

인구 구조 변화와 고용 질서의 불일치

여성화, 저출산 및 고령화, 고학력화, 청년층의 유휴 노동력화 등의 사회 변화를 고용 질서가 따라가지 못해 불공정성에 대한 의문이 커지고 있다. 인구 구조의 변화는 고용과 노사 관계에 있어서 새로운 질서를 요구하지만 기존의 관행과 제도는 노동 시장에 새로 진입하거나 재진입하려 사람들에게 불리하게 작용하고 있다.

여성의 경우 고학력화에도 불구하고 선진국에 비해 노동 시장 참가가 저조하고 고령자의 노동 시장 참가를 지원하는 인프라는 취약하다. 2008년 우리나라 여성의 경제 활동 참가율은 평균 54.7%로, 미국의 69.3%, 스웨덴의 78.2%, 일본의 62.2%에 훨씬 못 미친다. 또한 같은 해 고용률을 보면 우리나라는 53.2%로 미국, 스웨덴, 일본의 65.5%, 73.2%, 59.7%보다 낮다.

우리나라 청년의 대학 진학률은 80% 이상으로 전 세계에서 가장 높지만 극심한 취업난 때문에 노동력을 제대로 활용하지 못하고 있다.

뿐만 아니라 우리나라의 노동력은 고학력화에도 불구하고 생산성이 선진국에 비해 낮고 특히 서비스 산업의 경우 그 격차가 크다.

청년층, 여성, 고령자의 고용 문제는 그 원인은 다르지만 기존의 인적 자원 및 고용 관행이 당사자들에게 불리하다는 공통점이 있다.

우리나라 청년층은 교육 수준이 높은데도 불구하고 산업 현장에서 요구되는 인적 자원과 괴리되고 지식이나 기술의 질적 수준도 떨어져 취업난이 가중되고 있다. 그러나 대학은 학생을 선발하고 확보하는 데 급급한 나머지, 취업 능력과 직결되는 교육의 질을 높이기 위한 노력은 소홀히 하고 있다. 학생들은 취업을 위해 학원 등을 다니면서 사교육비를 부담하고 졸업 후에는 입사 경쟁에 시달리게 된다. 청년층의 고용 문제는 특히 공급자 중심의 불공정한 교육 질서와 깊은 관계가 있다.

여성도 노동 시장의 수요와 공급 양면에서 불리한 위치에 서 있다. 노동 수요 측면에서 보면 여성 고용이 많은 서비스 산업이 규제 등으로 일자리 창출을 제대로 하지 못하고 있다. 또한 채용이나 승진, 인원 조정 등에서 차별을 받다 보니 고용 기회가 적다. 더 심각한 문제는 노동 공급 측면의 불공정 관행이다. 출산이나 육아 등의 부담은 여성이 남성과 공정한 경쟁을 벌이기 어렵게 하고 있다. 출산 후 직장 복귀를 어렵게 만들고 휴가를 사용하지 않는 기업 분위기 등 여성에게 불리한 근로 관행도 여성이 직장과 가정생활을 양립하기 어렵게 만들어 노동 시장 참가를 기피하게 만든다.

고령자의 고용 문제도 노동 시장의 수요와 공급 양 측면에 그 원인이 있지만 특히 수요 측면에서 고용 관행이 문제를 악화시키고 있다.

우리나라의 임금 체계는 연공서열에 의해 급여가 결정되기 때문에 직장에서 근속 연수가 길어지면 기업은 인건비 부담이 커지게 된다. 반면, 근로자들의 생산성은 근속 연수에 따라 올라가지는 않아 직장에서 오랫동안 근무한 사람이 정년을 채우고 은퇴하기 어렵게 한다. 이런 점에서 연공서열 임금 체계는 입사 초기에는 소득의 안정성을 가지고 있지만 시간이 지나면 직장에서 떠나도록 만드는 양면성을 가지고 있어 근로자나 기업 모두 손해를 보게 만들고 고용 문제의 불공정성 시비를 야기하게 된다.

직업능력개발시스템도 불공정성 시비를 초래할 소지가 있다. 현재의 직업능력개발시스템은 미진학 청소년을 전제하고 있어 직장에 다니는 근로자들이 일할 수 있는 능력을 꾸준히 개발하도록 도와주는 데 한계가 있다. 이러한 문제는 중소기업으로 갈수록 더 심각하다. 새로운 기술이 도입되고 경영 환경이 바뀌면 근로자들이 이에 적응하기 어려운데다가 퇴직 후 생활에 대한 설계나 준비는 미비하다.

중소기업의 영세화

우리나라 전체 근로자의 90%가량이 중소기업에서 일하고 있다. 고용의 공정성에 대한 체감은 중소기업 근로자들의 고용 및 임금 결정 관행에 따라 달라질 수밖에 없는 구조. 우리나라 중소기업은 세계화와 노사 관계의 불안으로 영세화되고 있고 대기업과 임금 격차가 벌어지고 있다. 또한 수익성이나 재무 구조도 취약해 고용 안정성도 낮다.

대기업과 중소기업의 거래 관계는 하청을 통해 이루어지는 경우가 대부분인 데에 공정성 시비가 걸려 있다. 대기업이 원가 절감을 위해 하청 단가를 동결하겠다고 '무리한' 요구를 하더라도 중소기업은 받아들이지 않을 수 없다. 정부가 공정거래행위제도를 통해 이 문제를 시정하려고 하지만 하청 중소기업이 시정 요구를 하기 어려운 '약점' 때문에 제도의 실효성은 떨어진다.

대기업과 중소기업의 불공정한 거래 관계는 대기업이 노동조합의 과도한 요구를 수용하는 데 따른 부담을 협력 중소기업에게 전가시켜 중소기업의 임금의 지불 능력을 떨어뜨린다.

결국 대기업과 중소기업의 하청 관계가 노동 비용의 전가로 이어지고 대기업과 중소기업의 임금 격차를 확대시켜, 구직자들이 중소기업을 외면하고 대기업에 몰리게 하여 고용 문제를 악화시키고 불공정을 야기한다.

3

노동의 공정성 원칙을 세워라

노동 시장에서의 몇 가지 원칙

노동 시장에서 공정성을 제고하려면 다음 몇 가지 원칙을 기억해야 한다.

첫째, 노동 시장에 참여하고 있거나 참여하고자 하는 일반 국민들에게 고용이나 승진 등에 있어 기회균등의 원칙이 보장되어야 한다. 성별이나 연령에 따른 차별적 취업 관행이나 자격 제도가 기득권을 보호하기 위해 개업이나 취업의 장벽 수단이 되는 것도 기회균등의 원칙에 위배된다. 또한 출산이나 육아 등의 부담이 여성에게 불리하게 작용하는 근무 관행도 기회균등의 원칙에 위배되는 것이다.

둘째, 노동 시장의 당사자들이 동일 선상에서 경쟁할 수 있도록 경쟁 조건을 공정하게 만들어야 한다. 취업을 원하는 당사자들이 자신의 능력을 계발하거나 취업에 필요한 기회와 서비스를 동등하게 받아야 하며 사회경제적 약자에게 그 혜택이 우선적으로 돌아가야 한다.

셋째, 기업과 근로자들의 이해관계를 공정하게 결정할 수 있는 경쟁의 룰을 확립해야 한다. 우수한 인재를 확보하려는 기업은 기업대로, 좋은 직장을 구하려는 근로자는 근로자대로, 경쟁의 룰이 공정해야 한다. 또한 한 직장 안에서 승진과 급여 인상 등을 위한 경쟁이 공정하게 이루어지도록 경쟁의 룰을 투명하게 만들어야 한다.

넷째, 노동력을 제공하는 근로자와 이에 대해 보상을 하는 사용자 관계에서 비례 보상의 원칙이 보장되어야 한다. 맡고 있는 업무의 속성이 다르고 성과의 기준도 다른데도 불구하고 동일하게 보상하는 것은 비례 보상의 원칙에 위배된다. 또한 비정규직 근로자가 정규직과 동일한 업무를 수행하고 있음에도 불구하고 불리하게 보상을 받는 것도 비례 보상의 원칙에 위배된다.

다섯째, 정부와 일반 국민 및 근로자의 관계에서 보면 정부의 지원이 약자에게 우선적으로 돌아가는 원칙을 확립해야 한다. 비정규직에 대한 정부의 정책적 지원은 정규직으로 전환되는 사람보다 비정규직으로 남아 있는 사람을 우선해야 한다. 또한 사회 안전망의 혜택이 대기업 근로자보다 중소기업 근로자에게 우선적으로 돌아가도록 만들어야 한다.

여섯째, 공정 노동 확립과 근로자 보호를 위한 법 제도와 정책적 개입은 실효성 확보의 원칙에 충실해야 한다. 근로자들의 근로 조건 개선이나 고용 관계 질서를 공정하게 만들기 위해 법 제도와 정책적 개입이 필요하지만, 이에 지나치게 의존하는 것은 정책 수요자보다는 정책 공급자의 행정 편의를 우선하는 것으로 노사 당사자들이 고용 관계를 발전시키는 데 저해될 수 있다.

노사 관계에서는 어떻게 할 것인가

다음은 노사 관계에서 공정성을 제고하기 위한 몇 가지 원칙이다.

첫째, 정부와 사용자는 헌법에서 보장된 근로자들의 노동 기본권을 존중해야 한다. 노동법에서 규정된 근로자들의 노동조합 결성 및 노동조합의 활동, 단체 교섭, 단체 행동권을 존중해야 한다. 그러나 근로자들과 노동조합도 노동 기본권 보장의 취지가 사회경제적 약자의 위치에 있는 근로자들의 권익을 지켜야 한다는 국민적 합의에 있는 것이지 기득권을 강화하는 수단이 아니라는 점에 유념해야 한다.

둘째, 사용자와 노동조합의 관계에서 노사는 각각 고유한 역할을 서로 존중해야 한다. 사용자는 노동조합이 조합원들의 권익을 대변하는 역할을 인정하고 동시에 노동조합은 사용자가 기업의 이익을 추구하는 역할을 존중해야 한다. 또한 정부는 어느 한쪽 편을 들거나 부당하게 개입해서 안 되며 노사자치주의를 존중해야 한다.

셋째, 노사가 단체 교섭 등 협상을 하는 데 있어 합의안을 만들 때 성실한 자세로 임해야 한다. 사용자와 노동조합은 상대방의 요구를 경청하고 현실성 있는 합의 대안을 찾는 자세로 협상에 임해야 한다. 또한 노동조합의 단체 행동권을 법 테두리 안에서 행사해야 하며 인격을 훼손하거나 인명을 위태롭게 해서는 안 된다.

넷째, 사용자와 복수의 노동조합과 관계에서 사용자는 각각의 노동조합에 대해서 중립을 지켜야 한다. 한 사업장에 복수의 노동조합이 설립되어 있는 경우 사용자는 각각의 노동조합을 인정하고 노동조합끼리의 갈등에 대해 중립을 지켜야 한다. 또한 다수를 대표하는 노동조합이 사용자와 단체 교섭 등을 할 때 다른 노동조합의 이익을 공정하게 대변해야 한다.

다섯째, 노동조합과 조합원의 관계에서 노동조합의 내부적 의사 결정은 민주주의 원리에 입각해야 한다. 노동조합의 지도부 선출과 의사 결정은 조합원들이 각자 자신의 가치관이나 이해관계에 따라 참여하고 그 결정은 민주주의적이어야 한다. 또한 노동조합의 운영은 자립주의에 입각해야 한다. 노동조합은 조합원들의 자주적인 결사체이기 때문에 조합의 운용에 필요한 재정도 사용자가 지원하는 것이 아니라 조합원들이 분담해야 한다.

여섯째, 노사는 투명하게 조직을 운영해야 하고 고객들의 이익을 존중하는 사회적 책임을 다하는 자세가 필요하다. 기업의 시장 지배력 등을 배경으로 해당 기업의 노사가 그 기업이 제공하는 제품이나 서비스의 수요자 이익에 위배되는 행위를 해서는 안 된다. 또한 대기업의 노사와 협력 중소기업 노사는 상대방의 이익을 존중하는 호혜성의 원칙을 지켜 대기업 근로자들의 임금이나 근로 조건 개선이 협력 중소기업 근로자들의 일방적 양보나 희생을 야기해서 안 된다.

공정 노동 정책의 방향

공정 노동 정책의 시대적 의미와 필요성

공정 노동 질서의 확립은 국가의 새로운 성장과 분배 전략을 뒷받침하는 차원에서 추진되어야 한다. 20세기 대량 생산 체제 도입 당시 공정 거래 정책을 강화함으로써 시장의 공정한 경쟁 질서를 확립하고 고용 불안과 소득 격차 문제 등을 해결했던 것처럼, 노동 시장에서 공정한 질서를 확립하기 위한 공정 노동 정책이 필요하다.

노동 시장에는 당사자들의 경쟁, 국가의 보호, 정부의 지원 등이 공존한다. 세계화에 따라 노동 시장에서 수요와 공급의 원리가 변화하여 경쟁과 보호 및 지원에 대한 새로운 규율의 필요성이 커지고 있다. 경쟁이 필요한 영역에서는 과보호가 이루어지는 반면, 정작 보호가 필요한 부문에서는 경쟁이 격화되고 정부의 지원이 증가해도 실효성이 낮은 문제점을 지니고 있다. 공정 노동 정책을 통해 경쟁이 필요한 영역에서는 당사자들이 공정하게 경쟁하도록 만들고, 국가의 보호 및 정부의 지원이 필요한 부문에서는 정부 개입의 실효성을 높여야 한다.

공정 노동 정책의 영역

노동 시장과 노사 관계에서 공정성은 당사자들의 경쟁 영역, 국가에 의한 근로자 보호 영역, 취약 근로 계층에 대한 정부의 지원이 필요한 영역으로 나눌 수 있다. 따라서 공정 노동 정책의 영역은 경쟁의 공정성, 보호의 공정성 그리고 지원의 공정성으로 나뉜다.

첫째, 경쟁의 공정성은 경쟁의 조건과 경쟁의 룰을 공정하게 만드는 것이다.

둘째, 보호의 공정성은 보호의 범위와 방법 등을 공정하게 만드는 것이다.

셋째, 지원의 공정성은 지원의 대상과 방법 등을 공정하게 만드는 것이다.

당사자들의 경쟁 영역이 국가에 의한 근로자의 보호 영역과 배치될 수는 없지만, 양자의 경계선에는 긴장이 형성될 수 있다. 이것은 당사자들의 경쟁 영역과 정부의 지원 영역에서도 마찬가지다. 당사자들 사이의 경쟁이 지원의 대상과 방식에 영향을 받을 수 있고 거꾸로 경쟁의 룰이 지원 대상과 규모에 영향을 미칠 수 있기 때문이다.

공정 노동과 정부의 역할

공정 노동을 확립하는 데 정부가 적극적인 역할을 해야 한다. 특히 세계화 이후 노동 시장에서 경쟁의 영역이 확대되어 경쟁의 영역과 보호의 영역 사이에 충돌이 커지고, 동시에 지원의 영역이 차지하는 범위도 확대되고 있다. 또한 기업의 거래 및 고용 관계가 복잡해짐에 따라 노동 시장과 노사 관계 갈등의 현실적 조건이 되는 임금 결정 방식과 고용 형태가 다양해져 노동 시장과 노사 관계의 질서를 확립하는 정부의 역할이 커진다.

그러나 정부가 법을 통해 공정 노동 질서를 확립하는 것은 한계가 있다. 공정성은 본질적으로 이해관계의 문제이고 심리적 문제와도 직결되기 때문이다. 지금까지 정부가 나름대로 공정성을 제고하기 위해 노동 시장과 노사 관계에 관련된 법 제도를 개선해 왔지만 노력에 비해 성과는 적다. 법 제도를 개선한다고 하더라도 당사자들이 자신에게 유리한 방향으로 이용할 가능성이 커서 법 제도 그 자체가 갈등을 야기하고 실효성은 저하될 가능성이 높아진다.

공정 노동 정책의 철학과 방향

정부가 공정 노동 정책을 추진할 때 지켜야 할 철학과 정책의 방향을 다음과 같이 정리할 수 있다.

첫째, 공정 노동 정책은 노동 시장에서의 경쟁 조건을 공정하게 만들어야 한다. 누구나 자신이 선택할 수 없는 성이나 신체 조건 등의 이유로 다른 근로자들과의 경쟁에서 불이익을 당하지 않도록 해야 하고, 경쟁에서 불리한 위치에 서 있는 사회경제적 약자를 배려하는 방향으로 노동 시장의 경쟁 환경을 만들어야 한다. 이와 함께 중소기업이 시장 지배력 차이 등의 이유로 대기업과의 인력 확보 경쟁에서 불이익을 받지 않도록 해야 한다.

둘째, 공정 노동 정책은 기업 내부에서도 근로자의 승진이나 급여 등이 공정하게 결정되도록 만들어야 한다. 이를 위해 경쟁의 룰이 노동 시장과 노사 관계에서 기득권을 가진 사람에게 유리하게 작용하지 않도록 해야 한다. 또한 당사자들이 경쟁의 룰을 이해하고 이에 대비할 수 있도록 만들어야 한다. 사용자가 근로자를 선발하고 업무를 배치하며 승진시키고 보상하는 데 있어 평가의 기준은 물론 그 방법 등에 대한 정보를 경쟁 관계에 있는 근로자들이 공유할 수 있게 만들어야 한다.

셋째, 공정 노동 정책은 근로자들이 인간다운 생활을 할 수 있도록 국가의 보호를 실효성 있게 만들어야 한다. 근로자에 대한 국가의 보호는 노동 시장의 규제로 나타나는데, 이것은 규제가 해당 근로자에게 이익이 되고 동시에 전체 근로자의 이익에도 도움이 되어야 한다는 것을 의미한다. 이러한 점에서 볼 때 집단적 노사 관계에 있어 노동 기본권의 보장은 관련 근로자의 이익에 치우친 나머지 전체 근로자가 불이익을 보지 않도록 규제의 합목적성을 확보해야 한다. 개별적 근로 관계에 있어 최저 임금 제도와 해고 제도 등도 마찬가지로 노동 시장의 현실에 맞게 운영되도록 해야 보호의 공정성을 확보할 수 있다.

넷째, 공정 노동 정책은 취약 계층에 대한 정부의 자금 지원이 실효성 있게 이루어지도록 해야 한다. 정부의 지원이 노동력의 수급, 특히 노동 시장의 참여에 영향을 끼치기 때문에 근로자들의 참여를 저해하기보다 촉진하는 방향으로 작용해야 한다. 또한 정부의 지원은 가장 필요로 하는 순위에 따라 결정되고 지원을 받는 사람의 니즈에 부합하게 지원이 이루어지도록 전달 체계를 고도화해야 한다. 이것은 정부의 지원 체계가 저비용 고효율 상태에 도달해야 지원의 부작용을 줄이고 지원의 공정성을 확보할 수 있다는 것을 의미한다.

공정 노동 정책의 과제

공정 노동 정책의 과제는 다음과 같이 정리할 수 있다. 고용, 보수, 근로 조건 결정 등이 기회균등의 원칙, 공정 경쟁의 원칙, 비례 보상의 원칙 등을 위배하거나 위배하게 만드는 경우 '불공정 노동'으로 규정하고 '불공정 노동'을 해소하기 위한 과제를 발굴하고 추진한다.

예를 들면, 공정 노동 정책을 통하여 대기업·정규직·노동조합 부문이나 공공 부문이 단체 교섭 등을 통해 기득권을 과도하게 지키고 그 부담을 중소기업·비정규직 부문에 전가시키는 행동을 노사의 부당한 담합에 의한 '불공정 노동'으로 간주하고 시정을 요구할 수 있는 논리와 근거를 만드는 것이다. 또한 공정 노동 정책을 통하여 노사 당사자가 스스로 '불공정 노동'을 하지 않도록 유도하고, 필요하다면 정부가 당사자들에게 '불공정 노동'의 시정까지 요구할 수 있도록 정책수단을 개발해야 할 것이다.

동시에 정부는 '불공정 노동'으로 인해 간접적으로 피해를 보는 당사자들의 이해관계도 고려해야 한다. 노동 관련 법 제도나 관행이 간접적으로 피해를 유발하고 있다면 정부는 해당 법 제도와 관행의 개선을 추진해야 할 것이다. 이를 위해 정부는 '불공정 노동'의 개선과 노동 시장의 활성화를 요구하는 산업 현장과 일반 시민들의 목소리를 수렴하고 정책에 반영할 수 있는 공정 노동 기구를 만들고 이를 통하여 공정 노동 정책의 추진 환경을 적극적으로 조성해야 할 것이다.

공정 노동 정책의 추진과 신노사자치주의

공정 노동 정책을 효과적으로 추진하기 위해서는 정부의 강력한 의지와 노사 당사자들의 협력이 필요하다. 정부는 일차적으로 공정 노동의 기준에 대한 국민적 공감대와 노사 당사자들의 공감대가 일치하도록 만들어야 할 것이다. 그러나 노사 당사자들의 담합적 이해관계가 국민 전체의 이해관계와 배치되는 경우 정부가 적극적인 조정자 역할을 맡아야 한다. 또한 노사 당사자들이 갈등 해결 게임의 규칙을 만들었다고 하더라도 다른 이해관계 주체의 이익을 부당하게 침해한다면 정부가 관여할 필요가 있다.

　이것은 노사 당사자들이 갈등을 자치적으로 해결해야 하지만 사회적 강자가 자신의 권익을 지키기 위해 사회적 약자의 희생을 부당하게 수반해서 안 된다는 문제의식을 바탕으로 한다. 이러한 문제가 발생하지 않도록 노력해야 하지만, 만약 문제가 발생하면 시정하는 데 정부가 적극적인 역할을 해야 한다는 '신노사자치주의' 철학에 입각한다.

　공정 노동 정책을 '신노사자치주의'에 입각해서 추진하기 위해서는 노사의 적극적인 참여 하에 공정 노동의 관행을 만드는 것이 매우 중요하다. 노동 시장의 구조와 노사 관계 환경을 개선하는 데 도움이 되도록 공정 노동 관행을 확립하기 위해 어떤 경우에는 법으로 정립할 필요가 있지만 대부분의 경우 노사의 공감대를 통해 만들어 나갈 필요가 있다. 공정 노동의 기준을 법으로 규정하는 것은 노사의 집단적 충돌을 자극하여 사법부가 법적으로 시시비비를 가리는 일로 전락시키거나 정치적인 이슈로 비화시켜 문제의 본질을 해결하기 어렵게 만들기 때문이다.

Media

"언론의 공정성이란, 언론이 사회적 쟁점 사안의 모든 이해 당사자에게 공정해야 함을
의미한다. 그런데 진실보도를 무시한 언론이 다양성과 형평성, 중립성의 원칙을 지켰
다고 공정성을 확립했다는 것은 아니다."

10장

언론 보도는
과연 공정한가

2000년대 이후 우리 사회의 여론 형성에 강력한 영향력을 행사하는 것이 바로 인터넷이다. 시민들은 인터넷을 이용하여 공공 문제에 대한 의견을 표출하고 토론할 뿐 아니라 2008년 촛불 시위와 같이 집단적인 정치 행동으로까지 나아갔다.

2002년 효선·미순 양 사망 사건, 2004년 대통령 탄핵 사건, 2008년 쇠고기 수입 반대 등과 관련한 수차례의 촛불 시위와 낙천?낙선 운동, 미네르바 사건, 서귀포 부실 도시락 사건 등 인터넷을 뜨겁게 달구고 사회적으로 여론을 확산시킨 사례들 간에는 적어도 두 가지 중요한 공통점이 존재한다.

하나는 그런 사례들이 모두 약자와 강자의 대립 혹은 갈등 구도를 수반한다는 것이다. 미군 장갑차에 치여 사망한 두 여중생, 야권이 주도하는 국회에서의 탄핵안 가결로 탄핵 위기에 몰린 대통령, 정부의 '무책임하고 성급한' 쇠고기 수입 정책으로 '광우병' 우려에 빠진 소시민 등 이러한 사안에는 강자와 약자 혹은 가진 자와 못 가진 자의 갈등 전선이 깔려 있다고 하겠다. 네티즌은 유독 약자와 강자의 대립 구도가 정립된 사안에 대해서 큰 관심을 보이며 보다 적극적으로 여론 형성 과정에 참여한다.

또 다른 공통점은 약자와 강자의 갈등 구도에서 약자의 분노를 촉발시키는 사안에 대해 여론 활성화가 잘 이루어진다는 것이다. 규칙을 잘 지키며 살아온 약자가 반칙을 저지른 강자에게 느끼는 '불공정성' 이 인터넷 여론 확산의 촉매가 되는 것이다. 여기서 중요한 것은 네티즌들의 '부당성'과 '정당성'에 대한 판단이 반드시 입증된 사실에 기초한 것이 아니며, 오히려 감성이나 느낌 혹은 이른바 '국민 정서'에 의거한 것이라는 점이다. 그래서 악의적 의도를 가지고 이런 감성이나 정서에 소구하는 이른바 악플러의 활동이 가공할 만한 위력을 발휘하는 경우도 있다.

2010년 인터넷 여론을 뜨겁게 달구었던 이른바 '타블로 학력 논란 사건'도 '부당한 강자에 대한 공분'이 작동할 수 있는 몇 가지 요건을 갖추고 있었다. 타블로는 미국 명문 대학 학벌과 뛰어난 영어 실력으로 방송가에서 큰 성공을 거두었고 외국 시민권자로서 병역을 면제받았으며 인기 여배우와 결혼까지 했다. 일부 네티즌들이 타블로의 학력이 거짓이라고 '그럴듯한' 이유를 내세워 지적했는데, 이것이 일파만파로 확산되어 논란이 된 것이다. 후에 '거짓 학력' 고발 자체가 거짓임이 밝혀졌지만 타블로는 악의적 공격에 시달려야 했다. 많은 네티즌들이 이 사건이 터지자 타블로를 격렬히 비난하는 반응을 보인 이유는 타블로가 부유층 부모를 만나 외국 시민권자가 되었고 거짓 학력으로 출세 가도를 달리고 있다고 인식하면서 커다란 분노를 느꼈기 때문이다. 즉, 타블로를 공정 사회를 가로막는 '부당한 강자'로 보았던 것이다.

두 마리 토끼를 잡아야 한다

언론이 균형 감각을 가지고 사회의 다양한 의견을 대변할 때 사람들은 자신의 견해나 이익을 여론 형성이나 정책 수립에 반영하는 기회를 가진다. 따라서 언론이 자신의 의견을 배제하거나 상대적으로 소외시키고 있다고 느낄 때 사람들은 언론이 불공정하다고 인식한다. 한편 사람들은 다양한 의견이 언론 매체를 통해 자유롭게 공표되는 상황을 공정 사회 실현을 위한 필수 조건이라고 생각한다.

그러나 민주 사회라고 하더라도 현실적으로 모든 사람들이 언론 매체를 통해 의견을 발표할 자유를 동등하게 보장받지는 못한다. 고위 정치인, 관료, 기업인, 전문가, 인기인 등 특정 계층은 언론에 대한 접근권을 어느 정도 누리고 있는 반면, 평범한 시민이나 사회적 약자들은 그렇지 못하기 때문에 언론 접근권에 대한 불평등, 불공정의 문제가 야기된다. 따라서 언론 매체에는 언론에 접근이 어려운 계층이나 집단의 목소리를 전달해야 할 '사회적 책임'이 있다.

'기회의 평등'에 기초한 공정 사회 구현을 위해서는 영향력 있는 언론 매체를 통해 의견을 발표할 기회를 평등하게 보장하는 언론 정책과 제도가 필요하다. 하지만 지면과 시간의 제약 등 제반 여건 때문에 모든 사람들에게 의견 발표의 기회를 균등하게 제공할 수는 없다. 그러므로 언론 매체가 사회에 존재하는 다양한 견해를 반영하는 역할을 수행하도록 함으로써 각계각층의 다양한 의견이 언론을 통해 발표될 기회가 공정하게 배분되는 것이 필요하다.

공정한 언론이라면 이해관계가 첨예하게 대립하거나 사회적으로 논란의 대상이 되는 쟁점에 대해 다양한 의견을 고루 전달해야 하는 사회적 책임을 충실히 수행해야 한다. 공정한 언론은 공정 사회를 실현하기 위한 기본 조건일 뿐 아니라 '좀 더 나은 집단적 의사 결정'을 내릴 수 있는 토대를 마련해 준다. 언론이 제공하는 정확하고 공정한 정보와 다양한 견해를 통해 자신이 미처 알지 못했던 지식과 생각하지 못했던 아이디어를 얻어 자신과 견해가 다른 사람들과 숙의하는 과정을 거친다면 사회적 갈등을 공정하게 관리하고 정의와 진실에 이르는 절차적 정당성을 확보할 수 있으며 사회적 통합에도 기여할 수 있다(이민웅 외, 2007).

이렇듯 공정 사회와 공정 언론은 밀접한 관계를 맺고 있다. 그런데 언론의 공정성을 구현하기 위한 정책, 제도 그리고 지침을 확립하기 위해서는 적어도 다음의 두 가지 문제를 해결해야 한다.

첫째, 언론의 공정성 개념이 상당히 포괄적이고 다층적이어서 그 정의를 명확히 내리기 쉽지 않으며, 실제로 공정성 여부를 판단할 수 있는 기준이 제대로 확립되어 있지 않다는 문제이다. 독재 정권 시절에는 정치적 외압에 의해 언론의 공정성이 훼손되었기 때문에 외압에 굴복한 언론을 불공정 언론으로 간주했다. 그런데 1990년대 이후 민주화가 상당한 정도로 진척된 현재 언론계는 보수와 진보로 양분되어 서로 상대편을 불공정 언론이라며 공방을 벌이고 있다. 언론의 공정성을 평가할 수 있는 구체적이고 객관적이며 타당한 기준이 필요한 시점이라고 하겠다.

둘째, 언론의 공정성 책무를 강조하다 보면 언론의 자유가 위축될 수 있다는 문제가 발생한다. '공정'의 가치와 '자유'의 가치가 충돌하기 때문이다. 언론의 자유를 지나치게 강조하여 매체 간 시장 경쟁을 우선시하면 독점적 지위를 가진 소수 언론 매체의 영향력이 과도하게 작용하여 의견 다양성이 축소되고 여론 형성의 건전성이 훼손된다. 공정성 책무만을 내세워 언론 매체를 규제하면 신문의 편집권이나 방송의 편성권을 침해할 우려가 있으며 매체의 자유와 독립이 제한될 수 있다. 따라서 언론의 자유 보장과 언론의 공정성 확립이라는 두 마리 토끼를 잡기 위해서는 지혜로운 언론 정책의 수립이 필요하다.

이런 맥락에서 이 글은 언론 공정성의 개념과 한국 언론에서 공정성 논란을 야기하고 있는 배경과 원인을 살펴본 뒤, 특히 방송의 공정성 여부를 판단하는 객관적이고 타당한 기준은 무엇이며, 공정성 실천을 위한 방법이나 노력에는 어떤 것들이 있는지 논의하고자 한다.

2

언론은 공정해야 한다?

다양성, 형평성, 중립성의 원칙

언론이 공정해야 한다는 명제에는 누구나 동의하지만 언론의 공정성을 정의 내리기는 어렵다. 한 사회의 이념적 기초와 언론 제도가 뿌리를 둔 정치사상에 따라 공정성의 의미가 달라질 뿐 아니라, 시대적, 역사적 상황에 따라 그 해석이 달라질 수 있기 때문이다. 공정성은 자본주의 국가와 사회주의 국가에서 각각 다르게 정의되었으며, 어떤 언론 제도를 수용했느냐에 따라 달리 해석되었다.

미국은 커뮤니케이션법 제315조에 명시된 '동등 시간equal time의 원칙'과 한때 FCC(미국 연방통신위원회) 정책으로 채택한 바 있는 '형평성fairness 원칙'을 공정성 실현을 위한 근거로 삼았다. 동등 시간의 원칙은 "어떤 방송국이 한 후보에게 시간을 제공한다면, 그 공직에 출마한 경쟁 후보에게도 같은 시기에 같은 양의 시간을 할애해야 한다"는 원칙이다. 형평성 원칙은 방송에 사용하는 전파는 희소한 자원이므로 논쟁적인 문제에 대해서는 충분히 보도하고 다양한 의견을 제공하며, 필요하면 반론권을 보장해야 한다는 원칙이다.

영국에서는 '적절한 불편부당성due impartiality' 개념을 적용하여 방송의 공정성을 실천하고자 노력해 왔다. 불편부당성 앞에 '적절한due' 이라는 수식어를 붙여, 공정성을 사회 구성원이 합의하고 있는 가치 체계를 반영하는 탄력적이고 유동적인 개념으로 이해하고 있다.

언론의 공정성이란, 언론이 사회적 쟁점 사안의 모든 이해 당사자에게 공정해야 함을 의미한다. 상대적으로 언론 매체에 접근하기 어려운 사회적 약자의 의견이 충분히 표출될 수 있는 기회를 제공해야 하며, 다수의 횡포로 인한 부작용과 그에 따른 사회적 비용을 최소화하기 위해 소수의 의견도 존중하고 경청해야 한다.

언론의 공정성을 연구하는 학자들은 공정성을 직접 정의하기보다는 저널리즘의 여러 덕목을 하위 요소로 언급함으로써 개념의 포괄성과 다의성을 인정하고 있다(Rogengren, 1980; Westerstahl, 1083; McQuail, 1986). 객관성, 사실성, 진실성, 불편부당성, 중립성, 균형성, 적절성 등이 자주 등장한다. 이것은 공정성을 명확히 정의 내리기 힘들기 때문이기도 하지만, 저널리즘의 중요한 덕목을 위반한 채 공정성을 구현하는 것이 가능하지 않기 때문이기도 하다. 저널리즘의 기본인 사실 및 진실 보도를 무시한 언론이 다양성과 형평성, 중립성의 원칙을 지켰다고 해서 공정성을 확립했다고 말할 수는 없다.

형평성은 언론의 정파성을 견제하기 위해 도입된 개념으로, 선거 방송 등에서 특정 정당이나 후보에 편향되지 않도록 보도량이나 횟수에 균형을 맞출 것을 요구한다. 그런데 양당 제도가 확립된 국가에서는 여야의 균형을 맞추는 것이 의미 있지만, 다당제에서는 산술적 균형을 맞추기가 쉽지 않다. 단일 여당과 4개의 야당이 있을 때, 여당에 50%를 할당하고 나머지 4개 야당을 합쳐서 50%를 제공하는 것이 균형인지, 5개 정당에 각각 20%를 제공하는 것이 균형인지 모호하다.

중립성 역시 양당 제도가 확립된 사회에서 저널리즘의 덕목으로 인정받아 왔다. 그러나 중립 보도가 양쪽 끝을 설정해 놓고 그 중간에 해당하는 주장을 취하는 것이라면, 양쪽 끝에 어떤 의견을 놓느냐에 따라 중립의 의미는 달라질 수 있다.

언론의 자유와 공정성 책무

공정성 책무는 언론의 자유와 충돌하는 부분이 있다. 내가 소유한 매체를 통해 내 의견을 공표할 자유는 언론의 자유로 보호받아야 한다. 그러나 그 매체가 여론 형성 과정에 중대한 영향력을 행사하는 매체라면 공정성 또는 다양성을 준수할 책무를 지니게 되므로 그 내용 구성의 자유를 일정 정도 제한하는 정책을 도입할 수 있다.

문제는 공정성 책무가 여론 형성에 미치는 영향 정도나 매체의 특성에 따라 그 수준이 달라질 수 있다는 것이다. 언론의 자유를 존중한다는 차원에서, 인터넷 매체나 인쇄 매체는 공정성 책무가 그리 무겁지 않다. 상대적으로 방송 매체는 여론 형성에 영향을 미치는 정도가 더 크다고 여겨 공정성 책무도 크다. 더욱이 방송 같은 전파 매체는 태생적으로 공공재의 성격을 지니며 희소성이 인정되는 전파 자원을 사용하기 때문에 공익성과 공정성을 준수할 법적 의무를 지닌다. 영향력과 재원 조달 방식(수신료)으로 볼 때 지상파 공영 방송의 공정성 책무가 가장 무겁다고 할 수 있다. 2011년 후반기에 방송 예정인 종합 편성 채널도 실질적으로 지상파 채널의 성향을 지니고 있으며 신문, 방송 겸영의 도입이라는 점에서 볼 때, 공정성 책무가 적지 않다고 하겠다.

그러나 일각에서는 인터넷의 확산으로 채널의 희소성 문제가 완전히 해결되었고 디지털화로 매체 간 구분이 허물어졌기 때문에 더 이상 언론 매체에 공정성을 요구할 필요가 없다고 한다. 누구나 인터넷을 이용하여 자신의 견해를 자유롭게 공표할 수 있으며, 경우에 따라 네티즌들이 사회적 어젠다를 창출하거나 주도하기 때문에 언론의 자유를 제한하면서까지 공정성 책무를 요구할 필요가 없다는 것이다.

일견 그럴듯해 보이지만, 모든 사람이 인터넷에서 다양한 의견을 충분히 접하고 공공 문제에 대해 숙고하고 있는가 하는 의문을 제기할 수 있다. 인터넷 공간에서는 비슷한 생각을 가진 사람들이 만나 소통하는 가운데 의견 동조 또는 '집단 극화group polarization' 현상이 일어나 기존의 선입견이나 믿음이 더욱 견고해지고 극단적 성향이 심화될 수 있다. 심지어 다른 의견에 대한 포용 능력이 상실되고 객관적 사실조차 믿지 못하기도 한다. 인터넷이 집단 지성collective intelligence을 발휘하여 허위 정보와 편견을 거르는 자율적인 자정 능력이 있지만, 집단 극화에 의해 자기와 다른 의견을 차단하기도 쉽기 때문에, 인터넷 공간의 자율성에 기대어 공정성과 다양성을 구현한다는 정책에는 한계가 있다.

다매체 시대의 도래와 디지털 기술의 발전 등으로 언론 매체의 환경이 급변하고 있어 각각의 매체가 여론 형성 과정에 미치는 영향력과 메커니즘에 대한 과학적 분석이 시급하다. 특정 인터넷 매체가 방송을 능가하는 영향력을 발휘하고 있음을 과학적이고 객관적으로 입증할 수 있다면, 그 매체도 공정성 규제의 대상이 되어야 할 것이다.

1990년대 이후 민주화, 정보화, 디지털화가 진척됨에 따라 한국 사회에는 다양한 정치적, 이념적 성향을 보이는 매체들이 등장했다. 이에 따라 개인이 스스로 자신의 성향에 부합하는 매체를 자유롭게 선택하도록 하는 것이 언론의 자유 창달 차원에서 바람직한 것인지, 영향력 있는 매체에 공정성 책무의 부담을 지워 다양한 의견을 공표하도록 만들어야 할 것인지 논란이 일어났다.

필자는 방송과 같이 파급 효과가 큰 언론 매체에 공정성 책무를 부과하는 규제가 여전히 필요하다고 생각한다. 언론의 자유를 보호해야 하는 이유는 개인의 권리 보장과 자아 실현에도 있지만, 더욱 근본적이고 중요한 이유는 민주주의 사회의 실현에 있으며 이를 위해서는 식견 있는 시민informed citizen의 존재가 필수적이기 때문이다.

그런데 무한 매체, 무한 채널의 시대로 접어들면서 시청자나 독자 시장의 파편화fragmentation는 더욱 심화되고, 공통 경험의 부재로 말미암아 파편화된 집단 간의 소통이 더욱 어려워지고 있다.

이렇게 볼 때 시청자의 규모가 크고 따라서 여론 향방에 미치는 영향력이 큰 방송 매체가 다양한 의견을 담아내도록 하는 정책은 반드시 필요하다. 모든 국민이 안방에서 쉽게 접할 수 있는 방송 매체에 다양한 의견을 싣는다면 시청자들은 우연한 기회에라도 본인의 의견과 다른 의견이나 논거를 접할 가능성이 있다.

방송이 고품질의 공정한 시사 및 다큐멘터리 프로그램을 통해 공공 문제에 대한 여론을 환기시키고 다양한 의견을 제시하며 그 프로그램의 시청률을 일정 정도로 유지한다면 공정 사회의 구현에 크게 기여할 수 있다. 따라서 이후의 논의에서는 방송의 공정성에 초점을 맞추고자 한다. 지난 20여 년간 한국 사회에서 제기되었던 언론의 공정성 논란 역시 주로 방송 영역에서 비롯되었다.

정당성과 부당성도
사실에 기초하라

정치적 양극화와 공정성 위기(2004년 탄핵 방송 보도)

한국의 방송은 독재 정권 시절은 물론 민주화가 진척된 1990년대 이후에도 공정성에 대한 논란에서 벗어나지 못하고 있다. 민주화 이전에는 불공정성의 원인으로 강압적인 정부의 언론 통제가 지목되었으나, 민주화 이후에는 언론이 특정 정파의 이해관계를 대변하는 경향을 보이며 다른 요인들을 불공정성의 원인으로 주목하기 시작했다.

방송의 공정성 논란은 2004년 '대통령 탄핵 정국'에서 결정적으로 벌어졌다. 대통령 탄핵 관련 방송은 공정한 방송의 의미가 무엇인지 성찰할 수 있는 기회를 제공했다. 정치권력, 자본, 경영진, 광고주 등 언론의 공정성을 해치는 요인들에 관한 연구는 있었지만, 정치적 갈등 상황에서 방송의 공정성이 얼마나 훼손될 수 있는지, 공정성을 어떻게 확보해야 하는지에 관한 논의가 이전에는 없었기 때문이다.

　방송이 공정성을 추구하기 위해 무엇보다 국가나 시장의 압력으로부터 자유로워야 한다. 다양한 이해관계를 조정하고 편향된 시각에서 벗어나기 위해서이다. 대부분 방송사들이 추구하는 불편부당성이나 시시비비의 보도 정신이 이에 해당한다. 그러나 실제로 언론과 특정 정파와의 병행 관계는 오히려 두드러진 것으로 드러났다(윤영철, 2001).

　방송을 포함하여 대부분의 한국 언론은 2004년 대통령 탄핵 정국의 보도에서 특정한 정당이나 정파의 이해를 대변하는 보도 경향을 보이며 공정성을 잃었다. 특히 공정 보도 책무가 가장 무거운 지상파 공영 방송이 정파적 이해를 표출하였다. 탄핵 반대로 기울어 균형 감각을 잃으면서 반대 정파를 지지하는 시청자를 소외시킨 것이다.

　2004년 한국언론학회가 발간한 〈대통령 탄핵 관련 TV 방송 내용 분석 보고서〉(이하 언론학회 보고서)는 "대통령 탄핵 방송이 불공정했다"고 결론을 내렸다. 이 보고서는 정치적으로 큰 파장을 일으켰다. 당시 여권과 방송사들은 방송 프로그램을 통해 연구 결과를 반박하며 이 보고서에 대한 보도마저 불공정 보도로 일관하였다. 또한 방송의 공정성을 감시해야 할 일부 사회 운동 단체나 학술 단체들이 방송의 정파적 편파성을 옹호하고 나서는 진풍경이 벌어졌다.

　한국 방송의 이러한 대응은 영국의 경우와 너무나 대조적이다. BBC는 영국 정부가 펴낸 이라크 관련 보고서에 관해 보도한 뒤, 이 보도를 비판적으로 평가한 〈허튼Hutton 보고서〉가 나오자 자체 분석팀을 결성하여 보도를 면밀히 평가하였고, 그 결과를 〈닐Neil 보고서〉로 펴냈다.

BBC는 보도에 문제가 있었음을 인정하고 〈닐 보고서〉의 결과를 반영하여 뉴스 취재 및 제작 과정에서 검증 절차를 강화하고 공정성 가이드라인을 수정, 보완하였다(이민웅 외, 2007).

한국 언론의 공정성 위기는 언론 매체들이 정파성을 지나치게 드러낸 결과라고 할 수 있다. 한국 사회의 경제적, 이념적 양극화가 언론계마저 보수와 진보로 갈라놓았고, 언론 매체들이 이런 갈등을 적극적으로 심화시켰기 때문이다. 언론이 현실 관찰자, 정보 전달자, 사건 해설자의 역할을 넘어 정치 투쟁의 행위자로 나서다 보니 다양한 정파의 입장을 고루 반영해야 한다는 공정성 책무는 뒷전으로 밀리고 있다.

PD 저널리즘의 명암(2008년 광우병 관련 보도)

2008년 미국산 쇠고기 수입 반대 시위는 대규모 촛불 시위로 이어졌다. 그 당시 광우병이 의심되는 미국산 소의 위험성을 부각시킨 MBC 〈PD수첩〉의 보도 행태가 공정성 논란의 대상으로 떠올랐다. 먼저 오역과 사실 관계 오류에 기초한 주장이 여론을 호도했다는 점에서 이 프로그램이 사실 관계 검증 노력을 게을리하여 저널리즘의 질적 차원에서 한계를 드러냈다는 비판이 있었다. 또 이해 당사자들의 견해를 고루 반영하지 못해 균형성 유지에 실패했고, 수입 반대 측 입장을 집중적으로 부각했다는 점에서 불공정하다는 지적이 있었다.

한국 방송의 PD 저널리즘

기자직과 PD직 간의 구분이 명확한 한국에서만 존재하는 특유의 저널리즘으로 'PD 저널리즘'이 있다. PD 저널리즘이란 PD들이 주도적으로 제작하는 시사 프로그램으로 뉴스 보도국의 전통적인 취재, 보도 시스템에 따라 생산되는 일반 뉴스 프로그램과 달리 PD 고유의 방송 제작 방식 및 조직 문화가 개입된 탐사 프로그램을 말한다. MBC의 〈PD수첩〉, KBS의 〈추적 60분〉, SBS의 〈그것이 알고 싶다〉 등이 그 예이다. 한국 방송사의 PD들은 1980년대 말까지 정치권력의 통제로 방송 뉴스가 정부의 대변자 역할을 수행했던 상황을 비판하면서 새로운 방식의 뉴스 프로그램을 통해 방송의 비판, 고발 기능을 강화하고자 했다.

PD 저널리즘 프로그램은 선과 악, 약자와 강자, 정의와 불의 등 도덕적 판단에 기초한 이분법적 서사를 활용하여 악, 강자, 불의를 비판하는 포맷을 취한다. 따라서 사실에 입각한 고품질의 PD 저널리즘 프로그램은 권력 감시와 사회의 도덕성 강화 등 사회 발전에 긍정적으로 기여한 바가 적지 않다. 한편, 경우에 따라서 PD 저널리즘은 논쟁적 사안을 다룰 때 특정한 정파의 이해를 편파적으로 반영하여 공정성을 훼손하거나 사실 검증을 소홀히 한 채 자신의 관점만을 대변한다는 지적을 받기도 한다. 〈PD수첩〉의 광우병 관련 보도도 이런 경우라고 하겠다.

특히 〈PD수첩〉의 광우병 관련 보도는 제작진이 자신과 자사(MBC)의 이해과 입장을 대변하는 데 여념이 없어 갈등 상대편의 이해와 입장을 무시하는 경향을 보이면서 불공정의 함정에 빠졌다.

PD 저널리즘의 정파적 경향은 제작진 개인의 정치적, 이념적 성향에서 비롯되기도 하지만, PD의 프로그램 제작 관행이 기자의 그것과 다르기 때문에 비롯된 것이기도 하다. 기자가 주도적으로 제작하는 뉴스 프로그램은 철저히 사실에 기초하며 논쟁적 사안에 대해서는 관련 당사자들을 고루 인터뷰하는 제작 노력을 기울인다. 그러나 PD 저널리즘은 도덕적 판단에 기초한 주관적 진실을 적극적으로 표명함으로써 시청자들에게 인상 깊고 강렬한 교훈적 메시지를 전달하고자 한다. 그런 이유로 시청자가 밋밋하다고 느낄 수 있는 중립적 보도 형식에서 탈피하고자 한다.

기자와 PD는 공정성을 바라보는 시각에도 차이가 있다. 기자들은 PD 저널리즘의 역할과 의의에 대해서는 인정하지만 PD 저널리즘이 사실 보도와 논평을 뒤섞음으로써 시청자에게 혼란을 일으킨다고 본다. 또한 공정성과 객관성 측면에서 시빗거리를 제공함으로써 방송사의 신뢰도를 하락시키기도 한다고 비판한다. 이러한 비판에 대해 PD들은 PD 저널리즘 자체가 팩트 fact 이상의 '사회의 본질'을 보여 주는 장르이고 PD는 자신의 해석을 바탕으로 프로그램을 만들기 때문에 형식적인 객관 보도의 적용은 바람직하지 않다고 주장한다. 엄격한 객관주의 보도 규칙을 최상의 가치로 여기는 뉴스와 현실에 기초하여 사건을 재해석해 내는 다큐멘터리의 원칙이 서로 충돌하고 있는 것이다.

정당한 약자 vs. 부당한 강자(인터넷 여론 동원)

1990년대 중반 이후 신문과 방송이 신뢰도와 영향력을 잃어 가는 빈자리에 포털, 카페, SNS Social Networking Service 등의 인터넷 매체가 치고 들어와 영향력을 확대해 나가고 있다. 시민들은 인터넷을 통해 공공 문제에 대한 의견을 표출하고 토론할 뿐 아니라 대규모 촛불 시위와 같이 집단적인 정치 행동으로까지 나아갔다. 2002년 효선 · 미순 양 사망 사건, 2004년 대통령 탄핵 사건, 2008년 쇠고기 수입 반대 등과 관련한 수차례의 촛불 시위 등 인터넷을 뜨겁게 달구었던 사례들을 면밀히 분석하지 않고서는 여론 동원의 역동성을 제대로 이해할 수 없다.

인터넷에서 여론을 확산시킨 사례들 간에는 적어도 두 가지 중요한 공통점이 있다. 하나는 그런 사례들이 모두 강자와 약자의 대립을 수반한다는 것이다. 미군 장갑차에 치여 사망한 두 여중생, 야권이 주도하는 국회에서의 탄핵안 가결로 탄핵 위기에 몰린 대통령, 정부의 '무책임하고 성급한' 쇠고기 수입 정책으로 '광우병' 우려에 빠진 소시민 등 강자와 약자 또는 가진 자와 못 가진 자의 갈등 전선이 깔려 있다.

또 다른 공통점은 강자와 약자의 갈등 구도에서 약자의 분노를 촉발시키는 사안에 대해 여론 활성화가 잘 이루어진다는 것이다. 선량한 약자가 부당한 강자에게 느끼는 '불공정성'이 인터넷 여론 확산의 촉매가 되는 것이다. 여기서 중요한 것은 네티즌의 '정당성'과 '부당성'에 대한 판단이 반드시 사실에 기초한 것이 아니며, 오히려 '국민 정서'에 의거한 것이라는 점이다. 그래서 악의를 가지고 이런 감성에 소구하는 '악플러'의 활동이 가공할 만한 위력을 발휘하는 경우도 있다.

이런 정서적 흐름은 국민들의 공정성 판단에 영향을 미칠 뿐 아니라, 오프라인 언론 매체가 이 흐름에 편승하여 일부 네티즌의 무책임한 도발적 주장을 여과 없이 보도하는 경우가 있다. 사실 및 진실 보도 덕목을 강조해 온 오프라인 언론 매체가 부분적으로만 사실이거나 일부 허위가 있지만 정서적 유대와 분노의 공감을 이끌어 내는 인터넷의 글쓰기 행태를 모방하기에 이른 것이다.

2000년대 들어 인터넷 매체(사이트)가 영향력 면에서 기존의 언론 매체에 뒤지지 않게 되어, 인터넷에도 공정성 책무를 요청할 시기가 도래했다. 그런데 2011년 1월 '미네르바' 처벌 사건의 위헌 판결에서 보듯이, 인터넷에서의 표현의 자유를 법으로 제한하는 것은 쉽지 않다. 그러므로 인터넷에서 영향력을 발휘하는 매체나 파워블로거 등에게 사실 보도나 공정 보도의 사회적 책무를 요구하는 규범이 작용하도록 하는 장치를 시급히 마련해야 할 것이다.

4
사회적 합의가 부족하다

방송 공정성의 판단 기준에 대해서는 아직 사회적 합의가 부족하다. 여기서는 필자가 공저자와 참여한 〈방송 저널리즘과 공정성 위기〉(2007)에서 서술한 부분을 재정리하여 소개함으로써 공정성 논란의 핵심 쟁점과 공정한 방송의 구체적인 기준을 알아보고자 한다.

권력 비판 기능

공정성 책무를 강조하다 보면 언론의 자유가 위축되고 권력에 대한 비판이 무뎌질 수 있다는 평가가 있다. 방송 제작진이 불의와 부정을 저지른 집단을 비판하려고 해도 공정성 책무 때문에 가치중립적인 방송을 해야 한다면 탐사 언론의 비판 기능이 위축될 수 있다. 하지만 이런 염려는 공정성 기준 적용에 대한 오해에서 비롯된 것이다.

대부분의 뉴스 프로그램과 달리 시사 프로그램과 다큐멘터리 프로그램은 제작자의 특정 관점을 담게 된다. 중요한 것은 각 관점을 표현하는 데 따르는 책임을 상기하는 일이다. 관련 사실을 정확하게 검증하여 진실에 가까워지도록 노력하는 것은 필수적이다. 정확한 사실에 기초한다면 방송 제작진이 특정 관점을 지니는 것이 용납되며, 제작진이 내린 도덕적 판단에 따라 특정인이나 집단을 비판할 수 있다. 이러한 도덕적 판단이 대부분 시청자의 동의를 얻어 논란이 되지 않는다면 탐사 저널리즘의 장점을 잘 살리는 사례가 될 것이다.

정파나 사회 세력 간에 찬반이 엇갈리는 사안을 다룰 때 방송의 공정성 준수 책임은 더욱 막중하다. 제작진이 한쪽을 지지하는 판단을 내리고 싶을 경우 공정성 책무와 충돌할 여지가 있다. 이때 제작진의 자율적 판단을 존중하는 동시에 방송의 공정성도 지키는 방법으로 프로그램 간의 공정성 개념을 도입할 수 있다. 즉, 미리 고지된 상황에서 한 주에는 찬성 의견을, 다음 주에는 반대 의견을 주장하는 프로그램을 내보낸다면 방송의 자유와 공정성 요구를 동시에 충족시킬 수 있다.

시대정신

한 사회의 시대정신을 공정성의 판단 기준으로 삼아야 한다는 의견이 있다. 특히 2004년 탄핵 방송에 관한 언론학회 보고서가 공개되었을 때 이들은 "지배 세력의 억압에 맞서는 피지배 세력의 물리적 저항"으로서 "민주주의 회복"이라는 시대정신을 담고 있으므로, 탄핵 반대가 정당한 행위이며 방송이 탄핵 반대의 편에 서는 것이 공정성을 담보하는 길이라는 주장을 펼쳤다. 그러나 이 주장이 공정성 판단의 기준이 되려면 모든 국민이 합의하는 시대정신이 존재해야만 한다.

우리 사회는 대립적인 시대정신들이 경쟁하고 갈등하는 상황에 처해 있기 때문에 방송이 한 시대정신을 보편적인 잣대로 삼아 보도하는 것은 결코 객관적이거나 공정하지 않다. 민주 사회에서 방송의 역할은 시청자들에게 다양한 의견을 전달하여 현명한 선택을 하도록 돕는 것이다. 방송이 특정 시대정신을 공정성의 잣대로 삼을 경우 특정 이념의 선전 도구로 전락할 가능성이 높다는 점에 유의해야 한다.

산술적 균형

산술적이며 기계적인 중립성이 공정 보도를 판단하는 기준이 될 수 있는가에 대한 논란이 있다. 양적 또는 산술적 균형을 기계적으로 적용하면 공정성 문제가 해결되는지에 관한 쟁점이다.

영국 BBC의 편집 가이드라인에 명시되어 있듯이, 방송의 공정성 구현이 곧 산술적 균형을 준수한다는 것을 의미하지는 않는다. 어떤 찬반 쟁점 사안에 대해 양적으로 50:50을 정확히 맞춘다고 해서 항상 공정성이 구현되는 것은 아니라는 뜻이다.

그러나 이 말이 산술적 균형을 맞출 필요가 없다는 뜻은 아니다. 산술적 기준의 요구 정도는 사안별, 상황별 또는 방송 채널의 성격별로 차이가 나므로 모든 경우에 일률적으로 적용할 수 없고, 산술적 균형 기준이 매우 중요한 경우와 덜 중요한 경우를 구분해야 한다.

첫째, 대부분의 민주주의 국가에서는 선거 관련 방송을 내보낼 때, 방송이 산술적(양적) 균형을 지키도록 요구하고 있다. 한국도 선거 관련 법에 산술적 균형 보도 책임이 명시되어 있다. 공정 선거를 위해서 정파 간의 산술적 균형을 지키는 것이 바람직하겠다.

둘째, 국론이 나뉜 쟁점 사안에 찬반의 산술적 균형을 요구할 수 있다. 수도 이전에 대해 국론이 찬반으로 분열되어 있을 경우, 방송은 양쪽의 견해를 균형 있게 보도해야 할 것이다. 또한 이해 당사자 간의 이해관계가 첨예하게 대립되어 있는 경우에도 그들의 의견이 골고루 들릴 수 있도록 균형을 맞추어 주는 것이 바람직하다.

셋째, 국민적 합의를 이룬 사안이라도 소수 의견이 존재할 수 있다. 한국에서 동성同性 간의 결혼은 대부분 반대하고 극소수만이 찬성하는 사안이다. 이럴 때 방송이 50:50으로 산술적 균형을 지키는 것은 바람직하지 않다. 소수 의견에 몇 퍼센트(%)를 할애해야 할지 구체적인 양을 규정하기는 어렵지만, 소수의 목소리가 '정당하게' 들릴 수 있도록 하는 수준에서 방송 제작진이 자율적으로 결정해야 한다.

그러나 이렇게 3가지 경우로 구분하여 공정성의 양적 기준을 차별적으로 요구한다고 해서 공정성 문제가 모두 해결되는 것은 아니다. 다음과 같은 상황을 고려해야 하기 때문이다.

산술적 균형과 방송의 공정성

산술적 균형을 완벽하게 맞춘 불공정 방송

선거 방송과 국가적 논란거리에서, 양적 균형을 맞추면서도 한쪽으로 편향되도록 방송 내용을 구성할 수 있다. 동일한 보도량(시간, 횟수 등)을 배분했더라도, 한쪽은 전문성, 논리, 말솜씨를 두루 갖춘 인물을 등장시키고 다른 쪽은 그렇지 못한 인물을 등장시켰다면 그 결과는 편향적이 된다. 이렇게 양적 기준을 갖추면서도 불공정한 프로그램을 만들 수 있는 방법이 얼마든지 있다. 그러므로 방송 프로그램의 양적인 기준만을 충족시킨다고 해서 공정성이 보장되는 것은 아니며, 내용의 질적 차원에서도 균형이 이루어져야 한다. 따라서 공정성을 판단하는 데 질적 기준을 적용할 수 있는 도구의 개발이 필요하다.

산술적 균형을 어느 정도만 충족시킨 공정 방송

국가적 논란거리에 대한 방송이라고 하더라도 방송 제작 현실을 고려할 때 산술적 균형을 엄밀하게 맞추기는 어렵다. 선거 방송은 대체로 양적 균형을 유지하지만, 선거 기간이 아닌 평상시에 이런 양적 기준을 너무 엄격하게 적용하다 보면 제작 자율성이 손상되거나 융통성이 떨어질 우려가 있다. 실제로 방송 제작진이 양적 균형(50:50)을 고려하여 제작했을지라도 내용을 분석해 보면 60:40의 비율로 나올 수도 있다. 이때 양쪽의 주요 의견들이 정당하게 다루어졌다면 60:40으로 구성되었더라도 불공정하다고 말할 수는 없다. 여기서도 주요 견해가 정당하게 표현되었는지를 평가할 수 있는 질적 기준이 필요하다.

산술적 균형이 무너졌음에도 공정한 방송

어떤 사안에 대한 의견을 별 논란 없이 지배적 의견과 소수 의견으로 나눌 수 있을 때 소수의 의견에 할애하는 분량은 제작진의 자율에 맡기는 것이 좋다. 제작진의 표현의 자유도 고려해야 하기 때문이다. 여기서 중요한 것은 소수 의견이 지배적 의견보다 양적으로 적게 취급되더라도 소수 의견의 진의를 제대로 전달하는 것이 '소수자를 정당하게 취급하는 것doing justice to the minor'이라는 점이다. 이때 소수 의견을 정당하게 보도했는지 여부는 내용의 질적 측면을 따져 보아야만 알 수 있다. 여기서도 질적 기준의 개발이 필요하다.

위 사례에서 드러나듯이 양적 기준을 엄격하게 적용한다고 해서 공정성이 확보되는 것은 아니다. 양적 기준조차 적용하지 않고 주먹구구식으로 공정성을 평가하는 것은 더 큰 문제지만, 양적 기준에만 매달리는 것도 바람직하지는 않다. 이런 한계를 극복하기 위해 타당성과 신뢰성을 담보할 수 있는 질적 평가 기준의 개발이 시급하다.

여론 조사 결과

여론 조사 결과 한쪽 의견이 70%를 차지하였다고 해서 이를 '국민의 정서'로 보고 공정성의 잣대로 삼는 것은 바람직하지 않다. 여론 조사 결과는 조사 당시의 즉흥적인 결과일 가능성이 높고, 질문에 따라 조작이 가능하기 때문이다. 만약 이와 같은 여론 조사 결과를 공정성의 잣대로 삼는다면 공정성 지침은 일관성을 가질 수가 없다.

여론 조사 결과가 공론화를 거친 결과라면 괜찮은 것인가? 그렇지 않다. 영국에서 포클랜드 전쟁 당시 파병에 대한 지지도가 83%를 차지했지만 BBC는 정부의 전쟁 정책에 대한 문제점을 지적하고 아르헨티나 정부의 입장도 전달함으로써 공정한 뉴스 보도를 실천했다는 평가를 받았다. 여론을 공정성 잣대로 삼을 경우 방송의 자유가 훼손될 뿐 아니라 방송의 사회적 책임도 포기해 버리는 결과를 낳을 수 있다.

여론 조사 결과가 공정성 기준을 설정하는 데 아무 도움을 주지 못한다는 것은 아니다. 국가적으로 논쟁이 되는 쟁점 사안인지를 판별하기 위해 여론 조사 결과를 참고해야 하기 때문이다. 어느 사안에 대해 정계나 국회의 의견 대립이 팽팽하고 여론 조사 결과 국민들의 의견도 분열되어 있다면, 그 사안은 공정 보도에 매우 유의해야 한다.

방송의 관점 유지

방송에 공정성 지나치게 책무를 부과하다 보면 균형에만 얽매여 관점point of view 없는 프로그램만 양산한다는 항변이 나오기도 한다. 이것은 방송 공정성의 개념과 기준을 잘못 이해한 결과이다. 선과 악, 옳고 그름을 판단하기 전에 사실 관련 정보를 수집하고, 그 과정에서 공정성을 유지하고 결과에 책임을 져야 한다. 도덕적 판단의 근거를 찾는 과정에서 논쟁과 갈등 당사자, 인터뷰 대상자 그리고 일반 시청자에게 얼마나 공정했는지도 따져 보아야 한다. 또 관점을 가진다 하더라도 관점이 다른 쪽의 의견도 다루어야 할 책임이 있다.

5

방송의 공정성 확보는 필수다

사회적 논쟁거리에 대해 자신의 의견을 대변하는 매체가 존재하거나, 영향력이 큰 매체가 자신의 의견을 대변하고 있음을 인식할 때, 시민들은 언론 매체가 공정하다고 느낀다. 그러나 시장 진입 장벽이 매우 높고 영향력과 파급 효과가 큰 방송 매체의 경우에는 쟁점에 대한 다양한 의견이 고루 반영되어야 공정 방송으로 인정받는다.

2011년에는 4개의 종합 편성 케이블 채널과 1개의 보도 전문 케이블 채널이 방송을 시작할 예정이다. 보수 성향의 신문사들이 방송을 겸영하므로 종편 채널이 어떻게 보도의 공정성을 확립할 수 있을지가 관심사이다. 만약 종편 채널이 신문의 성향을 그대로 이어받는다면, 시청자는 종편 채널이 불공정하다고 인식할 것이며 이런 정책을 추진한 정책 당국의 처사도 불공정하다고 판단할 것이다. 방송이 공정성을 확보하지 못하면 시청자들은 방송을 '불공정 사회'를 재생산하는 매체로 간주할 수 있다. 따라서 방송의 공정성 확보는 공정 사회 구현을 위해 반드시 필요하다. 이런 맥락에서 방송의 공정성 구현을 위해 필요한 몇 가지 정책적 제언을 하고자 한다.

첫째, 방송 공정성 개념에 대한 사회적 합의를 도출해야 한다.

공정성에 대한 사회적 합의를 도출하기 위해서는 서로 다른 의견을 지닌 집단 간에 소통을 활성화하여 개념 도출을 위한 실천적 방안을 마련해야 한다. 공정성을 주관적 잣대로 평가하는 행위는 바람직하지 못할 뿐 아니라 공정성에 대한 혼란을 가중시키며 방송의 공정성 위기를 초래할 것이다.

방송 공정성의 개념은 시대나 상황에 따라 달라질 수 있지만 민주주의를 실천하는 모든 사회에서 반드시 지켜야 할 저널리즘의 덕목이다. 그러므로 객관적으로 적용할 수 있는 평가 기준이 필요하다. 학계와 방송계, 규제 기관 관계자들이 참여하는 세미나, 워크숍, 공청회 등을 통해 방송의 공정성에 관해 논의하고 이들이 수긍할 수 있는 기준을 마련해야 할 것이다.

둘째, 방송 공정성 심의를 위한 구체적 기준을 확립해야 한다.

방송 공정성 심의에 대한 평가 가운데 가장 빈번하고 두드러진 비판은 심의 결과가 일관되지 못하다는 것이다. 방송 심의는 정량 평가를 골조로 하되 심의 위원들의 합의를 바탕으로 하는 정성 평가 과정을 거치기 때문에 때로는 비슷한 사안에 대해 다른 결과가 도출되기도 한다. 특히 심의 위원들의 주관적 성향이나 정치적 견해가 개입될 경우 일관성 있는 심의 결과를 도출하기 어렵다.

따라서 다양한 심의 사례를 종합적이고 체계적으로 분석하여 심의 기준이나 지침을 더욱 정교화할 필요가 있다. 구체적인 지침을 확립하지 않는다면 심의 자체의 공정성 논란이 불식되지 않을 것이다.

셋째, 방송 공정성에 대한 자율적 심의 제도를 도입해야 한다.

현재 방송통신심의위원회가 담당하고 있는 공정성 심의는 외부의 규제 기관이 나서서 심의하고 불공정 사례가 발견되면 제재를 가하는 타율적 규제이다. 그러나 타율적 규제는 방송사의 자율성과 독립성을 위축시킬 우려가 있다. 규제 기관이 정치적 또는 정파적 이해에서 벗어나지 못할 경우에 더욱 그렇다.

그동안 방송사 내에 형식적인 자율 심의 기구나 제도가 존재했으나 실효성을 발휘하지는 못했으므로, 우선 현 방송사 심의 조직이나 사내 심의 제도에 대한 평가와 분석이 필요하다. 이를 바탕으로 성공적으로 운영되고 있는 외국의 자율 심의 제도를 벤치마킹한다면 자율 심의 제도를 확립하는 데 도움이 될 것이다.

넷째, 방송 제작진의 공정 방송에 대한 인식이 제고되어야 한다.

학계에서조차 공정성에 대한 개념 정립이 미흡하다 보니 방송 제작 일선에 있는 제작진도 공정 방송에 대한 합의를 이루지 못하고 있는 실정이다. 따라서 방송 제작진은 자체적으로 공정 방송 가이드라인을 마련하고 공정 방송에 대한 인식을 제고해야 한다.

방송 채널의 수가 급증하고 있는 가운데 미국의 Fox뉴스 채널처럼 의견이나 관점을 강하게 내세우는 프로그램이 시청률을 올리면서 이러한 제작 경향이 디지털 시대 방송 저널리즘의 대세라는 착각을 불러일으키기도 한다. 방송 진행자의 의견을 중심으로 진행되는 이러한 프로그램은, 사실 관계 취재에 드는 막대한 비용을 줄이고 시청자를 자극하여 시청률을 높이기 위한 전략의 산물이다. 그러나 공정 방송을 위해서는 이런 경향이 확산되지 않도록 유의해야 한다.

다섯째, 방송사 조직 구조의 공영성을 강화해야 한다.

다양한 정치 세력이나 정파 간의 갈등이 심화된 한국 사회에서는 뉴스나 시사 프로그램 제작 과정에 정치성이 개입될 가능성이 매우 크다.

지난 2004년 대통령 탄핵 방송에 대한 언론학회 보고서의 불공정 판정에 대해 KBS와 MBC, PD협회와 기자협회는 "공정성에 문제가 없었다"는 반박으로 일관했다. 하지만 당시 관련자의 증언이나 인터뷰에 기초한 연구(김덕기, 2008)를 살펴보면, KBS의 사례에서 당시 경영진, 노조, 협회가 방송사 구성원의 의견을 충분히 그리고 민주적인 절차를 통해 결집하지 못했음을 알 수 있다. 이는 방송 제작진의 이념적·정치적 성향이 너무나 동질적이어서 반대 의사를 묵살했음을 암시하며, 방송사 조직이 정치적 다양성을 수용하지 못할 정도로 과도하게 정치화되어 있음을 입증한다.

조직의 정치성은 어디에나 있게 마련이지만, 다양한 정치적 목소리를 지닌 시청자들의 의사를 반영할 책임이 있는 방송사는 조직의 정치적 목적보다는 사회의 공영성을 위해 노력해야 할 것이다.

여섯째, 방송 공정성 감시를 위한 학계와 시민 단체의 역할이 중요하다.

방송사 제작진은 그들이 만든 프로그램을 지속적으로 모니터링하고 감시하는 외부 조직이 존재한다는 사실만으로도 공정성을 준수하기 위해 각별히 신경 쓰게 된다. 그러므로 학계와 시민 단체는 정권 교체와 관계없이 보편타당한 기준으로 주요 프로그램에 대해 공정성 여부를 판정하는 모니터링을 지속적으로 수행할 필요가 있다.

특히 관련 학계는 정례적으로 방송의 공정성을 평가하는 세미나나 컨퍼런스를 개최하여 방송의 공정성이 사회의 주요 어젠다로 계속 부각될 수 있도록 노력해야 한다. 시민 단체는 정치적·정파적 이해관계를 떠나 공정하게 프로그램을 모니터링하고 그 결과를 모든 시청자들이 손쉽게 접할 수 있는 공간에 공개해야 한다. 학계나 시민 단체에서 발표한 공정성 관련 보고서나 연구 결과를 적극적으로 보도하는 것도 방송 공정성을 주요 어젠다로 유지하는 데 도움이 될 것이다.

왜 공정 사회가 중요하고, 기회균등이 필요한가?

사회   **김세원** 서울대 명예교수

좌담   **피터 아브라함손** 코펜하겐대 교수

       제임스 피쉬킨 스탠포드대 교수

       루드거 쿤하르트 프라인부르크대 교수

       하칸 세키넬진 런던정경대 교수

       알랭 트라누와 파리사회과학고등원 교수

최근 한국 사회를 뜨겁게 달구고 있는 주제인 공정 사회fair society의 의미와 그 바람직한 발전 전략을 세우기 위해 세계적인 석학 다섯 분을 모시고 이야기를 나누었다. 공정성 담론이 단순히 한국만의 논의가 아닌 세계적인 공통 관심사인 만큼, 이 대담을 통해 공정 사회에 관한 국제비교론적인 결론을 도출하고 한국 사회에 주는 시사점을 모색하고자 하였다. 한국 사회에 대한 이해가 상대적으로 풍부한 학자들이기에 우리 사회를 제3의 현실적 시각으로 조망한다는 점에서 관심을 끌기에 충분하다.

김세원 '공정 사회'에 대한 인식은 각국의 상황에 따라 차이가 있겠지만, 공통적인 내용도 있으리라 생각합니다. 먼저 공정fairness에 대한 개념 정리부터 시작하면 좋겠습니다. 공정에서 가장 중요한 요소가 무엇이라고 생각하십니까?

아브라함손 대부분 사회학자들은 '공정한 사회란 사회 내의 모든 시민에게 완전한 시민권을 부여하는 사회'라고 합니다. 시민권은 자격과 의무로 이루어지는데, 시민적, 정치적, 사회적, 문화적 시민권으로 구분할 수 있습니다.

시민의 평등권은 계약을 맺을 권리, 동등한 대우를 받을 권리, 종교나 생활 방식을 자유롭게 선택할 권리를 포함합니다. 여기에는 자녀를 양육할 의무, 법을 지킬 의무, 납세의 의무 등이 뒤따르지요. 여기서 핵심은 모든 시민이 동등한 대우를 받거나 동등한 기회를 보장받는다는 점입니다.

정치적 시민권은 투표를 할 권리, 조직을 운영할 권리를 보장하며 언론의 자유에 기반을 두고 있습니다. 여기에 시민들이 사회 발전과 통치와 관련해 공적인 숙고 과정에 참여할 규범적인 의무를 포함합니다. 이 관점에서 핵심은 신뢰인데, 이때 신뢰는 시민들 간의 신뢰와 사회 제도에 대한 신뢰를 아울러 이릅니다.

사회적 시민권은 모든 시민이 사회적 지위와 상관없이 품위 있는 삶을 살 수 있도록 보장하는 것입니다. 이것은 또한 재분배를 수반합니다. 이에 상응하는 의무에는 직업 탐색, 활동화, 사회 복귀 등에 적극적으로 참여하는 것이 포함되지요. 여기서 핵심은 연대입니다. 끝으로 문화적 시민권은 의식을 지키고, 복장 규범, 언어 등의 차이를 인정받을 수 있도록 보장하는 것입니다. 이에 상응하는 의무는 다른 사회 집단의 동일한 권리를 침해하지 않는 한에서 자신들의 권리를 누리는 것입니다. 이 관점에서 핵심은 관용과 상호 존경입니다.

김세원   예, 아브라함손 교수님께서 시민의 권리를 구성하는 기본적인 요소와 관련해서 공정의 의미를 말씀해 주셨습니다. 말씀 중에 정치적 권리와 관련된 부분이 있었는데요. 피쉬킨 교수님, 정치철학자로서 이 측면을 말씀해 주실 수 있을까요?

피쉬킨   예, 사실상 시민권에 실재적인 의미를 부여하는 것은 정치적 권리가 확보되는가 하는 문제입니다. 가장 근본적인 차원에서, 공정함은 사람들이 서로 동등하여 동등한 대우를 요구하며, 동시에 사람들이 서로 달라 다른 대우를 요구하는 것입니다.

김세원   하지만 사람들이 얼마나 동등하게 취급받아야 하는지에 관해서는 주장이 엇갈리는데요.

피쉬킨 공정함에 대한 근본적인 갈등은 롤스Rawls와 노직Nozick의 유명한 논쟁에서도 볼 수 있지요.

《정의론》에서 롤스는 무지의 장막 뒤에서 모두가 공평한 대우를 받아야 한다는 입장을 견지했습니다. 가장 못사는 자에게 이득이 돌아갈 때에만 불평등을 정당화할 수 있다는 거지요.

한편, 노직은 상호 자발적인 선택의 결과에 따라 불평등이 야기될 수 있다고 합니다. 이것은 체임벌린Chamberlain의 주장과도 일맥상통합니다. 내 노동의 열매가 불평등한 대우를 받을 자격을 부여하는가, 아니면 우리는 모두 근본적으로 공평함을 요구한다는 점에서 동일한가? 이에 따라 발생하는 복잡한 상황에서는 '직감'에 따르거나, 특정 정책을 결정하기에 앞서 여러 원칙들 간에 협의를 합니다. 이와 같은 갈등의 다원성으로 사람들은 특정 상황에서 교환 조건들trade-offs을 어떻게 가늠해야 할지 고려하고, 신중한 민주주의를 지지하게 됩니다.

김세원 다음으로는 트라누아 교수님께서 의견을 개진해 주시지요.

트라누아 제 생각에, 공정에서 가장 중요한 세 가지 원칙은 다음과 같습니다.

첫째는, 모든 사람에게 '평등한 최대의 자유Equal maximum freedom for all'를 보장하는 겁니다. 정의론에서 중심이 되는 것은 자유입니다.

이 원칙은 두 번째 원칙에 의해 보완되는데, 그것은 모든 측면에서 결과물의 분배the distribution of outcomes를 살펴보는 것이지요. 불운에 대한 보상Compensation for bad luck이 필요하다는 겁니다. 여기서 보상이란 운이 좋았던 사람들이 불운 때문에 고통받은 사람들에게 자기 소득의 일부를 주는 것을 받아들이는 것을 말합니다.

불운이 관찰되지 않을 때, 두 번째 원칙은 세 번째 원칙으로 보완해야 합니다. 기회의 평등이 완벽하게 보장되기 위해서라도 '나쁜 결과물에 대한 보상Compensation for bad outcome'이 중요하게 다루어질 필요가 있습니다. 이때에는 도덕적 해이에 유의해야 하지요.

두 번째와 세 번째의 원칙은 '연대 원칙the principles of solidarity or brotherhood'이라는 이름으로 정당화될 수 있습니다.

| 질문2 | 우리는 왜 공정을 지향할까요?

김세원 어려운 개념에 대해 여쭈었는데, 역시 석학들이시라 아주 명쾌하게 정리해 주시는군요. 자, 이제 쿤하르트 교수님께서 지금까지 논의된 내용을 바탕으로 사회 발전의 전제로서 왜 공정함이 중요한지에 관해 말씀해 주셨으면 합니다.

쿤하르트 공정을 목표로 하는 도구들은, 그것이 인간 존엄의 규범적 윤리들에 재연결될 때 지속가능한 정당성을 만들어 낼 수 있습니다. 공정함은 상대적인 개념이지요. 자유나 정의, 평등처럼, 공정함은 외부에 있는 것들과 관련되어 있습니다. 공정 사회의 핵심적 특징은 사회 내부의 연대입니다.

연대의 개념은 환경과 시간, 사회 경제적 발전 정도에 따라 다를 수 있지만, 인간 존엄은 연대의 정도를 판정하는 데 강력하고 일관된 기준을 제공하고 있습니다. 삶의 기회나 인생의 포부는 서로 다를 수 있지만, 모든 인간은 요구, 고통, 의심에 이르게 하는 압력 그리고 우리 스스로의 잠재력을 제한하고 손상시키는 것들로부터 벗어나려는 열망에 의해 추동됩니다.

김세원 세킨엘진 교수님께서는 공정이 무엇이고 인간 사회에 어떤 의미를 갖는다고 보시는지요?

세킨엘진 공정함에 관한 현대 논쟁들은 대부분 한 사회에서 기회의 공정함이나 결과의 공정함을 바라보는 시각과 관련되어 있습니다. 기회의 공정함에 무게중심을 두는 입장에서는, 모든 사회 구성원이 자기 삶을 설계할 수 있게 하는 기초적 자원들에 접근할 기회를 가져야 한다고 합니다. 빈곤, 장애, 젠더, 인종 등의 이유로 필요한 자원에 기초적인 접근을 할 수 없는 사람이 있다면, 공동체는 이들이 자원에 동등하게 접근할 능력을 갖추도록 보상 체계를 만듭니다.

결과의 공정함을 주장하는 사람들은, 자원에 접근할 기회의 차이가 보상된다고 하더라도 불공정한 결과를 만들어 낼 수 있다고 지적합니다. 찰스 틸리에 따르면, 한 사회에서 중요한 차이들은 감내할 만한 불평등을 만들어 낸다고 합니다. 예를 들어, 미국 교육 체계에 소수자 우대 정책이 있는데요. 이 정책은 소수자 집단이 체계 안으로 들어오는 데에는 유용했지만, 실제로 그 안에서 동등한 대우를 보장하지는 않습니다.

이러한 맥락에서 볼 때, '유럽기회균등법안'은 공정함을 논의하는 데 중요한 요소라고 할 수 있습니다. 이 법안은 공정한 과정에 따라 동일한 결과를 낸 이들이 그들의 배경과 무관하게 동등하게 대우받도록 합니다.

아브라함손 아까 말씀드린 것에 더해, 사회 발전을 위해 공정이 중요한 맥락을 좀 더 부연하고 싶은데요.

사회 구성원들이 그 사회 안에서 자신을 발견할 수 있을 때에, 그리고 이를 통해 사회에 소속감을 느낄 때에야 비로소 사회가 단결되었다고 주장할 수 있습니다. 이는 동등한 대우를 통해 시민들에게 자주성, 안전, 승인이 보장된다는 점을 전제로 하지요. 관계는 높은 수준의 신뢰에 기반해야 하는데, 이것은 높은 수준의 투명성과 책임을 필요로 합니다. 따라서 모든 측면에 있어 가장 공정한 사회는, 동시에 모든 측면에 있어 가장 부유한 사회임이 자명해지는 것입니다.

| 질문3 | 각 나라의 사정은 어떻습니까?

김세원 사회학이건, 경제학이건, 정치학이건 나름대로 공정 사회의 모습에 관한 고민들을 오랫동안 해 오신 것 같습니다. 자, 그럼 지금부터는 각자 자기 나라 상황에 비추어 말씀을 이어 주셨으면 합니다.

쿤하르트 독일에서는 전통적으로 사회 정의를 지향해 왔습니다.

정의의 개념은 시간이 지나면서 변해 왔는데, 처음에 그것은 정치 권력을 제한하고 법적 예측 가능성과 책임성을 제공하는 것을 뜻했습니다.

독일 역사에서 정의의 첫 번째 표출은 법의 지배Rechtsstaat 개념 발전과 연관되어 있습니다. 법의 지배는 권력을 제한하고 사람들이 사회 지도자들에게 정당하게 대우받을 권리가 있다는 것입니다.

두 번째는 정치적 포함inclusion, 시민권과 권력 나누기였습니다. 법의 지배는 공적 영역에서 포함과 참여를 수용하는 기제를 마련했는데, 그것은 민주적 참여와 시민권에 기반을 두고 있습니다 Demokratischer Rechtsstaat.

세 번째는 사회 국가Sozialstaat―다른 말로, 복지 국가―의 진화와 관련되어 있습니다. 삶의 사회적 조건을 돌보는 것이 우선시되면서, 국가의 정당성은 적극적인 사회 서비스 제공과 강하게 연계되었지요. 위 세 가지가 서로 충돌할 때에는 법적 체계나 정치 제도, 사회경제적 단체들을 통해 다루어져 왔습니다. 그 결과, 고도의 합의 지향적 사회, 코포라티스트가 등장했습니다. 분배적 · 규제적 정의의 지향과 자유 경쟁의 모순되는 관계는 정의를 추구한다는 맥락에서 결정되므로, 정의와 공정함은 사회 변동을 정당화하는 준거로 남아 있게 됩니다.

김세원 그럼, 이번에는 바로 옆 나라인 프랑스로 넘어가 볼까요? 독일과 프랑스는 조금 다른 모습을 보일 것 같은데, 어떻습니까?

트라누아 프랑스는 오늘날 모든 시청에 붙어 있는 "자유와 평등liberté and égalité"의 원칙 아래 "모든 사람에게 평등한 최대의 자유" 원칙의 범위를 확장하고자 했습니다. 프랑스 인권 선언La déclaration des droits de l' homme et du citoyen은 여전히 프랑스 헌법의 초석입니다. 그것은 "인간은 권리에 있어서 자유롭고 평등하게 태어나 생존한다Tous les hommes sont nés libres et égaux en droits"라는 유명한 문장으로 시작하는데, 모든 프랑스 아이들은 학교에서 이것을 배웁니다.

1789년 프랑스 혁명은 앞서 말씀드린 첫 번째 원칙에서 공정한 사회를 만드는 데 목적이 있었습니다. 1945년 특정 위험이나 필요, 질병, 은퇴, 실업과 가정의 네 분과로 된 사회 보장 제도가 시작된 이후 두 번째 원칙도 점차 실행되어 왔지요. 이제 장기적인 보호의 위험을 담당하는 다섯 번째 분과 설립을 의논 중입니다. 두 번째 원칙과 세 번째 원칙이 항상 명확하게 구분되는 것은 아닙니다. 불운이나 나쁜 결과물에 대한 문제는 여전히 논쟁거리입니다. 1988년 자산 조사 결과에 따라 배분means-tested allocation한 사회 부조social assistance 프로그램이나 게토에서 온 젊은이들에 대한 차별 해소 조치positive discrimination 등은 세 번째 원칙의 구체적인 적용으로 볼 수 있습니다.

김세원 나라마다 역사적 맥락은 다르지만, 크게 보면 인간의 존엄성을 극대화하는 방향으로 공정성의 내용이 축적적으로 발전한 인상입니다. 오늘 시민적인 권리에 관한 애기들이 자주 등장하네요. 세킨엘진 교수님, 시민권에 관한 논의 가운데 가장 유명한 것이 T. H. 먀셜 교수이신 것 같은데요. 영국의 경험과 관련해서 이 문제를 좀 더 심도 있게 짚어 주시지요.

세키넬진 영국에서 공정함에 대한 생각은 여러 단계를 거치면서 발전해 왔습니다. 공정함에 대한 지금의 이해는 1930년대와 1940년대 초반–제2차 세계 대전 이후 복지 정책에 동기를 부여했던 1942년의 베버리지 보고서와 함께–으로 거슬러 올라갑니다.

베버리지는 보고서에서 불결, 무지, 결핍, 게으름과 질병을 사회의 네 가지 악으로 제시하며 복지 체계를 통해 이것들을 다루어야 한다고 했습니다. 나아가 이 문제들을 극복하기 위한 국가와 개인의 관계가 혁신과 효율을 억제해서는 안 된다고 주장했습니다. 또한 사람들이 최소 생계를 유지하기 위해 자발적인 행위를 할 수 있는 여지도 주어야 했지요.

모든 이들에게 기본적인 사회 보장을 제공한다는 이 개혁-특히 건강, 교육, 주거 영역에서의-은 영국 인구 상당수의 운명을 바꾸어 놓았습니다. 무상 교육은 고등 교육과 학위가 요구되는 특정 직업에서 배제되었던 노동자 계급들이 계급 간 이동을 할 수 있게 되었다는 것을 의미합니다. 즉, 전후의 복지 정책은 계급 이동을 추동한 것입니다.

그러나 이 시기 여성의 권리는 전체 가족과 분리되지 않았습니다. T. H. 마셜은 젠더에 따라 미분류된 채 남아 있는 가족의 사회경제적 시민권의 중요성에 대해 인식했습니다.

또 다른 측면은 영국의 상황을 영국 제국과의 관계 속에서 고찰하는 것입니다. 1950년대 초반 피터 타운센트는 다음과 같이 말했습니다. "진정한 사회 보장과 복지는 영국에 비용 부담을 지울 수 있다. 현재 영국의 복지는 식민지의 보조를 받고 있다. 그들이 우리보다 더 많은 고려를 받으면 안 되는 것인가? 결핍으로부터 자유로울 권리는 지리적 제한이 없는 것이다." 이 진술에서 체계의 공정함에 대한 의문이 드러납니다. 영국에서 공정한 체계가 창출된 것은 영국과 영국 식민지 사이의 불공정한 관계에 기초하고 있습니다. 이 질문은 여전히 유효합니다. 영국에 들어오는 이민자들에게도 과연 공정한 체계인가? 교역재의 원재료를 생산하는 이들과 사회 복지 체계가 존재하지 않는 국가에서 저임금을 받으며 일하는 이들에게, 국제 무역은 공정한 것일까요?

김세원 피쉬킨 교수님, 미국은 영국과 비슷한 점이 많은 나라인 것 같은데요. 미국 상황은 어떤가요?

피쉬킨 미국에서 공정함에 대한 인식은, 예전에 동등한 권리나 동등한 대우가 허용되지 않았던 집단을 포섭한 사례로 초점이 모아집니다.
　　흑인은 자유를 얻은 후에도 수년간 동등한 시민권이나 정치적 권리를 부여받지 못했습니다. 여성에게 동등한 권리를 부여하는 일 역시 길고도 현저한 투쟁이었지요. 인종 차별과 편견의 흔적이 아직 남아 있지만, 이 문제는 아주 중요하게 다뤄져 왔습니다.
　　초기의 중요한 타개점 가운데 하나는, 보편적인 공교육 시스템의 발전에서 이루어졌습니다. 만약 보편 교육이 없다면 개인들 간의 경쟁에 진입하는 것 자체를 상상하기 어려워지지요.
　　미국에서 공정함이 현저하게 발전했던 또 다른 사례는, 뉴딜 이후 복지 국가의 성장에서 찾을 수 있습니다. 연금 보장, 노인 의료 급여, 가난한 자들을 위한 법률 구조가 그 예라고 할 수 있습니다.

김세원 공정 이야기를 하다 보니 복지 얘기가 많이 나오네요. 실천적인 면에서 공정 사회의 중요한 내용이 될 것 같은데, 복지 국가 하면 북유럽이 유명하지요. 아브라함손 교수님께서 덴마크 얘기를 좀 해 주시지요.

아브라함손 역사적으로 보면, 덴마크에서 공정 사회의 주춧돌은 전제주의가 폐지되고 1849년 헌법 제정과 함께 민주주의가 도입되면서 마련되었습니다. 미성년 노동과 산재, 노령 연금을 보호하는 첫 번째 법은 사회적 또는 노동자의 질문이라는 논쟁 아래 1890년대에 발전했습니다.

그 다음의 큰 도약은 미국을 비롯한 대다수 나라들처럼 1930년대 위기 중에 일어났습니다. 유럽 전역에 걸쳐 제2차 세계 대전 시기는 복지 국가의 황금기로 알려져 있는데, 이 시기에 완전 고용의 의무화, 이익에 대한 고용주의 권리 수용 등의 협의가 이뤄졌기 때문입니다.

최근의 세계화에서는 사회적 시민권을 발전시켰습니다. 건강하고, 잘 교육받고, 안정된 노동자를 양산하기 위해 국가는 교육, 의료 서비스와 기초 보장을 책임지는데, 이는 곧 세계 시장에서 성공적으로 경쟁하기 위한 전제 조건이 됩니다.

김세원 공정의 아이디어를 실행하는 데 장애물은 없었습니까? 아무래도 역사는 쉽게 한 방향으로 흐르는 게 아닌데요.

피쉬킨 미국의 역사에서도 가치, 삶의 기회에 대한 평등, 그리고 가족의 자율성이라는 트릴레마trilemma가 존재합니다.

가치와 삶의 기회에 대한 평등은 공정의 서로 다른 측면을 나타냅니다. 우선 가치를 보면, 서로 다른 자질은 서로 다른 대우를 받아야 마땅합니다. 그러나 두 번째 개념인 삶의 기회에 대한 평등은, 개인이 처한 사회적 상황이 서로 다른 결과를 결정짓도록 허용해서는 안 된다는 것입니다. 부유한 집의 자녀가 필연적으로 부유해지고 가난한 집의 자녀가 빈곤하게 살아갈 운명에 처해서는 안 된다는 거지요.

삶의 기회에 대한 평등은 동시에, 부모가 자녀에게 이득을 전해 줄 자유와 정면으로 배치됩니다. 유리한 입지에 있는 가족은 가치와 적성을 갖추는 과정이 훨씬 수월할 테지만, 불평등한 삶의 기회를 양산할 수 있다는 점에서 모순에 직면하게 되는 것입니다.

이 문제에 대해 해결책을 제시한 사회는 많지 않습니다. 어떤 사회는 평등한 삶의 기회에 더 초점을 두고, 어떤 사회는 가치에, 어떤 사회는 가족의 자율성에 더 초점을 둡니다. 저는 이것이 근본적인 가치 거래value trade-offs 사례 가운데 하나라고 생각합니다. 사람들이 자발적으로 선택할 권리를 갖고 조정할 수 있는 '신중한 민주주의'에서 이 문제가 가장 잘 다뤄질 수 있다고 봅니다.

| 질문4 | 정부와 개인이 해야 할 역할은 무엇일까?

김세원 오늘 저희가 여러분을 모신 이유는 공정 사회의 모습을 다각도에서 점검해 보고, 선진 사회의 경험을 청취하기 위해서입니다. 하지만, 개별 국가의 경험을 다른 나라에 적용하기 위해서는 맥락에 관한 검토가 잘 이루어져야 할 것이라는 것은 기존 경험을 통해 절감하고 있는 바입니다. 자, 그럼 이제는 사회의 발전을 이끄는 중요한 행위자들이 무엇을 어떻게 해야 하는지에 관해 고견을 듣고 싶네요. 정부와 개인은 공정 사회를 만들기 위해서 어떤 역할을 해야 할까요?

피쉬킨 공정함은 사회경제적 재원과 정치권력의 할당에 적용되어야 합니다. 정부는 이 과정에서 기본 원칙을 세워야 하지요. 자유 민주주의 사회에는 가장 근본적인 인적 자산의 분배를 위한 과정 평등 process equalities이 존재합니다.

그러나 과정 평등들 각각은 개인의 행위가 부나 사회적 명성, 인맥 같은 이득을 축적하도록 허용하게 한다는 점에서 문제가 있습니다. 이것은 과정 평등을 악화시키고 일부 사람이 다른 이들보다 더 큰 이득을 취하게 합니다. 이것이 동일한 과정 평등을 왜곡시켜, 실질적으로 부유한 사람은 한 표 이상의 투표권을 행사할 수 있게 되거나 노동 시장, 의료 서비스 등에서 평등한 대우 이상의 대우를 받게 됩니다.

이것은 차이에 의해 야기되는 불평등으로부터 과정 평등을 격리하는 시도를 요하는 것입니다. 물론, 더 많은 자원은 더 유리한 사람에게 돌아갈 것입니다. 그러나 가장 중요한 이득을 분배하는 데에 있어서는 발생되는 격차가 일정 수준 미만에 머물러야 합니다.

세키넬진 피쉬킨 교수님의 의견에 전적으로 동의하면서 몇 가지 좀 덧붙여 보겠습니다.

근본적으로 정부는 사회의 사회정치적 시각을 반영합니다. 공정함의 성격은 또한 정부 정책에 영향을 끼칩니다.

오늘날 정부의 역할은 시민에게 안전을 제공하던 전통적 역할을 넘어, 사회 안전망을 제공하고 개인의 행복을 뒷받침해 주는 것을 포함합니다.

그런데 이것은 사회 합의에 따라 다른 형태를 띠게 되지요. 이상적으로 정부는 사회 일반의 생각을 반영하는데, 만약 사회 일반의 생각이 소수자에게 불공정한 결정을 내리는 쪽으로 움직인다면, 정부는 이들을 보호하고 공정한 절차가 작동하도록 해야 합니다.

정부는 대중의popular 투표에 의해 선출되지만 그들은 모든 이들이 공정하게 대우받도록 보장해야 할 책임이 있습니다. 이런 맥락에서 피터 타운센트의 주장, "사회의 자유, 민주, 번영의 질은 궁극적으로 가장 힘이 약한 이들이 누리는 자유, 민주, 번영의 수준으로 측정된다"는 말이 중요한 것입니다.

김세원 트라누아 교수님께서도 한 말씀 해 주시지요.

트라누아 정부의 역할은 첫째, 공공재를 공급하는 것입니다. 둘째, 정부는 모든 시민에게 평등한 권리를 보장해야 합니다. 마지막으로, 정부는 사회 보장, 누진 과세, 소득 유지 프로그램을 이용하여 보상 메커니즘을 조직하거나 감독해야 합니다.

개인은 정부의 간섭 없이 더 나은 삶을 이루도록 노력해야 합니다. 이 문장이 유효하려면 다음 두 가지 사항에 유의해야 합니다. 첫째로, 스펜서가 지적했듯이 "다른 사람들도 나와 동일한 자유를 누린다는 조건하에 각 개인은 최대의 자유를 누릴 것을 요구할 것"입니다. 둘째로, 개인이나 단체는 사회 안에서 서로 신뢰를 쌓을 수도 있고, 또는 잘못된 행동으로 신뢰를 약화시킬 수도 있습니다.

공정한 사회에서 개인은 최종 결과물에 대해 어느 정도 책임을 져야 합니다. 하지만 이 견해에 대해서는 의견이 불일치할 수 있어, 각 사회는 극단적 두 입장 가운데 적절한 지점을 선택해야 합니다. 하나는 개인이 그들의 행동으로 인한 결과에 전혀 책임을 지지 않는 것이고, 다른 하나는 그 결과가 무엇이든 그것에 모든 책임을 지는 것입니다.

아브라함손 민주주의적인 결정이 이들에게 부여한 권리와 의무를 존중하고 지지하는 것이 중요하다는 점에는 동의합니다. 하지만, 김세원 이사장님께서 하신 질문은 전적으로 정치적인 것이며, 정답에 해당하는 한 가지 사회과학적 답변은 없습니다.

자유주의적인 사람은 국가가 모든 시민에게 동등한 기회를 보장해야 한다고 하겠지만, 사민주의적인 입장에서는 국가가 모든 시민에게 결과의 평등을 보장하기 위해 노력해야 한다고 생각할 것입니다. 자유주의 국가는 개인의 책임에 중점을 둘 것이고 사민주의 국가는 자원의 재분배에 훨씬 많이 개입할 것입니다.

스칸디나비아 국가들은 사민주의로 분류되는데, 사회적 시민권과 의무를 고려한다면, 이들 국가에서는 시민의 권리가 곧 국가의 의무가 되었다고도 볼 수 있습니다. '요람에서 무덤까지' 라는 표현처럼, 모든 시민들의 삶을 돌볼 책임을 부여받았다고 할 수 있지요.

김세원 물론, 정부나 개인의 역할에 관한 의미 부여 자체가 정치적이기는 합니다. 하지만 모든 사회를 관통하는 핵심적인 부분은 있을 것 같고, 정도의 문제일 수 있다는 생각입니다. 쿤하르트 교수님께서 독일 이야기를 좀 해 주시지요.

쿤하르트 독일 정부의 역할은 공공재를 제공해서 정당성을 얻고 그로 인해 형성되는 정의의 정도를 측정하는 것에서 더 나아갑니다.

예를 들어, 독일에서는 교육을 공공재로 생각하기 때문에 정부는 무상—그러므로 '공정하고', '올바른'—교육을 모두에게 제공해야 합니다. 이러한 이해는 정의의 다른 원리들과 충돌하지요. 독일 노동자들이 중산층의 무상 교육에 세금을 낸다는 점에서 약간 의구심이 들기도 합니다. 그러나 이에 관한 모든 논쟁에서 교육이 공공재라는 것과 개인은 무상 사회 서비스를 받을 권리가 있다는 생각에 더 강조점을 두고 있습니다. 사립학교가 증가하고 부유한 사람들은 자식을 해외의 2차, 3차 교육 기관에 보내며 사회적 격차는 증가하지만, 교육을 사적이고 개인적인 재화로 전환시키려는 생각은 독일에서 받아들여지지 않습니다.

김세원 그렇다면, 개인은 무엇을 해야 합니까?

쿤하르트 개인의 역할은 사회의 경제, 사회, 문화적 안녕에 품위 있게, 의무를 다하며, 역량을 가지고, 충성심과 함께 공헌하는 것입니다. 개인의 자유와 안녕은 사회의 궁극적 목표이고, 개인의 삶에 정부가 개입하는 데 대한 정당성을 측정하는 절대적인 기준이지요. 공정함과 정의는 동일한 기회와 선택권을 제공하는 것을 의미합니다. 그러나 중간 계급을 우선시하여, 사회 집단들 간에 큰 차이는 받아들일 수 없다고 말하기도 합니다. 현실에서 독일은 한편으로 사회적 불평등 증가와 'precariat(주: precarious와 proletaiat의 합성어. 불안정한 고용 상태에 놓인 비정규직 및 실업자를 이름.)'의 진화를, 다른 한편으로 부유하고 사치스러운 이들을 대면하고 있습니다.

김세원 예, 모든 나라는 결국 자기네 사회가 감당할 수 있는 수준에서 정부와 개인의 역할을 설정하고 있는 듯합니다. 다시 말하면, 한 나라 안에서는 나름대로 공정한 정부와 공정한 개인의 모습을 그릴 수 있을 것 같은데요. 문제는 분단국가인 한국은 정신적으로는 하나의 민족을 토대로 생각하고자 하지만 현실적으로는 남쪽과 북쪽의 상황이 너무 달라 통일 이후까지 생각한 공정 사회를 그리기가 정말 힘듭니다. 최근에는 '통일세' 같은 것이 필요하다는 얘기도 나오고 있는데요. 독일의 경우에는 이와 관련해서 어떤 경험이 있으신가요?

쿤하르트 1990년 통일 이후, 모든 독일인에게 동일한 삶의 조건을 제공하는 것이 국가의 목표라는 헌법 조항은 서독인이 지불하는 연대 세금의 추동력이 되어 왔습니다. 그러나 서독과 동독의 생산성 차이는 여전히 존재하고, 강요된 연대 세금은 동과 서의 '진정한' 연대를 만들어 내는 데 부족합니다. 한쪽의 기준으로 공정 사회를 설정하면 나중에 한쪽의 부담이 너무 커지거나 다른 쪽이 2류 취급을 받을 수 있지요. 이에 관해서는, 진지한 고민과 함께 오랜 준비가 필요할 것입니다.

| 질문5 | 기회의 평등을 어떻게 이해하십니까?

김세원 지금부터는 공정 사회와 관련된 보다 세부적인 논점으로 넘어가겠습니다. 최근 한국 사회에서는 기회의 평등이 공정의 근간이라는 얘기를 많이 합니다. 중요한 철학적 관점들도 공정에는 기회의 평등이 필요하다고 말하고 있지요. 하지만 기회의 평등은 다른 많은 것들을 함축하고 있는 것처럼 보이고, 사람들은 기회의 평등에 관해 저마다 다른 개념을 지지합니다. 트라누아 교수님은 기회의 평등을 어떻게 이해하십니까?

트라누아　기회의 평등은 궁극적으로 보상의 원칙the principle of compensation 과 자연적인 보상의 원칙the principle of natural reward에 관한 것입니다. 첫 번째 원칙에 관해서, 저는 존 롤스의 '공정한 기회의 평등' 개념을 받아들입니다. "같은 수준의 재능과 능력을 갖고 그것을 사용하는 데 동일한 의지를 갖는 사람들은, 사회 시스템에서 그들의 출발점과 상관없이 성공 가능성이 같아야 한다"는 것이지요. 이 문장에서 두 가지 주요 결과가 도출됩니다. 첫째, 그들의 재능과 능력을 제외한 사회 배경에 대한 영향은 완전히 없어져야 하고, 그것을 제거하는 데 상당한 보상이 이루어져야 합니다. 둘째로 이 원칙은 어떤 지위position를 얻을 수 있는 가능성에 대해 기술하고 있습니다. 같은 재능과 능력 그리고 이것을 사용하는 데 동일한 의지를 지닌 사람들이 모두 같은 결과물을 얻을 것을 요구하지는 않습니다. 자신의 통제나 의도와 무관한 운brute luck의 영향이 완전히 상쇄되어야 한다는 것이 아니라, 재능과 그 재능을 사용하는 의지에 대해 공정해야 한다는 것입니다.

자연적 보상에 대한 원칙은, 약한 의미로는, 같은 노력을 한 두 개인은 재분배에서 동일하게 고려되어야 한다는 것입니다. 더 강한 의미로는, 노력을 달리 하여 서로 다른 결과물을 얻었다면 재분배에서 이 차이를 조정하면 안 된다는 것입니다. 저는, 노력의 영향은 상쇄되면 안 된다는 충분한 보상의 원칙the principle of liberal reward 은 너무 강한 요구 조건이라고 생각합니다. 여기서 개인은 첫 번째 원칙이 만족된 상태, 즉 초기의 사회적 배경이 같은 개인들로 이해해야 합니다.

김세원 그러면 교수님께서는 기회의 평등의 최대 요구 조건과 최소 요구 조건이 무엇이라고 생각하십니까?

트라누아 기회의 평등의 최소 요구 조건은 비차별 원칙the rule of no discrimination이라고 생각합니다. 출생지, 성별, 인종, 피부색 등에 기반하여 장소, 사적 또는 사회적 이득, 권리를 주어서는 안 됩니다. 직업이나 승진에서는 자격 요건, 능력, 해당 분야의 전문 경력만이 고려되어야 합니다. 기회의 평등의 최대 요구 조건은 재능과 능력을 제외한 모든 사회 경제적 배경에 대한 영향을 제거하는 것입니다.

김세원 공정한 사회에서 기회 평등이 중요하다는 점은 이제 잘 이해된 것 같습니다. 앞서 많은 분들이 민주주의 이야기를 하셨는데요. 민주적인 정치가 공정 사회에 갖는 함의는 무엇인지 피쉬킨 교수님께서 조금 더 말씀해 주시겠습니까?

피쉬킨 민주주의와 공정함 사이의 연결 고리는 민주주의가 어떤 이론적 근거하에 시행되고 있는가에 달려 있다고 할 수 있지요.
저는 이 질문이 다음과 같은 이슈를 제기한다고 가정하는데, 민주적 정치가 공정한가, 그리고 민주적인 정치가 사회에서 더 큰 공정함에 기여하는가의 문제입니다.
첫 번째 문제는 민주주의의 형태에 달려 있다고 봅니다. 제가 '신중한 민주주의'라고 한 데에는 정치적 공평함과 숙고라는 조합을 포함하여 공정함과 더 가까운 연결 고리가 존재합니다.
두 번째 문제에서는, 민주주의가 '투표를 하는 인구'의 크기를 키워 이해관계가 표출되고 이전까지 무시되었던 것들에 반응하게 한다는 것입니다. 미국의 경우, 자산을 갖고 있지 않은 사람들, 흑인, 여성에게 투표권이 허용되었을 때, 이전에 제외되었던 이 집단들의 이해관계가 극명하게 표출되었습니다. 그렇게 더 공정한 사회가 되었고, 정치적 과정이 더욱 포괄적이게 되었다고 할 수 있습니다.

김세원 민주주의가 공정 사회의 기본 요건임에는 분명하지만, 그렇다고 먹고사는 문제를 해결하지 않고서는 공정한 사회가 가능하지 않다는 것도 확실합니다. 생산의 측면만 놓고 보면, 자본주의가 역사적으로 가장 확실한 챔피언인 것으로 보이는데요. 자본주의 시장 경제의 중요한 원칙 가운데 하나는 경쟁의 원칙입니다. 트라누아 교수님께서는 이 문제와 관련해서 공정과 경쟁을 어떻게 연관 지으시겠습니까?

트라누아 이 문제에 대한 답은 생각보다 복잡합니다. 한편으로는, 경쟁이 어떻게 조직되는가 하는 것이 공정과 연결됩니다. 경쟁 과정과 관련 없는 특성들로 후보자들을 차별하지 않는 것입니다. 다른 한편으로, 소수자들에 대한 차별 해소 조치가 경쟁의 원칙과 충돌할 수 있습니다.

십 대들이 프랑스 최고 학교인 Ecole Polytechnique에 입학하기 위해 경쟁한다고 가정해 보겠습니다. 최근의 세대를 살펴보면, 성공한 사람들의 50% 이상은 부모 중 한 명이 선생님이거나 교수이지만 노동 인구 전체에서 이들이 차지하는 비중은 2%에 불과합니다. 경쟁적인 시험에는 차별 해소 조치positive discrimination도 부정적인 차별negative discrimination도 없습니다. 그렇다면 이것은 결과가 공정하다는 것을 의미할까요? 대부분의 사람들은 아니라고 답할 것입니다. 이 경쟁의 결과가 보여 주는 것은 학교 전형 과정상에 존재하는 내부 장벽이 중요하다는 것뿐입니다.

김세원 근대 자본주의 사회는 상호 이익이 되는 거래를 유지하기 위해 신뢰와 공정함을 요구할 수 있습니다. 어떤 사람들은 시장이나 상업적 거래가 사람들 사이의 사회적 연결과 신뢰를 훼손한다고 주장하기도 하지요. 세킨엘진 교수님께서는 자유 시장이 공동체를 훼손한다고 생각하시나요? 자유 시장과 공동체가 함께 번영할 수 있는 효과적인 전략은 무엇일까요?

세키넬진 저는 시장이 사회의 일부이고, 사회적 관계를 창출하는 과정들 가운데 하나라고 생각합니다. 어떤 시장이든 교환 관계와 연계하여 작동하기 위해서는 당연히 서로 신뢰해야 하고 가능한 교환을 배열하기 위해 서로 소통하고 이해해야 합니다.

어떤 사람이 무엇을 소유하고 있고 교환하고 싶어 할 때 이를 신뢰할 수 있는가? 이 사람이 소유권을 증명하고 정당화했는가? 우리는 기초적인 신뢰에서 시장 소유권 작동에서 중심에 놓인 것들, 교환의 권리, 교환이 이루어졌을 때 이전 소유자가 소유권을 주장하지 않을 협정의 불가침성 등으로 논의를 확장합니다.

오늘날 이것은 국가에 의해 보증되고 소유권, 교환 조건, 교환 관계에서의 책임과 의무에 대한 엄격한 규칙에 따라 규제됩니다. 즉, 시장이 작동하려면 강제 가능한 몇몇 원리들에 의해 통치되어야 하는 것입니다. 시장과 공동체 간에 부정적 관계가 있을 필요는 없다고 생각합니다.

| 질문6 | 복지 국가에서 '공정'의 역할은?

김세원 자본주의에서 공정성을 높이기 위한 여러 조치들 중에서 가장 큰 이슈라고 할 수 있는 복지 국가에 관해서 생각해 보기로 하지요.

먼저, 피쉬킨 교수님께 묻겠습니다. 미국에서의 공공 정책은 서구 유럽보다 부의 재분배가 제한적입니다. 미국과 유럽이 모두 민주주의 사회이며 문화와 종교의 기원이 같고, 복지 자본주의 사회임에도 불구하고 왜 복지 국가의 양상이 서로 다르고 부의 재분배에서 다른 태도를 보여 주고 있을까요?

피쉬킨 모든 정치 경제 시스템은 정부와 시장의 결합이라 할 수 있습니다. 시장 자체만으로는 부의 재분배가 일어나지 않아 정부의 역할이 필요한 것입니다.

미국에는 뉴딜 정책 이후 생성된 사회 보장 제도, 노인들을 위한 의료 케어, 실업 보험, 복지 제도 등의 중요한 안전망들이 있습니다. 유럽에 비해서는 부족하지만 미국에서 이 안전망은 매우 중요한 기능을 합니다.

유럽은 미국과 달리 고용에서 유연하지 못합니다. 재원 조달 방식도 세대 간 이전 방식을 취하고 있어, 은퇴 인구의 증가가 재정 압박을 불러오고 있습니다. 유럽은 재정적 어려움과 은퇴 인구의 증가, 인구학적 불균형의 삼중고에 직면하고 있습니다.

미국은 유럽만큼 삼중고가 심각하지 않습니다. 미국의 정치 문화는 자본주의와 개인의 기업가 정신에 좀 더 가깝습니다. 그런 사회에는 개인의 위험과 보상에 대한 차별적인 비용이 존재합니다. 즉, 성공한 사람에게는 큰 이익을 주고 실패한 사람에게는 적은 이익을 주는 것입니다. 여기서 이익의 차이란 정도의 문제이지 실질적으로 눈에 보이는 차이를 의미하는 것은 아닙니다.

김세원 덴마크를 포함한 북유럽 국가들은 관대한 복지 정책으로 잘 알려져 있습니다. 확장된 복지 국가는 자칫 경쟁의 발목을 잡을 수 있다는 비판도 있는데요. 아브라함손 교수님께서는 어떻게 보시는요.

아브라함손 조금 과장하면, 복지 국가는 공정 사회의 제도적 반영물이라고도 할 수 있겠습니다. 복지 국가는 다양한 제도적 수단을 통해 모든 시민이 사회의 한 구성원으로 포함될 수 있도록 하지요. 만일 시민권의 꾸러미에서 사회적 시민권이 중요하다고 가정한 것이 옳다면, 그리고 온전한 시민권이 공정 사회를 반영하는 것이라면, 명백히 복지 국가는 공정 사회를 유지하는 데 핵심적인 역할을 하고 있는 셈입니다.

그러나 항상 그래 왔던 것은 아닙니다. 초기 현대 사회에서 사회적 권리를 주장하는 사람들이 시민권과 정치적 권리를 잃는 것은 예외 없는 규칙이었습니다. 1961년까지도 공공 부조를 받는 덴마크인에게는 투표권이 주어지지 않았습니다. 그리고 100년 전에는 가난한 커플이 구빈원의 도움을 받게 되면, 남녀 수용실로 각각 격리되어 결혼이라는 시민권을 박탈당했습니다. 최근의 공공 부조 법은 소수 민족에게 덴마크인보다 낮은 수준의 사회적 급여를 제공하여 이러한 차별적이고 배제적인 방식을 표면화했습니다.

김세원 전 세계에서 계속되는 경제 위기에 대응해, 북유럽 모델의 미래는 어떻게 될 것이라고 보십니까?

아브라함손 현재의 위기는 스칸디나비아 국가에 서로 다른 영향을 주었습니다. 노르웨이는 북해의 풍부한 석유 자원 덕분에 경제 위기가 거의 없었지만, 아이슬란드는 거의 국가 부도 상태가 되어 경제적, 사회적, 정치적 위기를 겪고 있습니다. 일반적으로 북유럽 국가들은 이 위기를 기회 삼아 복지 국가의 서비스와 다양한 사회 안전망을 개혁하고 향상시켰습니다.

불평등과 빈곤이 증가한 것은 사실이지만 다른 나라와 비교했을 때 현저하게 낮은 수준이고, 스칸디나비아는 여전히 세계에서 가장 평등한 지역입니다. 게다가 북유럽 국가들의 보편주의 복지 체제는 아직도 건재합니다. 복지 제도와 관련해 어떤 부분을 수정해야 할지, 원칙과 범위를 얼마나 '진지하게' 변경해야 할지에 대해서는 이견이 있지만, 강력한 복지 체제에 대해서는 사회 구성원 모두가 근본적으로 동의하고 있습니다.

김세원 아브라함손 교수님께서는 덴마크에서의 경험을 토대로 한국이 배울 수 있는 핵심적인 교훈이 무엇이라고 생각하십니까?

아브라함손 덴마크는 공정한 사회의 발전을 확인할 수 있는 가장 좋은 표본입니다. 현재 덴마크는 세계에서 빈부 격차가 가장 작은 나라인 동시에 가장 부유한 나라입니다. 한 가지 염두에 두어야 할 점은, 덴마크의 경험이 특별한 상황과 조건을 전제로 한다는 것입니다. 이 가운데 하나가, 스칸디나비아 국가들에 공통적인 초당파적 정치 문화입니다. 이 지역에서는 사회적 합의와 타협을 기반으로 막강한 정치적 심의 시스템이 발전되어 왔습니다. 국민들은 국가에 대한 높은 신뢰를 바탕으로 자기 소득의 50%를 재분배를 위해 제공하였고, 이러한 조건 아래 약 100년에 걸쳐 스칸디나비아 국가 모델이 작동된 것입니다.

김세원 많은 OECD 국가들이 고령화, 낮은 출산율, 일을 하면서도 빈곤한 상태인 노동자 집단이 발생하는 새로운 사회 문제에 직면하고 있습니다. 그러면서 새로이 등장한 이슈가 세대 간 재원 조달 방식에 있어서의 '공정함'입니다. 가장 대표적인 예가 연금으로, 혹자는 세대 간 평등 문제를 해결하기 위해 새로운 사회 계약이 필요할 수도 있다고 말하는데요. 이 문제와 관련해 피쉬킨 교수님께서 미국의 상황을 말씀해 주셨으면 합니다.

피쉬킨 뉴딜 정책 시대 때 시작한 미국의 연금 재원 조달 방식은 세대 간 이전입니다. 베이비붐 세대의 퇴직은 적은 수의 노동자가 이들을 지원해야 함을 의미하지요. 또 수명이 길어질수록 노인 인구를 부양해야 하는 기간이 늘어남을 뜻합니다. 이런 경향은 선진국에서 뚜렷이 나타납니다.

이 문제에 대해 간명한 해결책은 없지만, 은퇴 연령을 상향 조정하고 급여 낮추어 어느 정도 해결할 수 있으리라 생각합니다. 더 나아가 노동과 은퇴를 명확하게 구분하는 데 대한 조정이 필요합니다. 노인들 중 상당수는 여전히 생산적인 일을 할 수 있고, 새로운 공공 서비스를 시험해 보는 데에도 유용합니다. 이런 활동은 이들을 재정적으로 뒷받침하고 스스로가 가치 있게 여기도록 할 것입니다.

김세원 덴마크의 상황은 어떠한가요?

아브라함손 고령화와 관련해 스칸디나비아 국가들이 취한 전략은 가능한 많은 국민이 취업하게 하는 것이었습니다. 여성과 노동 시장에서 탈락한 이들이 노동 시장에 진입할 수 있도록 유도하였습니다. 한편, 스칸디나비아 복지 국가 모델은 여성이 평균 2명의 자녀를 출산하도록 하는 데 중요한 역할을 하고 있습니다. 자녀 양육, 노인과 장애인 돌봄, 보살핌이 필요한 소외 계층 대한 책임을 국가가 짐으로써, 여성이 노동 시장에서 자신의 경력을 추구하는 동시에 가정을 유지할 수 있습니다.

근로 빈곤층과 관련해서는 노동조합을 통해 적절한 임금이 보장되고 일반적인 복지 서비스가 공급되고 있습니다.

평균 수명이 길어져 연금 프로그램에 잠재적으로 끼칠 수 있는 문제와 관련해서는, 1990년대 스웨덴에서 이뤄진 연금 개혁을 통해 설명할 수 있습니다. 연금 제도는 기존의 '필요한 만큼 지급' 하는 제도에서 '기여한 만큼 지급' 하는 제도로 바뀌었습니다. 또 덴마크에서는 자발적으로 일찍 은퇴하는 연금 제도(덴마크 어로 Efterløn)를 개혁하거나 심지어 폐지하자는 논쟁이 있었습니다. 이 제도는 20년간 기여한 사람이 60세에 은퇴하는 것을 허용하는데, 현재 정부는 60세라는 나이 제한을 연장하려 하고 있습니다.

김세원 영국에서 얼마 전, 대학 수업료를 세 배로 인상시키려는 계획이 발표되었고 이는 영국 정치에서 뜨거운 감자가 되었다고 들었습니다. 복지 국가의 재정 악화와 그에 따른 긴축에 대해 젊은 세대들이 불공정하다고 느끼는 데서 비롯되는 세대 간 갈등일 수도 있을 것 같습니다. 세킨엘진 교수님께서는 어떻게 보십니까?

세킨엘진 정부의 입장을 방어하는 이들이 40대라는 점에서, 세대의 문제는 아닙니다. 그것보다는 정부와 학생 및 학문 공동체 사이의 공정함에 대한 시각 차이에 따른 것이라고 생각합니다.

정부는 졸업 후 연 2만 1,000파운드 이상을 벌게 되었을 때 교육비 일부를 상환할 것을 요구합니다. 수준 높은 교육을 받아 더 좋은 삶을 살 수 있게 해 준 체계를 지탱하기 위해 개인은 비용을 상환해야 할 의무가 있다는 것이지요(몇몇 계산들에 따르면, 높은 교육 수준의 사람들은 그렇지 못한 이들보다 평균 10만 파운드를 더 번다고 합니다). 정부는 학생들이 당장 돈을 내는 게 아니라 그들이 일정 금액 이상을 벌기 시작했을 때 돈을 상환하기 때문에 이것이 더 공정한 체계라고 합니다.

하지만 이에 반대하는 이들은 고등 교육은 공공재이고 그것이 사회에 크게 공헌하기 때문에 공공 기금이 학생들을 보조해 주는 것이 공정하다고 주장합니다. 또 시민들이 원할 경우 모든 이들이 고등 교육을 받을 권리가 있다고 주장합니다. 가난한 학생들이 졸업하고 빚을 갚아야 한다는 생각에 학업을 단념할 수 있다면 공정하지 못하다는 거지요.

그런데 이 사안은 더 복잡한 면이 있습니다. 웨일즈와 스코틀랜드는 자체 재량으로 이 정책을 시행하지 않기로 결정해서 잉글랜드 학생들만 이러한 상황에 처하게 된 것입니다.

김세원 공정의 문제가 복지나 자본주의의 수정과 관련된다면, 효율성 문제를 얘기하지 않을 수 없겠는데요. 효율성을 희생하지 않고 공정한 사회를 달성하는 것이 가능합니까?

트라누아 제가 말씀드린 첫 번째 원칙의 실행은 효율성을 희생하지 않을 뿐 아니라, 사실 그 반대에 가깝습니다. 두 번째 원칙은 그것이 실행되는 정도에 따라 달라집니다. 만일 자신의 통제나 의도와 무관한 운brute luck에 적용되는 것으로 한정한다면, 어떠한 인센티브에도 영향을 주지 않습니다. 여기에 배경에 대한 운까지 적용된다면, 가정에서 아이들에게 하는 투자(아이들을 교육시키는 데 들이는 노력, 유산 등)에 대한 인센티브가 감소할 수 있습니다. 타고난 재능이나 선택적 운을 고려하면, 노력을 하려는 인센티브나 안전한 활동에 투자하는 인센티브가 왜곡될 수 있습니다. 세 번째 원칙은 언뜻 보기에 명백한 효율성의 감소가 있을 것 같지만, 최적 과세 이론에 따르면 정보의 제약을 고려하여 차선의 최적 상태를 달성할 수 있습니다. 아마도 문제는 실제 적용에서 한국 상황에 적합한 제도를 만드는 것이 아닐까요?

| 질문7 | 공정 사회는 이민에 어떻게 대처할까요?

김세원 이제는 돈뿐만 아니라 사람들도 국경을 수시로 넘나들며 생활합니다. 기존의 복지 국가가 주로 한 나라에 국한되어 이루어진 까닭에, 많은 국가에서 이민 문제는 경제, 정치, 사회적으로 매우 복잡한 문제들을 야기하고 있습니다. 공정 사회는 이민 문제에 어떻게 대처해야 할까요? 먼저, 쿤하르트 교수님께서 독일의 경험을 말씀해 주시지요.

쿤하르트 오랫동안, 독일은 스스로 비이민 국가라고 여겼는데, 실제로 전체 인구의 10%가 '외국인'이고 많은 이들이 이주migratory의 배경을 갖고 있습니다. 특히 터키나 이탈리아, 스페인, 포르투갈 같은 지중해 나라의 배경을 지닌 이들이 독일에서 태어나 자라고 있습니다. 베를린 장벽이 무너진 후에는 구소련과 구공산권 국가들로부터 이민이 증가했고요. 이들 다수가 동구권 국가에서 소수자로 살던 독일 인종들이었습니다. 독일로 오면서 이들은 독일 이민 공동체에 추가되었습니다. 1960~1980년대 초기 이주 노동자들은 독일의 사회, 시장 체계(세금, 복지, 투자, 소비)에 지불paid into되었는데, 1990~2000년대 동구권에서 온 이민자들은 대부분 복지 시스템으로 이동migrated되었습니다.

독일에 온다는 것은 독일 복지 이전을 받아들이는 약속으로 인해 강화되었습니다. 한편으로, 사회, 문화, 그리고 법적 통합은 중요한 공적 이슈가 되었습니다. 모든 이민자들, 특히 그들의 자녀들은 독일어를 배우고 독일 법을 존중해야 합니다. 헌법적, 정치적 권리를 가진 독일 시민이 되려고 하는 사람이라면 누구나 독일 헌법(기본법Grundgesetz)에 공적 충성을 표현하는 것이 의무가 되었습니다.

이와 관련해서 한국이 배워야 할 것은 법에 대한 충성, 교육 체계와 사회경제적 영역입니다. 덜 부유한 아시아 나라에서의 이주나 북한의 난민 물결은 한국에 대한 잠재적 도전이고, 그런 이민을 관리하고drive 통합을 촉진할 유인에 대해 연구할 필요가 있습니다. 독일이 이전보다 다양성을 띠게 되면서 사회경제적, 문화적 긴장은 점차 커지고 있습니다. 최근에 이르러서야 독일은 이민 할당제와 이주자 범주의 기준을 캐나다의 경험과 함께 논의하고 있습니다. 다른 곳에 복제될 수 있는 완벽한 체계는 없지만, 이민을 공존과 통합의 관점에서 바라본다는 면에서는 서로 배울 것이 있을 것입니다.

김세원 트라누아 교수님께서는 기회의 평등과 관련해서 이민 문제를 어떻게 보십니까?

트라누아 사람들이 출생 정황에 따라 다루어지면 안 된다는 생각은 정의의 최소 요구 조건으로 받아들여집니다. 하지만 국가적인 출생 정황을 이야기할 때에는, 많은 사회 정의 이론가들은 정의가 최소한으로 요구하는 것이 무엇인지에 대해 말하는 것을 꺼리게 됩니다. 시민권은 기본적으로 출생에 따라 권리를 부여하는 것입니다. 혈통주의 체제에서는 부모의 국적에 따라 출생자의 국적을 인정하고, 출생지주의 체제에서는 자국의 영토에서 출생한 사람에게 시민권을 부여합니다. 시민권은 어떤 사람의 출생 장소나 조상에 따라 권리를 부여하는 것이기 때문에, 기회의 평등의 관점에서 볼 때 정의의 최소 요구 조건에 반한다고 할 수 있습니다. 이상적으로는, 사람들은 한 나라에서 다른 나라로 자유롭게 이동할 수 있어야 하고 출생지를 중요한 특성으로 삼아서는 안 됩니다.

김세원　프랑스에서는 이민 문제를 어떻게 다루어 왔습니까? 프랑스의
　　　경험에서 한국은 어떤 것들을 배울 수 있을까요?

트라누아　프랑스 혁명 이후 19세기 내내 프랑스는 이민의 땅이었습니
　　　다. 이 움직임은 제2차 세계 대전 이후 증가되어 왔습니다. 프랑
　　　스는 점차 모든 외국인에게 자국민과 같은 사회적 권리를 부여하
　　　였습니다. 특히 모든 혜택은 사회 보장 제도에 의해 관리되며, 이
　　　전에 프랑스 땅에 살지 않았더라도 프랑스 인권 선언에 의해 기본
　　　소득이 제공됩니다.
　　　이러한 관용 정책에도 불구하고, 프랑스는 아프리카에서 온 외국
　　　인들을 통합하는 데 어려움을 겪었습니다. 유럽에서 온 이민자들
　　　은 유럽에 기반이 있었고 역사적으로 프랑스와 갈등이 없었기 때
　　　문에 프랑스 사람들과 쉽게 동화되었지만, 아프리카에서 온 사람
　　　들에게는 이 두 조건이 적용되지 않았습니다. 그들은 프랑스의 관
　　　습을 받아들이는 것이 쉽지 않았고, 과거 식민지의 경험 때문에
　　　프랑스에 동화되는 것을 거부했을 것입니다.
　　　한국에 할 수 있는 조언은, 이민에 관한 공공 토론을 조성하고 이
　　　민자 수를 할당하는 데 대해 공개 토론을 하라는 것입니다. 마음
　　　에 들지 않는 사람에게 문을 열어 줄 필요는 없습니다. 그 사람이
　　　다른 문을 두드리는 것이 모두에게 더 낫습니다.

김세원　2010년 12월 7일 서울에서 개최된 공정 사회와 글로벌 리더십 컨
　　　퍼런스 발표에서 쿤하르트 교수님은 "자유와 평등이 시도되던 지
　　　난 200년간, 연대의 초국적 자원은 꽤 제한되어 있었다. 우리는 앞
　　　으로 다가올 시기에 이러한 결핍을 극복할 필요가 있다"고 말씀하

셨지요. 이러한 결핍을 극복할 가장 효과적인 방법은 무엇인가요? 또 국제적 연대를 증진시키는 공정 사회의 역할은 무엇일까요?

쿤하르트 우선 근본적인 것들을 다시 생각해 볼 필요가 있습니다. 정의와 공정함은, 삶의 기회를 보장하는 정의와 더 많은 기회를 위한 선택의 적극적 분배를 통한 공정함으로 이해되어 왔습니다. 이 양날의 개념은 200년간의 다툼과 토론, 각 측의 정치적 옹호자들 간의 갈등적 충돌의 결과입니다. 그 사이에 정의와 공정함이 공식적, 구체적 측면을 포함한다는 지구적 합의가 생겨났습니다. 결핍으로부터의 자유와 자유로운 삶의 기회는 정의와 공정함에 대한 이해와 관련되어 있습니다.

연대는 보호 서비스가 필요한 개인과 공동체에 서비스를 제공하는 사회적 의무입니다. 진정한 의미에서 연대는, 인간 존엄성, 규칙, 기대의 상호 인정에 바탕을 둔 호혜적 관계입니다. 그것은 필요한 누군가에게 연대감을 표현하는 인간적 의무만이 아니라, 규칙을 받아들이고 책임을 위해 연대 행위를 받아들이는 이에 대한 의무이기도 합니다. 이것은 국민이나 국가 간뿐만 아니라 개인들 간에도 본질적인 것입니다.

연대는 깊은 인간적인 차원을 지니고 있는데, 그것은 또한 사회적, 국가적 함의를 갖고 있습니다. 무엇보다도 연대는 특히 지구화 시대에 지구적 함의를 갖습니다. 세계 경제의 잠재력에 많은 나라들이 포함되지 않는다는 것은 지구적 거버넌스와 지구적 법적 체계의 최소 기준 부재만큼이나 개탄스럽지요. 이것은 21세기에 지구적 연대의 아이디어를 진전시키는 데 있어, 세계 모든 민족과 국가들에 핵심적인 도전이 될 것입니다. 지역적, 개인적 그리고 국가적 책임성은 스스로를 도울 수 없는 이들에게 충분하고 지속 가능한 자원들을 제공하기 위해 반드시 시행되어야만 합니다.

김세원 예, 정말 오랜 시간 진지한 고민을 함께 나누어 주셔서 감사드립니다. 공정 사회를 규정하는 것이 쉽지 않고 구체적인 적용이나 정책 대안까지 생각한다면 하루아침에 논의를 끝낼 수 없을 것 같습니다. 그럼에도 불구하고 세계적인 석학들과의 좌담을 통해 논점을 확실하게 할 수 있었던 것 같습니다. 모쪼록, 한국 사회가 더 공정해질 수 있도록 앞으로도 계속 관심 가져 주시길 부탁드립니다. 감사합니다.

| 참고문헌 |

권순우 외 (2010), 「SERI 전망 2011」, 삼성경제연구소.

김기덕 (2002), 『사회복지윤리학』, 나눔의집.

김대일 (2007), "외환위기 이후 노동시장의 변화와 시사점", 「경제학연구」, 제55권 4호, 2.

김병수 (2010), "국민참여재판의 중간평가", 「형사정책연구」 제21권 3호.

김상겸 (2002), "헌법국가에 있어서 시민운동의 정당성에 관한 고찰", 「아태공법연구」 제10집.

김상균 · 오정수 · 유채영 (2002), 『사회복지 윤리와 철학』, 나남출판.

김선수 (2008), 『사법개혁 리포트』, 박영사

김선화 · 김미숙 (2011), "군가산점제도 재도입문제", 「이슈와 논점」 제181호.

김우창 (2008), 『정의와 정의의 조건』, 생각의나무.

김우철 · 이우진 (2008), 『한국 조세재정정책의 기회 평등화 효과에 대한 연구: 소득획득에 대한 기회를 중심으로』, 한국조세연구원.

_____ (2009), "Roemer 의 기회평등개념과 한국의 소득세 정책", 「경제분석」 제15권 3호.

김일수 (2010), "양형의 공정성 확보를 위한 사법선진화 방안", 제4회 국정과제 공동세미나 발표 원고 자료집: 「공정한 사회 어떻게 실현할 것인가?」, 경제인문사회위원회.

김종엽 (1998), 『연대와 열망』, 창작과비평사.

김태기 (2007), 『분쟁과 협상』, 경문사.

김현석 (2010), "양형기준 시행성과와 향후 과제", 「형사정책연구」 제21권 2호.

김형준 (2010), "자유민주주의와 공정한 정치질서", 「시대정신」 2010 겨울 49호.

박길성 (2010a), "통합의 문화에서 갈등의 해법을 찾다", 한국선진화포럼 월례토 론회 발표문, 은행회관.

_____ (2010b), "사회통합을 위한 공동가치", 굿소사이어티 엮음, 『사회통합을 위한 새로운 지평』, 영림카디널.

박미숙 (2010), "국민참여재판의 시행성과와 향후 과제", 「형사정책연구」 제21 권 2호.

박종민 (2010), "한국인의 평등의식", 『한국사회의 불평등과 공정성 의식의 변 화』, 성균관대학교 출판부.

박통희 (1993), "제13대 여소야대 국회의 효율성 논란", 「한국정치학회보」 제27 권 제1호.

박효종 (2010), "친서민 담론의 함정", 중앙일보 2010. 8. 28.

신명순 (1999), "한국 국회의 의정활동", 백영철(외), 『한국의회정치론』, 건국대 출판부.

안병영 · 김인희 (2009), 『교육복지정책론』, 다산출판사.

안상훈 (2007) "복지국가 재편기 북유럽 탈빈곤 정책의 변화", 「사회복지연구」 제33호, pp.313-337.

오병선 (2010), "한국법체계와 자유주의", 「법철학연구」 제13권3호.

유경준 (2007), 『소득불평등도와 양극화』, 한국개발연구원.

이돈희 (1999), 『교육정의론(수정판)』, 교육과학사.

이승환 (2004), 『유교 담론의 지형학』, 푸른숲.

이승훈 (2009), 『시장발전과 경제개발』, 서울대학교 출판문화원.

_____ (2005), 『재벌체제와 다국적기업』, 사울대학교 출판부.

이우진, 2010, "한국 중산층의 복지의식 분석", 강성진 · 이우진 저, 『중산층의, 추이, 이탈원인과 대책』, 한국보건사회연구원, 제 3장

이우진 · 고제이 (2011 출간예정), "아버지와 아들: 한국사회에서 기회는 얼마나 불평등한가", 『재정학연구』.

임혁백 (2000), 『세계화시대의 민주주의』, 나남.

임혁백 (2009), "한국 민주주의, 어디에 와 있으면 어디로 가고 있는가?", 「시대 정신」 제44호.

장훈 (2009), "민주화 20년의 정당정치: 회색지대 속의 현실과 이론의 전개", 「한

국과 국제정치」 제25권 제1호.

정용덕 (1982), "한국에서의 배분적 정의와 공공정책", 「한국정치학회보」 16: 289-309.

정진영 (2010), "개헌과 정치제도 개혁의 방향과 전략", 「시대정신」 제47호 여름 호.

조정관 (2010), "민주화 이후 국회-대통령-정당의 상생관계? 역사적 관점에서", 「의정연구」 제15권 제1호.

한국법제연구원 (2008), 「2008 국민법의식 조사연구」.

한국법철학회 편 (2001), 『법치국가와 시민불복종』, 법문사

한인섭 · 한상훈 편 (2010), 『국민의 사법참여』, 경인문화사.

허병기 (1998), 『교육의 가치와 실천』, 교육과학사.

허정수 (2010), "국민참여재판의 문제점과 개선방안", 「형사법쟁점연구(II)」, 대 검찰청 형사법연구회

동아일보, 2010. 9. 10.

문화일보, 2010. 9. 7.

헤럴드경제, 2010. 9. 27.

Ahn, S.-H. (2000), Pro-Welfare Politics: A Model for Changes in European Welfare States. Uppsala: Univesitetstryckeriet.

Ahn, S.-H. and Olsson Hort, S. E. (1999), The Politics of Old Age in Sweden, In The Politics of Old Age in Europe, ed. Walker, A. and Naegele, G., Buckingham: Open University Press.

Alesina, A. and Glaeser E. (2004), Fighting Poverty in the US and Europe: A World of Difference, New York, NY: Oxford University Press.

Arneson, R. (1989), "Equality and equality of opportunity for welfare", Philosophical Studies 56: 77-93.

Barr, N. (2004), Economics of the Welfare State (4th edition) Oxford: Oxford University Press.

Becker, Gary (1957), The Economics of Discrimination, University of Chicago.

Buber, Martin (1967), A believing humanism: My testament, 1902-1965. Maurice Friedman(trans.), New York: Simon and Schuster.

Cohen, G. (1993), "Equality of what? On welfare, goods and capabilities" in M. Nussbaum and A. Sen eds., The Quality of Life, Oxford, UK: Clarendon Press.

Corneo, G. and H. Gruner (2002), "Individual preferences for political redistribution", Journal of Public Economics 83 (1): 83-107.

Daniel, C. (1997), "Socialists and Equality" in Jane Franklin (ed.), Equality. London: Institute for Public Policy Research. pp. 11-27.

Dworkin, R. (1981a), "What is equality? Part I: Equality of welfare", Philosophy and Public Affairs 10: 185-246.

_____ (1981b), "What is equality? Part II: Equality of resources", Philosophy and Public Affairs 10: 283-345.

Elster, J. (1983), Sour Grapes: Studies in the Subversion of Rationality, New York, NY: Cambridge University Press.

Esping-Andersen, G. (1990), The Three Worlds of Welfare Capitalism, Cambridge: Polity Press.

Freeman, Richard B. and James Medoff (1984), What Do Unions Do?, Basic Books.

Habermas, Jürgen, Strukturwandel der Offentlichkeit : Untersuchungen zu einer Kategorie (한승완 역 (2001), 『공론장의 구조변동』, 나남).

Hood, Christopher (1998), 『The Art of the State: Culture, Rhetoric, and Public Management』, Oxford: Oxford University Press.

Huntington, S. (1991), 『The Third Wave』, London: University of Oklahoma Press.

Jung, Yong-duck and Siegel, Gibert B. (1983), "Testing Perceptions of Distributive Justice in Korea", 『Journal of Northeast Asian Studies』. 2(2): 45-66.

Jung, Yong-duck (2010), "National Development and Governance in Korea", Paper Presented at the International Conference of UN Program of Governance on Good Governance for National Development. 17-18 June.

Kildal, N. and Kuhnle, S. (2002), "The Principle of Universalism: Tracing a Key Idea in the Scandinavian Welfare Model". Paper presented at the European Social Policy Research Network Conference, Tilburg University,

The Netherlands.

Lucas, J. R. (1995), Responsibility, Oxford, UK: Clarendon Press.

Manin, Bernard, The Principles of Representative Government (곽준혁 역 (2007), 『선거는 민주적인가』, 후마니타스).

Marshall, T. H. (1950), Citizenship and Social Class. Cambridge: Cambridge University Press.

Marx, Karl (1906), 『Capital - A Critique of Political Economy』, New York: The Modern Library. p.215.

Matthews, Donald R. (1960), 『U.S. Senators and Their World, Chapel Hill』, NC: University of North Carolina Press.

Miller, D. (1976), Social Justice, Oxford: Oxford University Press.

Mnookin, Robert H., Ross, Lee and Arrow, Kenneth (1999), Barriers to Conflict Resolution, Norton & Company.

Nozick, Robert (1974), Anarchy, State and Utopia. NY: Basic Books.

Nye Jr. · Joseph S. (2008), The Powers to Lead, Oxford: Oxford University Press.

Okun, Arthur M. (1975), Equality and Efficiency: The Big Tradeoffs. Washington, D.C.: Brookings Institutions.

Peters, B. Guy (1996), The Future of the Governing. Lawrence, Kansas: University Press of Kansas.

Pipes, Richard (1999), Property and Freedom (서은경 역 (2008), 『소유와 자유』, 나남).

Polanyi, Michael (1967), The tacit dimension. Garden City: Doubleday & Company, Inc.

Rabin, Matthew (1993), "Incorporating Fairness into Game Theory and Economics", American Economic Review, December, 1993.

_____ (1998), "Psychology and Economics", Journal of Economic Literature. Vol. XXXVI, :11-46.

Rawls, J. (1971), A Theory of Justice, Cambridge, MA: Harvard University Press.

_____ (1971), A Theory of Justice, The Belknap Press of Harvard University Press (Cambridge).

_____ (1993), Political Liberalism, New York, NY: Columbia University Press.

Roemer, J. (1993), "A pragmatic theory of responsibility for the egalitarian planner", Philosophy and Public Affairs 10: 146-166.

_____ (1998), Equality of Opportunity, Cambridge, MA: Harvard University Press.

Sandel, Michael J. (2009). Justice: What's the right thing to do?, New York: Farrar, Straus and Giroux.

_____ (2009), Justice: What'd the right thing to do? (이창신 역 (2010), 『정의란 무엇인가』, 김영사).

Schumpeter, Joseph A. (1926), The Theory of Economic Development, translated by Redvers Opie (1961), Oxford University Press (New York), pp. 19-20.

Viroli, Maurizio (1999), Repubblicanesimo (김경희 · 김동규 역, 『공화주의』, 인간사랑.

Wildavsky, Aaron, et al. (1990), Cultural Theory, Boulder, Westerview Press.

Zembaty, Jane S. (1987), "Discrimination and Reverse Discrimination", in Thomas A. Mappes & Jane S. Zembaty, Social Ethics: Morality and Social Policy. NY: McGraw-Hill: Ch. 5 (186-91).

Foreign Policy, September 15, 2009.

The Economist, October 29, 2008.

서문

- **김세원 서울대 명예교수** | 벨기에 자유브뤼셀대학교 국제경제학 박사, 현 경제 · 인문사회 연구회 이사장, 한국경제학회 회장, 금융통화운영 위원

1장 사회적 연대, 누구와 어떻게 조화할 것인가

- **박길성 고려대 사회학과 교수** | 미국 위스콘신대학교 사회학 박사, 현 고려대학교 문과대학 학장, 현 미국 유타주립대학교 겸임교수, 현 재단법인 한국청년정책연구원 원장

2장 시장경제, 땀 흘린 만큼 보상이 가능한가

- **이승훈 서울대 명예교수** | 미국 노스웨스턴대학교 경제학 박사, 한국 산업조직학회 회장, 산업 자원부 전기위원회 위원장 역임

3장 기회의 평등, _누구에게나 기회가 균등한 사회

- **이우진 고려대 경제학과 교수** | 미국 University of California(Davis) 경제학 박사, 영국 University of Manchester 조교수 역임, 미국 University of Massachusetts (Amherst) 부교수 역임

4장 의회 민주주의, 진정 국민을 위한 상생인가

- **김주성 한국교원대 일반사회교육과 교수** | 미국 텍사스대학교(오스틴 캠퍼스) 정치학 박사, 한국교원대학교 제2대학 학장 역임, 현 한국동양정치사상사학회 회장

5장 개인과 공익의 조화가 중요하다

- **정용덕 서울대 행정대학원 교수** | 미국 남가주대학교 행정학 박사, 한국행정연구원 원장 역임

6장 유전무죄 무전유죄?

- **오병선 서강대 법학전문대학원 교수 |** 영국 에든버러대학교 법학부 법학박사(Ph.D.), 서강대학교 공공정책대학원장, 법학연구소장, 법학부 학장 역임, 한국법철학회 회장 역임

7장 차별 없는 맞춤형 복지

- **안상훈 서울대 사회복지학과 교수 |** 스웨덴 웁살라대학교 사회학 박사(Filosofie Doktorsexamen), 보건복지부 정책자문위원, 대통령자문정책기획위원회 위원 역임

8장 함께 누리는 인간성장의 기회

- **허병기 한국교원대 교육학과 교수 |** 서울대학교 교육학 박사, 한국교육개발원 선임연구원, 우석대학교 사범대학장 역임, 교육인적자원부 정책자문위원 역임

9장 갈등 없는 상생의 길

- **김태기 단국대 경제학과 교수 |** 미국 University of Iowa 경제학 박사, 현 근로시간면제 심의위원회 위원장, 현 한국노동경제학회 수석부회장

10장 언론 보도는 과연 공정한가

- **윤영철 연세대 언론홍보영상학부 교수 |** 미국 미네소타대학교 언론학 박사, 현 연세대대학교 언론홍보대학원장 겸 커뮤니케이션대학원장, 현 한국언론진흥재단 비상임이사

세계 석학 좌담

- **Abrahamson, Peter |** Professor of Sociology at University of Copenhagen in Denmark

- **Fishkin, James |** Director of the Center for Deliberative Democracy at Stanford University, Professor of Communication and Political Sciencehe

- **Kuehnhardt, Ludger |** Chair of Political Science at Freiburg University, Visiting Professor of Seoul National University in European Studies program, Director of the Center for European Integration Studies (ZEI), Professor of Political Science at Bonn University in Germany

- **Seckinelgin, Hakan |** Senior Lecturer in International Social Policy, Department of Social Policy-LSE and LSE Global Governance, Adjunct Professor, Visiting Research Fellow at Korea University.

- **Trannoy, Alain |** Research Professor EHESS at Marseille

기회가 균등한 사회
패어 소사이어티 Fair Society

지은이 | 김세원 외
펴낸이 | 김경태
펴낸곳 | 한국경제신문 한경BP

제1판 1쇄 발행 | 2011년 4월 1일
제1판 2쇄 발행 | 2011년 5월 6일

주소 | 서울특별시 중구 중림동 441
기획출판팀 | 3604-553~6
영업마케팅팀 | 3604-595, 555 FAX | 3604-599
홈페이지 | http://www.hankyungbp.com
전자우편 | bp@hankyungbp.com
등록 | 제 2-315(1967. 5. 15)

ISBN 978-89-475-2800-9   03330
값 13,000원